Bruno Keil

Die solonische Verfassung in Aristoteles Verfassungsgeschichte Athens

Bruno Keil

Die solonische Verfassung in Aristoteles Verfassungsgeschichte Athens

ISBN/EAN: 9783743314948

Hergestellt in Europa, USA, Kanada, Australien, Japan

Cover: Foto ©Thomas Meinert / pixelio.de

Manufactured and distributed by brebook publishing software
(www.brebook.com)

Bruno Keil

Die solonische Verfassung in Aristoteles Verfassungsgeschichte

Athens

Die

solonische Verfassung

in

Aristoteles
Verfassungsgeschichte Athens

von

Bruno Keil

Berlin 1892

R. Gaertners Verlagsbuchhandlung

Hermann Heyfelder

SW. Schönebergerstrafse 26

Georg Kaibel

und

Adolf Kiessling

in Dankbarkeit

Die Altertumswissenschaft hat sich bei der Betrachtung und Beurteilung des neuen aristotelischen Buches über das Staatswesen der Athener im grofsen und ganzen sofort der sogenannten höheren Kritik zugewendet, für das Einzelverständnis des Buches ist seit Kenyons erster Ausgabe wenig geschehen; nur die besseren Übersetzungen haben nach dieser Richtung hin gefördert. Und doch kann das Urteil in weiteren Fragen nur dann mit dem Anspruch auf innere Begründung auftreten, wenn das erreichbar höchste Mafs des Einzelverständnisses alle für die höhere Kritik in Betracht kommenden Kriterien geliefert und geklärt hat. Aber die Wissenschaft schuldet eine eingehende Erklärung nicht allein ihrer Methode, sie schuldet sie auch dem Buche selbst. Wie jedes andere Litteraturdenkmal will es zunächst aus sich selbst begriffen und erklärt werden. Die Einzelerklärung erfordert Zeit; ein einzelner wird sie in nahen Tagen nicht geben können, es müssen von verschiedenen Seiten Vorarbeiten dazu in Angriff genommen werden, welche das Material bereiten helfen. Zu ihnen wollen die folgenden Ausführungen gerechnet werden. Sie umfassen zunächst nur einen kleinen Abschnitt des Buches. Aber die Einzelerklärung kann nicht ohne steten Rückblick auf das Ganze bestehen;

namentlich der hier behandelte Abschnitt zwang durch
seine dominierende Stellung in der aristotelischen Verfassungsgeschichte Athens, anhaltend den Blick auf das
ganze Buch gerichtet zu halten. So bin ich wider
Willen durch den Stoff von der Erklärung aus zu den
Fragen der höheren Kritik gedrängt worden. Das Gefühl und Bewußtsein von der notwendigen Unzulänglich-
keit meiner Beobachtungen ist mir dabei ein wenig lieber
Weggenosse gewesen.

Die Erklärung mußte sich mit einer Anzahl
von Fragen abfinden, welche in alle Kapitel des hier
behandelten Abschnittes eingreifen. Es wäre für mich
bequemer und manch anderem vielleicht genehmer gewesen, hätte ich jedesmal bei der ersten Stelle, an welcher
die betreffende Frage eingriff, sogleich die ganze Frage
in Angriff genommen und zu Ende geführt. Allein dann
hätte ich keine Erklärung, sondern eine Reihe von
Einzeluntersuchungen geliefert. Es gehört mir aber die
Form der Erklärung mit zum Zwecke des Buches. So
ist es mehrfach geschehen, daß dieselbe Frage an verschiedenen Orten behandelt werden mußte: man wird
aber finden, daß sie an den einzelnen Stellen stets bis zu
einem Abschluß mit bestimmtem Ergebnisse geführt ist,
auf welchem an der späteren Stelle weiter gebaut wird.
Es sind verschiedene Fäden zugleich aufgenommen, sie
laufen durch die ganze Erklärung, um am Schlusse ge-
schürzt zu werden.

Die Niederschrift der folgenden Darlegungen habe
ich nicht mit der Absicht begonnen, ein selbständiges
Buch zu liefern: einen oder zwei Aufsätze in einer wissenschaftlichen Zeitschrift gedachte ich zu schreiben; allein
das fertig Ausgearbeitete erzwang sich durch seinen Umfang die Selbständigkeit. Dadurch mußte manches neue

Form erhalten; an die ältere Form mag doch wohl noch dieses oder jenes gemahnen.

Die Arbeit ist in den letzten Tagen des April abgeschlossen worden; wie weit bei einer nachträglichen Überarbeitung und Erweiterung der seit dem Abschluſs des Manuskriptes erschienenen Litteratur Einfluſs auf meine Darstellung gewährt werden konnte, ergeben die Anmerkungen und der Excurs zum achten Kapitel. Eine beschleunigte Drucklegung machte es unmöglich, die nach der Mitte des Juni erschienene Litteratur auch nur noch bei der Korrektur zu berücksichtigen.

Zur Bequemlichkeit der Leser ist der Text des hier behandelten Abschnittes an erster Stelle abgedruckt. Ich habe ihn mit dem Faksimile kollationiert; für einzelne Stellen unterstützten mich freundliche Mitteilungen des Herrn Prof. Diels und Herrn Kenyon. Ich habe Grund, dem Herrn Verleger für sein Entgegenkommen in mehr als einer Hinsicht auch an dieser Stelle meinen Dank auszusprechen.

Straſsburg i. E., 12. Juli 1892.

B. K.

ARISTOTELES

ΠΟΛΙΤΕΙΑ ΑΘΗΝΑΙΩΝ

Kapitel 5—13.

L   Londoner Papyrus.

B   Berliner Papyrus.

B²   Lesarten aus einer erneuten Prüfung von B; ich verdanke sie der Güte des Herrn Prof. Dr. Diels.

K¹   Ἀθηναίων πολιτεία. Aristotle on the constitution of Athens edited by F. G. Kenyon. London 1891.

K³   dasselbe, Third edition 1892.

K-W Aristotelis Πολιτεία Ἀθηναίων iterum ediderunt G. Kaibel et U. de Wilamowitz-Moellendorff. Berlin 1891.

H-L De republica Atheniensium. Aristotelis qui fertur liber Ἀθηναίων πολιτεία. Post Kenyonem ediderunt H. van Herwerden et J. van Leeuwen J. F. Leyden 1891.

[ ]   ergänzte Worte. Wo nichts bemerkt ist, sind die Ergänzungen von Kenyon.

⟨ ⟩   eingeschobene Worte.

Die Zeilenzahlen am Rande nach K-W.

Citate aus aristotelischen Schriften nur nach den Seitenzahlen der Akademieausgabe.

v. Τοιαύτης δὲ τῆς τάξεως οὔσης ἐν τῇ πολιτείᾳ ^{K-W.}
καὶ τῶν πολλῶν δουλευόντων τοῖς ὀλίγοις, ἀντέστη τοῖς
γνωρίμοις ὁ δῆμος. ἰσχυρᾶς δὲ τῆς στάσεως οὔσης καὶ
πολὺν χρόνον ἀντικαθημένων ἀλλήλοις εἵλοντο κοινῇ
διαλλακτὴν καὶ ἄρχοντα Σόλωνα καὶ [τὴν πολι]τείαν ἐπέ- 20
τρεψαν αὐτῷ ποιήσαντι τὴν ἐλεγείαν ἧς ἐσιὶν ἀρχὴ
γινώ[σ]κω, καί μοι φρενὸς ἔνδοθεν ἄλγεα κεῖται,
πρεσβιτάτην ἐσορῶν γαῖαν Ἰαονίας.
καὶ γὰρ † επελαυνεν καὶ πρὸς ἑκατέρους ὑπὲρ ἑκατέρων
μάχεται καὶ διαμφισβητεῖ καὶ μετὰ ταῦτα κοινῇ παραι- 25
νεῖ [κατα]παύειν τὴν ἐνεστῶσαν φιλονικίαν. ἦν δ' ὁ Σόλων
τῇ μὲν [φύ]σει καὶ τῇ δόξῃ τῶν πρώτων, τῇ δ' οὐσίᾳ
καὶ * τοῖς πράγμασι τῶν μέσων, ὡς ἔκ τε τῶν ἄλλων p. 5.
ὁμολογεῖται, καὶ [αὐτὸς] ἐν τοῖσδε τοῖς ποιήμασιν μαρτυρεῖ, παραινῶν τοῖς πλουσίοις μὴ πλεονεκτεῖν·
ὑμεῖς δ' ἡσυχάσαντες ἐνὶ φρεσὶ καρτερὸν ἦτορ,
οἳ πολλῶν ἀγαθῶν ἐς κόρον [ἠ]λάσατε, 5

4, ²² γινωι . κω *L.* ²⁴ καὶ γὰρ ἐπελαύνει καὶ Κ; κ.γ. πολι[τικώτατα] K-W; κ. γ. ἀπαλλάττει J. B. Mayor, Richards.
²⁶ φιλονικίαν, darüber νικι *L.* ²⁷ [φύ]σει 'the fragment . . .
containing the first letters of this word has been lost in mounting';
ergänzt von verschiedenen Seiten. 5, ⁵ [ἠλ]άσατε K³; mehrfach ergänzt nach Tyrt. 10, 11.

1*

p. 5 ἐν μετρίοισι τ[ρέφεσ]θε μέγαν νόον· οὔτε γὰρ ἡμεῖς
πεισόμεθ', οὔθ' ὑμῖν ἄρτια τα[ῦτ'] ἔσεται.
καὶ ὅλως αἰεὶ τὴν αἰτίαν τῆς στάσεως ἀνάπτει τοῖς
πλουσίοις· διὸ καὶ ἐν ἀρχῇ τῆς ἐλεγείας δεδοικέναι φησὶ
10 'τήν τε φ ...... σίαν τήν τε ὑπερηφανίαν', ὡς διὰ ταῦτα
τῆς ἔχθρας ἐνεστώσης.

VI. Κύριος δὲ γενόμενος τῶν πραγμά[τω]ν ⟨ὁ⟩ Σόλων
τόν τε δῆμον ἠλευθέρωσε, καὶ ἐν τῷ παρόντι καὶ εἰς τὸ
15 μέλλον, κωλύσας δ[ανε]ίζειν ἐπὶ τοῖς σώμασιν, καὶ χρεῶν
ἀποκοπὰς ἐποίησε καὶ τῶν ἰδίων καὶ τῶν δημοσίων,
ἃς σεισάχθειαν καλοῦσιν, ὡς ἀποσεισαμένων τὸ βάρος.
ἐν οἷς πειρῶνταί τιν[ες] διαβάλλειν αὐτόν· συνέβη γὰρ
τῷ Σόλωνι μέλλοντι ποιεῖν τὴν σεισάχθειαν προειπεῖν
20 τισι τῶν [γνω]ρίμων, ἔπειθ', ὡς μὲν οἱ δημοτικοὶ λέγουσι, παραστρατηγηθῆναι διὰ τῶν φίλων, ὡς δ' οἱ
[βουλ]όμενοι βλασφημεῖν, καὶ αὐτὸν κοινωνεῖν. δανεισάμενοι γὰρ οὗτοι συνεπρίαντο πολλὴν χώραν, [μετὰ δ']
οὐ πολὺ τῆς τῶν χρεῶν ἀποκοπῆς γενομένης ἐπλούτουν·
25 ὅθεν φασὶ γενέσθαι τοὺς ὕστερον δοκοῦντας εἶναι παλαιοπλούτους. οὐ μὴν ἀλλὰ πιθ[ανώ]τερος ὁ τῶν δημοτικῶν λόγος. οὐ γὰρ ε[ἰ]κ[ὸ]ς ἐν μὲν τοῖς ἄλλοις οὕτω
μέτριον γενέσθαι καὶ κοινό[ν, ὥσ]τ' ἐξὸν αὐτῷ [τ]οὺς

---

⁷ τα[ῦτ'] H-L.; πά[ντ'] K.-W., welchen πα und τα gleich
möglich erscheint. ¹⁰ Das habe Jich gelesen im Facsimile; ρ
scheint mir vor ιαν ausgeschlossen; vgl. z. d. St. ϙ[ιλαργυρ]ίαν
K. K-W. H-L. ¹² ⟨ὁ⟩ ergänzen K-W. ¹⁴ Nach σώμασιν fügt
L καὶ νόμοις ἔθηκε ein; von K-W getilgt. ¹⁶ ασεισαχθια,
mit Hinzufügung eines σ über dem ersten σ L; korrigiert
von K. αποσισαμενοι L; korrigiert von J. B. Mayor und K-W.
²⁰ διὰ L: ὑπὸ K-W. 'but the MS is clear' K³. ²¹ [βουλ]όμε-
νοι von vielen ergänzt. ²³ γινομενης L, gebessert bei
K-W. H-L. ²⁶ [εἰκ]ὸς K³, ε[ἰκὸς] K-W. ²⁷ [ὥσ]τ' K³; νωσ
sind in einem Loch der Hs. ausgefallen; von ρ und σ nur
Ansatzspuren. [τ]οὺς [νόμ]ους K³, τοὺς [ν]όμοις K-W². τοὺς
[ἑτέρ]ους Blass nach p. 11, 8; vgl. unten (Register u. Aristides). Herr Kenyon hat die Stelle freundlichst noch einmal
im Original für mich eingesehen, aber ohne Ergebnis.

[νόμο]ις * ὑποποιησάμενον τυραννεῖν τῆς πόλεως, ἀμφοτέ- p. 6
ροις ἀπεχ[θ]έσθαι καὶ περὶ πλείονος [ποι]ήσασθαι τὸ
[κα]λὸν καὶ τὴν τῆς πόλεως σωτηρίαν ἢ τὴν αὑτοῦ πλεονεξίαν, ἐν οὕτω δὲ μικροῖς καὶ ἀν[αξίο]ις καταρρυπαίνειν ἑαυτόν. ἔτι δὲ ταύτην ἔσχε τὴν ἐξουσίαν, τά τε 5
πράγματα νοσοῦντα μαρτυρεῖ ... τὸ καὶ ἐν τοῖς ποιήμασιν
αὐτὸς πολλαχοῦ μέμνηται καὶ οἱ ἄλλοι συνομολογοῦσι
πάν[τες]. ταύτην μὲν οὖν χρὴ νομίζειν ψευδῆ τὴν αἰτίαν εἶναι.

VII. Πολιτείαν δὲ κατέστησε καὶ νόμους ἔθηκεν
ἄλλους, τοῖς δὲ Δράκοντος θεσμοῖς ἐπαύσαντο χρώμενοι 10
πλὴν τῶν φονικῶν. ἀναγράψαντες δὲ τοὺς νόμους εἰς
τοὺς κύρβεις ἔστησαν ἐν τῇ στοᾷ τῇ βασιλείῳ καὶ ὤμοσαν χρήσεσθαι πάντες. οἱ δ᾽ ἐννέα ἄρχοντες ὀμνύντες
πρὸς τῷ λίθῳ κατεφάτιζον ἀναθήσειν ἀνδριάντα χρυ-
σοῦν, ἐάν τινα παραβῶσι τῶν νόμων· ὅθεν ἔτι καὶ νῦν 15
οὕτως ὀμνύουσι. κατεκύρωσεν δὲ τοὺς νόμους εἰς ἑκατὸν
[ἔ]τη καὶ διέταξε τὴν πολιτείαν τόνδε ⟨τὸν⟩ τρόπο[ν].
...... τιμήματα διεῖλεν εἰς τέτταρα τέλη, καθάπερ
διῄρητο καὶ πρότερον, εἰς πεντακοσιομ[έ]διμν[ο]ν [καὶ
ἱππέα] καὶ ζευγίτην καὶ θῆτα. τὰς μ ...... ἐς ἀρχὰς 20
ἀπένειμεν ἄρχειν ἐκ πεντακοσιομεδίμνων καὶ ἱππέων 3. Col.
καὶ ζευγιτῶν, τοὺς ἐννέα ἄρχοντας καὶ τοὺς ταμίας καὶ ᴸ
τοὺς πωλητ[ὰς] καὶ τοὺς ἕνδεκα καὶ τοὺς κωλακρέτας,
ἑκάστοις ἀνάλογον τῷ μεγέθει τοῦ τιμήματ[ο]ς ἀποδι-
δοὺς τ[ὴν ἀ]ρ]χήν. τοῖς δὲ τὸ θητικὸν τελοῦσιν ἐκκλη- 25

6, ³ πόλεως über der Linie hinzugefügt L. οὕτω L, der
Rest der Vertikalhaste des τ und die rechte Schleife des ω ist
zu erkennen; [οὔτ]ω K³. ⁴ ρυπαινειν über ρυ hinzugefügt κατα L.
⁶ μαρτυρο, darüber ει L, von Wessely und Blass (K³) gelesen:
... το: τοῦτο Sandys, K-W², ἃ ἰάσατο Wessely (K³). ¹⁷ ⟨τὸν⟩
von mehreren Seiten ergänzt. ¹⁸ Lücke vor τιμήματα nach
K-W; 'velut ⟨τὸ πᾶν πλῆθος ἐκ⟩ τιμημάτων'; vgl. z. d. St.
²⁰ So habe ich im Facs. gelesen; vgl. unten (Register u. d.
St.); μ[ὲν οὔ]ν K³; μὲ[ν ο]ὖν K-W; μὲν οὖν H-L. ²⁴ τὴν war
mit Compendium geschrieben, man sieht nur noch das τ.

p. 7 σίας καὶ δικαστηρίων μετέδωκε * μόνον. ἔδει δὲ τελεῖν
πεντακοσιομέδιμνον μὲν ὃς ἂν ἐκ τῆς οἰκείας ποιῇ πεν-
τακόσια μέτρα τὰ συνάμφω ξηρὰ καὶ ὑγρά, ἱππάδα δὲ
τοὺς τριακόσια ποιοῦντας, ὡς δ' ἔνιοί φασι τοὺς ἱππο-
5 τροφεῖν δυναμένους (σημεῖον δὲ φέρουσι τό τε ὄνομα
τοῦ τέλους, ὡς ἂν ἀπὸ τοῦ πράγματος κείμενον, καὶ τὰ
ἀναθήματα τῶν ἀρχαίων· ἀνάκειται γὰρ ἐν ἀκροπόλει
εἰκὼν Διφίλου, ἐ[φ' ᾗ ἐπ]ιγέγραπται τάδε·
  Διφίλου Ἀνθεμίων τήνδ' ἀνέθηκε θεοῖς,
  θητικοῦ ἀντὶ τέλους ἱππάδ' ἀμειψάμενος.
10 καὶ παρέστηκεν ἵππος † εκμαρτιρων, ὡς τὴν ἱππάδα
τοῦτο σημα[ί]νουσαν)· οὐ μὴν ἀλλ' εὐλογώτερον τοῖς
μέτροις διῃρῆσθαι καθάπερ τοὺς πεντακοσιομεδίμνους·
ζευγίσιον δὲ τελεῖν τοὺς διακόσια τὰ συνάμφω ποιοῦν-
τας· τοὺς δ' ἄλλους θητικόν, οὐδεμιᾶς μετέχοντας ἀρ-
15 χῆς. διὸ καὶ νῦν ἐπειδὰν ἔρηται τὸν μέλλοντα κληροῦσθαί τιν' ἀρχήν, ποῖον τέλος τελεῖ, οὐδ' ἂν εἰς εἴποι
θητικόν.

VIII. τὰς δ' ἀρχὰς ἐποίησε κληρωτὰς ἐκ προκρίτων,
[ο]ὓς ἐκ[άσ]τη προκρίνειε τῶν φυλῶν. προύκρινεν δ'
εἰς τοὺς ἐννέα ἄρχοντας ἑκάστῃ δέκα, καὶ ⟨ἐκ⟩ τού-
20 [των ἐκλ]ήρουν· ὅθεν ἔτι διαμένει ταῖς φυλαῖς τὸ δέκα
κληροῦν ἑκάστην, εἶτ' ἐκ τούτων κυαμεύε[ιν]. σημεῖον
δ' ὅτι κληρωτὰς ἐποίησεν ἐκ τῶν τιμημάτων ὁ περὶ
τῶν ταμιῶν νόμος, ᾧ χρώμενοι [διατελο]ῦσιν ἔτι καὶ

7, ⁶ ὡς ἂν — κείμενον tilgen H-L. als Glossem; ἂν verlangt der Sinn. ⁷ Διφίλου tilgen K-W., vgl. z. d. St. ¹⁰ εκμαρ-
τυρῶν L; ich finde kein Zeichen dafür, dafs ιυ getilgt worden
seien (K-W); K³ bemerkt nichts. Der Raum in L scheint mir
etwas zu grofs für die Buchstaben φηιεπ der Ergänzung.
¹¹ μέτροις K.: μετριοις L. ¹⁷ τὰς δ' ἀρχὰς K.: τ' δ αρχης L.
¹⁸ προκρίνειε Gertz: προκρινει L. ¹⁹ εννεάρχοντας so L. ⟨ἐκ⟩
τού[των ἐκλ]ήρουν K-W² fragend. καὶ τού[τοις] ἐ[πεκ]λήρουν
K³: 'there is only room for one letter between τον and ε, but
something has been written above the line and it looks as
if the scribe had written τους and corrected in τουτοις.'

νῦν· κελεύει γὰρ κληροῦν τοὺς ταμίας ἐκ πεντακοσιο- p. 7
μεδίμνω[ν. Σόλ]ων μὲν οὖν οὕτως ἐνομοθέτησεν περὶ 25
τῶν ἐννέα ἀρχόντων. τὸ γὰρ ἀρχαῖον ἡ ἐν Ἀρ[είῳ πάγῳ
βου]λὴ ἀνακαλεσαμένη καὶ κρίνασα καθ᾽ αὑτὴν τὸν ἐπιτήδειον ἐφ᾽ ἑκάστῃ τῶν ἀρχῶν ἐπ᾽ [ἐν]ια[υτ]ὸν [καθι-
στᾶ]σα ἀπέστελλεν. φυλαὶ * δ᾽ ἦσαν δ᾽ καθάπερ πρό- p. 8
τερον καὶ φυλοβασιλεῖς τέτταρε[ς. ἐκ δὲ τῆς] φυ[λῆς
ἐκ]άστης ἦσαν νενεμημέναι τριττύες μὲν τρεῖς, ναυκραρίαι δὲ δώδεκα καθ᾽ ἑκάστην. [ἣν δ᾽ ἐπὶ τῶν] ναυκρα-
ριῶν ἀρχὴ καθεστηκυῖα ναύκραροι, τεταγμένη πρός τε 5
τὰς εἰσφορὰς καὶ τὰς δαπ[άνας] τὰς γινομένας· διὸ καὶ
ἐν τοῖς νόμοις τοῖς Σόλωνος οἷς οὐκέτι χρῶνται πολλα-
[χοῦ] γέγραπται ῾τοὺς ναυκράρους εἰσπράττειν᾽ καὶ ῾ἀνα-
λίσκειν ἐκ τοῦ ναυκραρικοῦ ἀργυρ[ίου᾽. βουλ]ὴν δ᾽
ἐποίησε τετρακοσίους, ἑκατὸν ἐξ ἑκάστης φυλῆς, τὴν δὲ 10
τῶν Ἀρεοπαγιτῶν ἔταξεν ἐ[πὶ τὸ] νομοφυλακεῖν, ὥσπερ
ὑπῆρχεν καὶ πρότερον ἐπίσκοπος οὖσα τῆς πολιτείας·
καὶ τά τε ἄλλα τὰ πλεῖστα καὶ τὰ μέγιστα τῶν πολι-
τ⟨ικ⟩ῶν διετήρει καὶ τοὺς ἁμαρτάνοντας ηὔθυνεν κυρί[α]
οὖσα [τοῦ ζη]μι[οῦν] καὶ κολάζειν, καὶ τὰς ἐκτίσεις

---

28 [ἐνι]α[υτ]ὸν [διατάξα]σα K³. 8, ¹ τεσσαρε. L. ² ἐκ δὲ
[τῆς φυ]λῆς L nach K³. ³ ναυκραιραι L. [ἣν δ᾽ ἐπὶ τῶν] K-W.
H-L. [ἣν δὲ τῶν] K³, welcher gegen die im Texte stehende Les-
art bemerkt: ‘it is doubtful whether there is room for this
supplement᾽. Die Nachmessung ergiebt Raum für die 7 Buchstaben ην δ᾽ επι τ᾽. ⁴ ναυκραιροι L. ⁶ εντοισολωνομοιστοισ-
σολωνος L, das erste ολ über andere Buchstaben geschrieben.
⁷ πολλαχ[οῦ] vgl. p. 6, 6 ἐν τοῖς ... πολλαχοῦ μέμνηται. πολλα-
χ[οῦ] K³ nach Wessely, doch seien namentlich αχ sehr unsicher. πολλ[άκι]ς K-W. ⁹ τετρακοσίο[υς] K¹·³, aber τε-
τρακοσιν L. ¹¹ ο[ὖ]σα K³. ¹³ πολι⟨τι⟩κῶν K-W. H-L. K³ mit
und nach Anderen. ¹⁴ τ[οῦ ζη]μι[οῦν] K¹. K-W. [καὶ ζη]μι[οῦν]
K³ nach Blass mit dem Bemerken gegen die erste Lesung:
‘but a mark of abbreviation seems visible in the MS.᾽ Für
κ᾽ ist aber der Raum zwischen οἶσα und [ζη]μι[οῦν] zu grofs,
er reicht für mindestens 2 Buchstaben; der Bruch scheint
durch das ζ von ζημιοῦν zu gehen.

p. 8 ἀνέφερεν εἰς πόλιν οὐκ ἐπιγράφουσα τὴν πρόφασι[ν τοῦ
16 ....]εσθαι, καὶ τοῖς ἐπὶ καταλύσει τοῦ δήμου συν[ι]-
σταμένους ἔκρινεν, Σόλωνος θέν[τος] νόμον εἰσα[γγ]ε-
λ[ίας] περὶ αὑτῶν. ὁρῶν δὲ τὴν μὲν πόλιν πολλάκις
στασιάζουσαν, τῶν δὲ πολιτῶν ἐνίους δ[ιὰ] τὴν ῥᾳθυ-
20 μ[ία]ν [ἀγαπ]ῶντας τὸ αὐτόματον, νόμον ἔθηκε πρὸς
αὐτοὺς ἴδιον, ὃς ἂν στασιαζούσης τῆς πόλ[ε]ως μ[ὴ
τι]θῆται τὰ ὅπλα μηδὲ μεθ᾽ ἑτέρων, ἄτιμον εἶναι καὶ
τῆς πόλεως μὴ μετέχειν.

IX. τὰ μὲν οὖν [περὶ τὰ]ς ἀρχὰς τ[οῦτ]ον εἶχε
τὸν τρόπον. δοκεῖ δὲ τῆς Σόλωνος πολιτείας τρία ταῦτ᾽
25 εἶναι τὰ δημοτικώτατα· πρῶτον μὲν καὶ μέγιστον τὸ μὴ
δανείζειν ἐπὶ τοῖς σώμασιν, ἔπειτα τὸ ἐξεῖναι τῷ βουλομένῳ [τιμ]ω[ρεῖ]ν ὑπὲρ τῶν ἀδικουμένων, τρίτον δέ,
p. 9 ⟨ᾧ⟩ * μάλιστά φασιν ἰσχυκέναι τὸ πλῆθος, ἡ εἰς τὸ δι-
κ[αστήριον] ἔφ[εσις]· κύριος γὰρ ὢν ὁ δῆμος τῆς
ψήφου κύριος γίνεται τῆς πολιτείας. ἔτι δὲ καὶ διὰ
τὸ μὴ γεγ[ρά]φθ[αι το]ὺς νόμους ἁπλῶς μηδὲ σαφῶς,
5 ἀλλ᾽ ὥσπερ ὁ περὶ τῶν κλήρων καὶ ἐπικλήρων, ἀνά[γ]κη
[πολ]λὰς ἀμφισβητήσεις γίνεσθαι καὶ πάντα βραβεύειν
καὶ τὰ κοινὰ καὶ τὰ ἴδια τὸ δικασ[τ]ήρ[ιον]. οἴονται
μὲν οὖν τινες ἐπίτηδες ἀσαφεῖς αὐτὸν ποιῆσαι τοὺς

---

16 ‹velut εἰσπράττεσθαι› K-W. [εὐθύρ]εσθαι K³ im Text
nach Blass; H-L haben θυνεσϑ gelesen; K³ nur εσϑ. Ich
lese π . οημσι .... σε . . εσϑ, das ρ an zweiter Stelle ist
nicht zu lesen, weil es im Bruche ausgefallen ist. ¹⁷ εἰσα[γγ]ε-
λ[ίας] K³ nach Wessely. ¹⁹ [ἀγαπ]ῶντας K-W. Kontos; [περιο-
ρ]ῶντας Bury (K³) ansprechend, nach Thuk. IV. 71, 1 ἀμφοτέροις ἐδόκει ἡσυχάσασι τὸ μέλλον περιιδεῖν. ²⁰ Über πρὸς αὐτοὺς
die Buchstaben προσαυ wiederholt in L. ²³ εἶχε Lesung von
K³. ²⁷ ⟨ᾧ⟩ H-L ⟨ᾧ καὶ⟩ K-W. 9, ⁷ τὸ δικα[στ]ήρ[ιον] 'the
MS. is rather doubtful' K³. τα δικαστηρια lasen K-W und
emendieren τὸ δικαστήριον. τὰ δικασ[τ]ήρ[ια] H-L. Das o in
τὸ kann als o und α gelesen werden; aber der Raum zwischen
ηρ und οίονται ist für ια zu grofs, so dafs ιον gestanden haben
mufs, wonach sich die Lesung des Artikels reguliert.

νόμοις, ὅπως περὶ τῆς κρίσε[ως ὁ δ]ῆ[μος ᾖ κ]ύριος. p. 9
οὐ μὴν εἰκός, ἀλλὰ διὰ τὸ μὴ δύνασθαι καθόλου περι- 10
λαβεῖν τὸ βέλτιστον· οὐ γὰρ [δ]ίκ[αιον] ἐκ τῶν νῦν
γινομένων ἀλλ᾽ ἐκ τῆς ἄλλης πολιτείας θεωρεῖν τὴν
ἐκείνου βούλησιν.

x. ἐν [μὲν οὖν τ]οῖς νόμοις ταῦτα δοκεῖ θεῖναι δημο-
τικά, πρὸ δὲ τῆς νομοθεσίας ποιῆσα[ι] τὴν τῶν χ[ρ]εῶ[ν 15
ἀπο]κοπὴν καὶ μετὰ ταῦτα τήν τε τῶν μέτρων καὶ σταθμῶν καὶ τὴν τοῦ νομίσματος αὔξησιν. ἐπ᾽ ἐκείνου γὰρ
ἐγένετο καὶ τὰ μέτρα μείζω τῶν Φειδωνείων, καὶ ἡ μνᾶ
πρότερον [ἕλκο]υσα παρ᾽ ὀ[λί]γον ἑβδομήκοντα δραχμὰς
ἀνεπληρώθη ταῖς ἑκατόν. ‖ ἦν δ᾽ ὁ ἀρχαῖος χαρακτὴρ 4.Col.L
διδράχμου. ἐποίησε δὲ καὶ σταθμὰ πρὸς [τὸ] νόμισμα 20
τ[ρ]εῖς καὶ .... ἑξήκοντα μνᾶς τὸ τάλαντον ἀγούσας,
καὶ ἐπιδιενεμήθησαν [αἱ] μναῖ τῷ στατῆρι καὶ τοῖς ἄλλοις
σταθμοῖς.

XI. Διατάξας δὲ τὴν πολιτείαν ὅνπερ εἴρηται τρόπον, ἐπειδὴ προσιόντες αὐτῷ περὶ τῶν νόμων ἐνώχλουν
τὰ μὲν ἐπιτιμῶντες τὰ δὲ ἀνακρίνοντες, βουλόμενος μήτε 25

---

8 ὅπως ᾖ τῆς κρίσεως[ὁ δ]ῆ[μος κ]ύριος Κ³. ὅπως τι τῆς
κρίσεω[ς ὁ δῆμος ᾖ κύ]ριος. 'aut τι delendum aut ὅπως ᾖ τῆς
κρ. ὁ δ. κύριος' Κ-W². ὅπως τῆς κρίσεως ὁ δῆμος ᾖ κύριος 'post
ὅπως videtur τι scriptum esse' H-L. Ich lese οπως l: dieser
Rest des Wortes nach ὅπως kann auf τι, η und π führen; ich
fasse ihn als π' = περὶ: vgl. zu der Stelle. Bei der Lesung ᾖ
stört das Fehlen des stummen ι. ¹⁰ Vor καθόλου stand schon
einmal περιλαβεῖν; durchgestrichen L. ¹⁴ ποιῆσαι τὴν τῶν χρεῶν
Lesung von Κ³. ¹⁸ παρὰ [μικρ]ὸν Κ-W. [τρεῖς καὶ] H-L. παρα-
[πλήσ]ιον Κ³ 'the π' (= παρὰ) seems clear, also the o above
the line for the termination, which is preceded by what may
be an ι: but there is hardly room in the interval for the letters
required'. Das ι ist ein γ; den Rest eines ο glaube ich nach
π' zu erkennen; was παρ᾽ ὀ[λίγ]ον ergab. ²⁰ διδράχμου: δι-
δραχμον L und die Hgb.; vgl. z. d. St. ²¹ Über die Lücke
vgl. z. d. St.

p. 9 ταῦτα κινεῖν μήτ' ἀπεχϑάνεσϑαι παριὼν ἀποδημίαν
26 ἐποιήσατο κατ' ἐμπορία[ν] ἅμα καὶ ϑεωρίαν εἰς Αἴγυπτον [εἰπ]ὼν ὡς οὐ[χ] ἤ[ξ]ει δέκα ἐτῶν· οὐ γὰρ οἴεσϑαι
δίκαιον εἶναι τ[ο]ὺς νόμους ἐξηγεῖσϑαι παρών, ἀλλ'
p. 10 ἕκαστον τὰ * γεγραμμένα ποιεῖν. ἅμα δὲ καὶ συνέβαιν[εν]
αὐτῷ τῶν τε γνωρίμων διαφόρους γεγενῆσϑαι πολλοὺς
διὰ τὰς τῶν χρεῶν ἀποκοπά[ς], καὶ τὰς στάσεις ἀμφοτέρας μεταϑέσϑαι διὰ τὸ παρὰ δόξαν αὐτοῖς γενέσϑαι
5 τὴν .... τάξιν. ὁ μὲν γὰρ δῆμος ᾤετο πάντ' ἀνάδαστα
ποιήσειν αὐτόν, οἱ δὲ γνώριμοι [π]άλιν ἢ τὴν αὐτὴν
τάξιν ἀποδώσειν ἢ σ .... παραλλ[.... ὃ δὲ ἀ]μφοτέ-
ροις ἠναντιώϑη, καὶ ἐξὸν αὐτῷ μεϑ' ὁποτέρων ἠβούλετο
συστά[ντι] τυραννεῖν εἵλετο πρὸς ἀμφοτέρους ἀπεχϑέσ-
10 ϑαι σώσας τὴν πατρίδα καὶ τὰ βέ[λτι]στα νομοϑετήσας.

XII. ταῦτα δ' ὅτι τοῦτον ⟨τὸν⟩ τρόπον εἶχεν οἵ τ'
ἄλλοι συμφωνοῦσι πάντες καὶ αὐτὸς ἐν τῇ ποιήσει μέμνηται περὶ αὐτῶν ἐν τοῖσδε (fr. 5 B)·

δήμῳ μὲν γὰρ ἔδωκα τόσον γέρας ὅσσον ἐπαρ⟨κεῖ⟩,
15 τιμῆς οὔτ' ἀφελὼν οὔτ' ἐπορεξάμενος·
οἳ δ' εἶχον δύναμιν καὶ χρήμασιν ἦσαν ἀγητο[ί],

26 κινεῖν] κινειν L. 28 Zuerst richtig gelesen bei H-L.
praef. p. X, von Blass und Wessely (K³); εἰπὼν von Wessely,
λέγων H-L. Blass: ich habe die Buchstaben im Texte gegeben,
wie ich sie nach diesen erkenne. 10 ¹ ποιεῖν wie K-W.: ποιῆσαι
H-L. K³. 10, ⁴ καταστασιν την ουσαν ταξιν L nach K³: ich lese
nur wie K-W. κ ... στασιν und την | Cανταξιν wie K-W., das
C könnte auch die untere Hälfte eines ε sein: κατάστασιν
Emendation zu dem korrupten Texte. Stand vielleicht τὴν
νέαν τάξιν ursprünglich? es hätte einen passenden Gegensatz
in τὴν αὐτὴν τάξιν. ⁶ εἰς L: ἦ K-W²; etwa πάλιν ⟨τὴν πολι-
τείαν⟩ εἰς τὴν κτέ.? σμικρὸν παραλλάξ[ειν K³. H-L., der An-
laut stilwidrig; ἢ μικρὸν παραλλάξειν K-W., ἢ ο[χεδὸν ἀ]παρ-
άλλα[κτον? ⁹ ἀπεχϑεσϑηναι L. ¹¹ ⟨τὸν⟩K. εἶχεν K-W: ἔσ-
χεν L. ¹⁴ γέρας L: κράτος Plut. Sol. 14. ἐπαρκεῖ Plut.; und
so auch L? Das erste Zeichen ist undeutlich, hat aber unten
eine Spitze und nicht eine von links beginnende Schleife,
wie sonst ein nicht legiertes α. ¹⁵ ἀπορεξάμενος L, ἐπ. Plut.
¹⁶ οἳ Plut.: ὅσοι L.

καὶ τοῖς ἐφρασάμην μηδὲν ἀ[ει]κὲς ἔχειν.　　p. 10
ἔστην δ᾽ ἀμφιβαλὼν κρατερὸν σάκος ἀμφοτέροισι,
ν[ι]κᾶν δ᾽ οἰκ εἴασ᾽ οὐδετέρους ἀδίκως.
πάλιν δ᾽ ἀποφαινόμενος περὶ τοῦ πλήθοις, ὡς α[ὐτ]ῷ 20
δεῖ χρῆσθαι (Sol. fr. 6. 8, vgl. Theogn. 153)·
δῆμος δ᾽ ὧδ᾽ ἂν ἄριστα σὺν ἡγεμόνεσσιν ἕποιτο,
μήτε λίαν ἀν[ε]θεὶς μήτε βιαζόμενος.
τίκτει γὰρ κόρος ὕβριν, ὅταν πολὺς ὄλβος ἕπητ[αι]
ἀνθρώποισιν ὅσοις μὴ νόος ἄρτιος ἦ.　　25
καὶ πάλιν δ᾽ [ἐτέρ]ωθί που λέγει περὶ τῶν διανεί-
μασθαι τὴν γῆν βουλομένων·
* οἳ δ᾽ ἐφ᾽ ἁρπαγαῖσιν ἦλθον, ἐλπί[δ᾽ εἶ]χον ἀφνεάν, p. 11
κἀδόκουν ἕκαστος αὐτῶν ὄλβον εὑρήσειν πολύν,
καί με κωτίλλοντα λείως τραχὺν ἐκφανεῖν νόον.
χαῦνα μὲν τότ᾽ ἐφράσαντο, νῦν δέ μοι χολούμενοι (fr. 34)
λ[οξὸ]ν ὀφθ[αλμ]οῖσ᾽ ὁρῶσι πάντες ὥστε δήιον·　　5
οὐ χρεών. ἃ μὲν γὰρ εἶπα σὺν θεοῖσιν ἤνυσ[α], (fr. 35)
[ἄλλα δ᾽ οὐ μά]την ἔερδ[ο]ν, οὐδέ μοι τυραννίδος
ἀνδάνει βίᾳ τι [ῥέζ]ειν, οὐδὲ πιε[ίρα]ς χθονὸς
πατρίδος κακοῖσιν ἐσθλοὺς ἰσομοιρίαν ἔχειν.
[πάλιν] δὲ καὶ περὶ τῆς ἀπ[οκ]οπῆς τῆς τῶν χρεῶν καὶ 10
τῶν δουλευόντων μὲν πρότερον ἐλευθερωθέντων δὲ δ[ιὰ]
τὴν σεισάχθει[αν] (fr. 36)·
ἐγὼ δὲ τῶν μὲν οὕνεκ᾽ † αξονηλατον

---

²³ βιαζόμενος L: πιεζόμενος Plut. compar. Sol. et Popl. 2.
²⁶ καὶ tilgen K-W. ἑτέρωθι lasen K-W., andere ergänzen
anderes. 11, ¹ ‹velut οἳ δ᾽ ἐφ᾽ ἁρπαγαῖσιν ἐλπίδ᾽ ἤλιθ᾽ εἶχον›
K-W. ⁵ Ergänzt aus Plut. Sol. 16. ⁶ ἃ μὲν γὰρ alle mir bekannten Hschr. des Aristides II. 536 D. ⁷ ἄλλα] ἅμα Aristid.
Die Spuren in L scheinen nicht ganz zu Aristid. zu stimmen.
ἔερδον] ἔρδον Aristid., erst von jüngeren Händen die Korrektur
ἔρδον. ¹⁰ Lesung von Wessely (K³); τῆς ἀπ[ορίας] τῆς τῶν
[ὑπόχρε]ων K-W². ¹³ ‹MS. is doubtful; the λ might be read
as σ or γ› K³. εἴνεκ᾽ ἀξονηλατῶν K-W². οὕνεκα ξυνήγαγον
Blass, Platt; andere anders. Ich verstehe Z. 13. 14 nicht.
B², wo dem Raume nach αξονηλατον zu erwarten ist, ξι.

p. 11 δῆμόν τι τοίτων πρὶν τυχ[εῖ]ν ἐπαυσάμην.

15 συμμαρτυρ[οί]η ταῦτ᾽ ἂν ἐν δίκῃ χρόνου (fr. 36)
μήτηρ μεγίστη δαιμόνω[ν Ὀλυ]μπίων
ἄριστα, Γῆ μέλαινα, τῆς ἐγώ ποτε
ὅρους ἀνεῖλον πολλαχῇ πεπηγότα[ς],
[πρόσ]θεν δὲ δουλεύουσα, νῦν ἐλευθέρα.

20 πολλοὺς δ᾽ Ἀθήνας, πατρίδ᾽ εἰς θεόκτιτ[ον],
[ἀνή]γαγον πραθέντας, ἄλλον ἐκδίκως,
ἄλλον δικαίως, τοὺς δ᾽ ἀναγκαίης ὑπὸ
χρειοῦς φυγόντας, γλῶσσαν οὐκέτ᾽ Ἀττικὴν
ἱέντας, ὡς ἂν πολλαχῇ πλαν[ωμένους],

25 τοὺς δ᾽ ἐνθάδ᾽ αὐτοῦ δουλίην ἀεικέα
[ἔ]χοντας, ἤθη δεσποτῶν τρομευμέν[ους],
[ἐλ]ευθέρους ἔθηκα. ταῦτα μὲν κράτει
νόμου, βίαν τε καὶ δίκην συναρμόσας,

p. 12 *[ἔρεξα] καὶ διῆλθον ὡς ὑπεσχόμην.
θεσμοὺς δ᾽ ὁμοίως τῷ κακῷ τε κἀγαθῷ,
εὐθεῖαν εἰς ἕκαστον ἁρμόσας δίκην,
ἔγραψα. κέντρον δ᾽ ἄλλος ὡς ἐγὼ λαβών,

5 [κακ]οφραδής τε καὶ φιλοκτήμων ἀνήρ,
οὐκ ἂν κατέσχε δῆμον· εἰ γὰρ ἤ[θε]λον (fr. 37)

---

¹⁴ [ἐπαυ]σάμαν B². ²⁰ θεοκτιστ .. L., ebenso im Aristid.
II. 536 D der Laur. 60, 3 (Arethas-Γ), in geringeren Hschr.
öfter korrigiert; Laur. 60, 7 und seine Klasse θεόκτιτον. ²¹ ἐκδίκως auch Aristid. Laur. 60, 3. ²⁵ δουλίην L. Plut. Sol. 15:
δουλείης Aristid. p. 537. ²⁶ ἤθη LB: ἤδη Aristid. δεσποτῶν
Aristid. Laur. 60, 3 und andere noch nicht nach dem Fehler
ἤδη interpolierte (δεσπόιας) Hschr. ²⁷ κράτει νόμου K. H-L.: κρα-
τεεινομου L., also entweder κρατέειν ὁμοῦ oder κραιέει νόμου;
ich fasse βίαν — συναρμόσας als Apposition zu κράτει νόμου.
κρ. τηομου B, κράτη ὁμοῦ Aristid. Laur. 60, 7: κράτει ὁμοῦ
Aristid. Laur. 60, 3 (jüngere Hschr. der gleichen Klasse öfter
κράτη aus κράτει korrigiert) Plut. Sol. 15. K-W. 12, ² δ᾽
Aristid.: τε L. ὁμοίως L und eine oft interpolierte Hand-
schriftenklasse des Aristid.

ἃ τοῖς ἐναντίο[ισι]ν ἥνδανεν τότε,　　　　p. 12
αὖθις δ' ἃ τοῖσιν οὕτεροι ϱασαίατο,
πολλῶν ἂν ἀνδρῶν ἥδ' ἐχηρώθη πόλις.
τῶν εἵνεκ' ἀλκὴν πάντοθεν ποιούμενος　　10
ὡς ἐν κυσὶν πολλαῖσιν ἐστράφην λύκος.
καὶ πάλιν ὀνειδίζων πρὸς τὰς ὕστερον αὐ[τ]ῶν μεμψι-
μοιρίας ἀμφοτέρων·
δήμῳ μὲν εἰ χρὴ διαϕάδην ὀνειδίσαι,
ἃ νῦν ἔχουσιν οὔποτ' ὀϕθαλμοῖσιν ἂν　　15
εὕδοντες εἶδον.
ὅσοι δὲ μείζους καὶ βίαν ἀμείνονες
αἰνοῖεν ἄν με καὶ ϕίλον ποιοίατο·
εἰ γάρ τις ἄλλος, ϕησί, ταύτης τῆς τιμῆς ἔτυχεν (fr. 36,
20. 21),　　　　　　　　　　　　　　　　20
οὐκ ἂν κατέσχε δῆμον οὐδ' ἐπαύσατο,
πρὶν ἀνταράξας πῖαρ ἐξέλῃ γάλα.
ἐγὼ δὲ τούτων ὥσπερ ἐν μεταιχμίῳ　　5. Col.
ὅρος κατέστην.　　　　　　　　　　　　L.

XIII. Τὴν μὲν οὖν ἀποδημίαν ἐποιήσατο διὰ ταύτας 25
τὰς αἰτίας.

---

⁷ ἃ τοῖς B. Aristid.: αυτοις L.　⁸ αὗτις B²: δ' ἃ τοῖσιν
Aristid. p. 538, δε ατ..σιν B²: δε αυτοισιν L. οὕτεροι K-W.
Platt: οιτεραι oder -ροι (K³) L.: ἀτέροις Aristid. ϱρασαίατο
in allen Arist.-Hschr. in δρᾶσαι διὰ korrumpiert.　¹⁰ εἵνεκ' K-
W.: οὕνεκ' L. Aristid. ἀλκὴν L.: ἀρχὴν Aristid., eine Hschr.
mit γρ. ἀρχή. ποιεύμενος Platt K-W. H-L.: κεκεύμενος Aristid.
¹⁴ διαϕάδην K-W. Kontos: διαγρ:δην L.　²² πριν ανταραξας
L., woraus K³ nach Adam πρὶν ἀνταράξας: πρὶν ἢ ταράξας
K-W²:πρὶν ἂν ταράξας Plut. Sol. 16. πῖαρ Plut.: πυαρ L.

Fünftes Kapitel.

Mit dem fünften Kapitel beginnt äufserlich betrachtet die Darstellung der solonischen Verfassung in der aristotelischen Schrift vom Staatswesen der Athener; allein genaueres Zusehen lehrt, dass die drei zunächst vorhergehenden Kapitel, welche die sociale Lage des athenischen Staates und seine Verfassungsgeschichte vor Solon vorführen, eigentlich auch schon zu der Darstellung der solonischen Verfassung gehören. Zunächst bilden sie nach der Absicht des Schriftstellers für den Leser die Folie, auf der sich die Schilderung der Thätigkeit Solons abhebt. Aristoteles hat selbst im zweiten Kapitel mit den Worten καὶ γὰρ δε[δε]μέν[οι] τοῖς δ[ανεί]σασιν ἐπὶ τοῖς σώμασιν ἦσαν μέχρι Σόλωνος· οὗτος δὲ πρῶτος ἐγένετο τοῦ δήμου προστάτης einen Fingerzeig dafür gegeben, dafs von hier ab die Darstellung auf die solonische Verfassung hinstrebe, und nicht ohne Absicht des Schriftstellers weisen die Worte des dritten Kapitels ἐπὶ δὲ Σόλωνος ἅπαντες εἰς τὸ θεσμοθετεῖον συνῆλθον auf das Eintreten der naturgemäfsen Vereinigung der höchsten Behörde gerade unter Solon hin. Die in Kapitel 2—4 geschilderten Zustände sind im ganzen für oligarchische Ver-

fassungen charakteristisch, und dem Leser wird im 5. Kap.
Beginn des 2. Kapitels ihre richtige Auffassung mit
deutlichem Worte an die Hand gegeben: ἦν γὰρ τότε
ἡ πολιτεία τοῖς τε ἄλλοις ὀλιγαρχικὴ πᾶσι καὶ
δὴ καὶ ἐδούλευον οἱ πένητες τοῖς πλουσίοις; der Schlufs
knüpft an diesen Gedanken wieder an: χαλεπώτατον....
ἦν τοῖς πολλοῖς τῶν κατὰ τὴν πολιτείαν τὸ δουλεύειν.
οὐ μὴν ἀλλὰ καὶ ἐπὶ τοῖς ἄλλοις ἐδυσχέραινον· οὐδενος
γάρ, ὡς εἰπεῖν, ἐτύγχανον μετέχοντες. Dieser oligarchischen Wirtschaft wird nun in der solonischen Ordnung die πολιτεία entgegengesetzt. Um den Gegensatz zwischen dem vorsolonischen Zustande und der
solonischen Reformation des ganzen inneren Staatslebens scharf zu markieren, wird der Inhalt jener
Kapitel im Beginne des fünften rekapituliert; die Rekapitulation erfolgt in umgekehrter Reihenfolge, um
an das zunächst Vorhergehende anzuknüpfen[1]), zugleich aber mit fast wörtlicher Wiederholung der in
den früheren Kapiteln gebrauchten Ausdrücke, um
eine gröfsere Straffheit der Bindung zwischen den auf
die solonische Partie vorbereitenden Kapiteln und dieser
selbst zu erzielen: πικρότατον ἦν τοῖς πολλοῖς . . . τὸ
δουλεύειν[2]) (Kap. 2) ⌢ τῶν πολλῶν δουλευόντων τοῖς

---

[1]) Ich gebe Citate ohne die Klammern der Ergänzungen, wo
nichts darauf ankommt. Oben und in der folgenden Anmerkung
habe ich die Herstellung von K-W. καὶ γὰρ δεδεμένοι faute de
mieux angenommen. Dafs ich sie nicht für richtig halte, deute
ich an in der Rec. von H-L., Berl. phil. Wochenschr. 1892, mit
der Lesung καὶ γὰρ . . δα . ., die zu der Ergänzung von K-W.
nicht stimmt; aber auch Blafs' καὶ γὰρ οἱ δανεισμοὶ πᾶσιν ἐπὶ
κτέ. will mich nicht ganz befriedigen (Litt. Centralbl. 1891, 1834).

[2]) Ich halte nach wie vor die Schlufsworte von Kap. 4
ἐπὶ δὲ τοῖς σώμασιν ἦσαν δεδανεισμένοι, καθάπερ εἴρηται, καὶ
ἡ χώρα δι᾽ ὀλίγων ἦν für ein Glossem. Dafür, dafs man die
Kap. 2 geschilderten socialen Zustände auch während der dra-

5. Kap. πολλοῖς. — ἦν δ᾽ ἡ τάξις τῆς ἀρχαίας πολιτείας τῆς πρὸ Δράκοντος τοιάδε (Kap. 3) ∽ τοιαύτης δὲ τῆς τάξεως οὔσης ἐν τῇ πολιτείᾳ; und ebenso von der drakontischen Verfassung ἡ δὲ τάξις αὕτη τόνδε τὸν τρόπον εἶχε, wobei für die Genauigkeit der Übereinstimmung zu beachten ist, dafs das Wort τάξις in Verbindung mit πολιτεία in dem ganzen Buche aufser an diesen Stellen nur noch bei der theseischen Verfassung in dem rekapitulierenden 41. Kapitel gebraucht ist[1]).

kontischen Periode weiter bestehend denke, ist eben dort mit den Worten καὶ γὰρ δεδεμένοι τοῖς δανείσασιν ἐπὶ τοῖς σώμασιν ἦσαν μέχρι Σόλωνος hinreichend gesorgt; sie wären schon deswegen überflüssig. Sie sind es zweitens wegen der gerade acht Worte darauf folgenden Rekapitulation καὶ τῶν πολλῶν δουλευόντων τοῖς ὀλίγοις noch einmal. Sie sind aber durch die Nähe der Wiederholung an der letzteren Stelle nicht blofs lästig, sondern auch unschön; unschön ist ihre Anklecksung an die Darstellung der drakontischen Verfassung in hohem Mafse. Vor allem aber trifft der Ausdruck dieses Satzes nicht den Kern der Sache. Ein Zustand soll geschildert werden. Der Zustand ist das δουλεύειν; deshalb setzt Aristoteles dieses Wort in den Anfang von Kap. 2 und wieder an das Ende. Das δανείζειν ἐπὶ τοῖς σώμασι ist der Grund für diesen Zustand; so wird es im 2. Kapitel gefafst, und im 6. Kapitel sagt Aristoteles nicht ἐκώλυσε δανείζειν ἐπὶ τοῖς σώμασιν, sondern im Gegensatz zu dem Zustand des δουλεύειν ganz konsequent ἠλευθέρωσε, wofür als Grund κωλύσας δανείζειν ἐπὶ τοῖς σώμασιν hinzugefügt wird. Die Rekapitulation Kap. 5 δουλευόντων τῶν πολλῶν entspricht also genau der Auffassung im 2. und 6. Kapitel. Der Satz am Schlufs des 4. Kapitels giebt den Grund für einen Zustand an, wo der sociale Zustand selbst im Anschlufs an einen politischen Zustand gebracht werden mufste. Der Satz ist ein aus Kap. 2 entlehntes Glossem zu den Worten τῶν πολλῶν δουλευόντων, das eine Zeile zu hoch in den Text geraten ist.

[1]) Im übrigen heifst es von Solon selbst (p. 6, 9) πολιτείαν κατέστησε; der innere Ausbau der Verfassung wird mit διέταξε (p. 6, 16) und διατάξας (p. 9, 23) bezeichnet; mit Bedeutungs-

Die Rekapitulation abgerechnet, zerfällt das fünfte Kapitel in zwei leicht zu scheidende Teile; der erste erzählt die Wahl Solons und die Begründung dazu; der zweite bestimmt die politische Stellung Solons. Die Teile sind vollkommen symmetrisch gebaut: in beiden bildet ein Citat aus Solons Gedichten die Mitte; je ein Satz führt zu ihr hinauf, je eine Periode führt von ihr herab. Die letzteren sind an Umfang annähernd gleich, der erste Satz ist auch in sich völlig symmetrisch gebaut: ἰσχυρᾶς ᴖ οὔσης (a), καὶ ᴖ ἀλλή-λων (b) εἵλοντο ᴖ Σόλωνα (c) καὶ ᴖ αὐτῷ (b), ποιή-σαντι ᴖ ἐλεγείαν (a), also fünf Kola mit Changement der Korrespondenz (a b, c, b a). Daſs kunstvolle Periodik in unserem Buche sich findet, fällt ja jedem Leser auf; nur um auf ein paar Beispiele zu verweisen, nenne ich die Sätze p. 19, 4 ff. 26 ff.; 28, 18 ff.; einzelnes kommt noch später zur Besprechung. Rhetorischen Satzbau darf man natürlich in einem Buche, wie dem vorliegenden, nicht erwarten; es gehört nicht der rhetorischen Litteratur an. Der Satzbau entspricht im allgemeinen jedoch der Forderung des Aristoteles (Rhet. 1409 a 34) an die εἰρομένη λέξις κατεστραμμένη ἐν περιόδοις: λέγω δὲ περίοδον λέξιν ἔχουσαν ἀρχὴν

---

nuance p. 8, 10 vom Areopag ἔταξεν ἐπὶ τὸ νομοφυλακεῖν. καταστῆσαι τὴν ἐπὶ τῶν τετρακοσίων πολιτείαν p. 32, 11 und ἡ ὀλιγαρχία κατέστη p. 36, 10, vom inneren Ausbau διέταξαν p. 33, 13. Vom Lysander καταστῆσαι τοὺς τριάκοντα p. 38, 4 und bei der Neuordnung der Bule durch Kleisthenes, der Einführung einer neuen Form, τὴν βουλὴν κατέστησεν p. 23, 3, wofür bei Solon ἐποίησε (p. 8, 9), weil nur eine geringe Umgestaltung des drakontischen Rates vorgenommen wurde. τάττειν τὴν πολιτείαν heifst es nie. In der πολ. Ἀθην. ist also die Ausdrucksweise dieser Gedankensphäre geregelt nach der aristotelischen Definition (Polit. 1274 b 38) ἡ δὲ πολιτεία τῶν τὴν πόλιν οἰκούντων ἐστὶ τάξις τις; vgl. 1289a 15.

καὶ τελευτὴν αὐτὴν καθ᾽ αὑτὴν καὶ μέγεθος εὐσύνοπτον.
ἡδεῖα δὲ ἡ τοιαύτη καὶ εὐμαθής. Es werden wohl
manchmal lästige Parenthesen eingeschoben, wie p. 2,
27; 7, 6 ff.; 30, 4 f., allein die Deutlichkeit leidet
nicht darunter. Dagegen ist der Satzbau ungleich-
mäfsig; trefflich periodisierte Stellen, wie die eben angeführten, stehen neben solchen mit rein agglutinieren-
der Satzfügung. Der Grund dafür ist der unfertige
Zustand des Buches; der letzten Feilung, welche die
πολ. Ἀθην. eben nie erhalten hat, war die Durchführung der Gleichmäfsigkeit des Satzbaues vorbehalten.

Rhythmik Aristoteles behandelt die Periodik im Anschlufs an
die Rhythmik. Steht diese in der πολ. Ἀθην. ebenso
mit seiner Theorie im Einklange? Eine Untersuchung
der Rhythmik der πολ. Ἀθην. kann m. E. sich nicht
auf das ganze Buch erstrecken. Im zweiten Teile
mufsten die vielen technischen Ausdrücke die Absicht, rhythmisch zu schreiben, oft unmöglich machen.
Im ersten fallen für eine solche Untersuchung die
Kapitel fort, welche Aktenmaterial reproduzieren.
Das fast im Rohmaterial vorliegende 22. Kapitel kann
auch kaum in Betracht kommen. Dagegen gehört
zum Beobachtungsmaterial das Anfangskapitel des
zweiten Teiles über die Ephebie, welches vielleicht
das bestausgearbeitete des Buches ist und nur in den
Partieen über Solon, die Peisistratiden und die Demagogen (Kap. 28) annähernd gleich gute Parallelen hat.
Auch der Beginn des 45. Kapitels darf herangezogen werden. Es ist nicht meine Absicht, aus diesen Abschnitten
eine vollständige Sammlung der Klauseln und Satz-
oder Kolenanfänge zu geben; ich habe soviel Material
gesammelt, wie mir zur Charakteristik nötig schien.
Im einzelnen wird man rechten können, weshalb diese
oder jene Stelle auch aus dem ersten Teile nicht heran-

gezogen ist. Ich halte aber dafür, dafs bei einer Untersuchung über ein künstlerisches Stilelement der
Untersuchende in einem Buche wie dem vorliegenden
sich bei jeder Stelle fragen mufs, ob ihr Charakter
derart ist, dafs man in ihr beabsichtigtes Hineintragen
künstlerischer Elemente seitens des Schriftstellers vor-
aussetzen darf. Über diese Vorfrage mufs man sich also
zuerst entscheiden; aber ihre Entscheidung hängt so sehr
von subjektivem Urteil und Empfinden ab, dafs man
in vielen Fällen immer wird rechten können und
müssen. Vor allem aber ist, und zwar mehr als bei
jeder anderen Untersuchung, hier im Auge zu behalten, dass die πολ. Ἀθην. die letzte Feile nicht mehr
erhalten hat. — Für die Quantitätsmessungen bemerke
ich, dafs ich geschlossene kurze Silben vor der Pause
als lang rechne, dagegen offene als kurze behandle. Die
Pause, welche Hiate entschuldigt, längt durch ihre
Mora auch die konsonantisch auslautende kurzvokalische Endung. Im übrigen werden bei den Zusammen-
stellungen die Fälle, in denen nicht vokal- oder po-
sitionslanger Schlufs vorliegt, durch Einklammerung
der Zahlen des Citates angezeigt.

1) Die Klauseln von Kola und Perioden.

$- - - - 16 = 7 (+ 9)$: ·ων ἀλλήλοις 4, 19. 27; (5,
17-18); 5, 21. 22. (27); (9, 12); 10, 2. (5); (15, 4.
24); 16, 5; (19, 20); 28, 6; (46, 11; 47, 12).

$\cup - - - 20 = 17 (+ 3)$: ἀπεχθέσθαι 10, 9; 4, 16;
6, 8; 9, 3; 10, 7 (?); (13, 1); 15, 4. (8.) 16;
28, 4. Das Metrum wiederholt 1, 16 τῶν-δου-
λεύειν) = 5, 10 (ὡς-ἐνεστώσης) In $\cup \cup \cup - \cup - - -$
steht der Päon im Kontrast zum Epitrit ἐγένετο
ἡ πολιτεία 23, 27; päonisch ebenfalls συνει-
δότας ἐμήνυεν 19, 26; (2, 21). Die Verbindung
$- \cup \cup - - -$, wie choriambisch mit schwerer

Klausel, τῆς στάσεως οὔσης 4, 18; 8, 18-9;
19, 15; anapästisch - ◡ ◡ - ◡ ◡ - - - -ρῶν ὁμό-
σαντες ἀριστίνδην 1, 1, vgl. ἐνεβίβασεν εἰς τὰς
ναῦς 25, 25.

- ◡ - - 25 = 15 (+ 10): ἐστὶν ἀρχὴ 4, 21; (6, 4); 9,
5; 10, 7. (12); 31, 10; 47, 7. Mit päonischem
Motiv (◡) ◡ ◡ ◡ - ◡ - - γενομένης ἐπλούτουν
5, 23; (6, 7). Das epitritische Metrum ganz
deutlich in der Wiederholung (μέλ)λοντα κλη-
ροῦσ|θαί τιν᾿ ἀρχήν 7, 15; (19, 12); andere
Epitrite vorher (13, 23; 20, 2). Der Rhythmus setzt sich über den Periodenschluſs im
Eingang des nächsten Kolons fort ◡⁀◡ ◡ - - |
- ◡ - - | - ◡ - - ἐπιμελεῖσθαι τῶν ἐφήβων. ἐκ
δὲ τούτων 46, 16. Bei vorhergehendem Trochäus wirkt der Schluſs trochäisch τῶν νόμων
ἐνώχλουν 9, 24; (1, 17-8; 4, 11; 9, 1); 31, 18-
9; 19, 24-5, wo der Rhythmus durch das vorhergehende τοὺς ἀναιτίους besonders hervortritt; noch mehr 6, 9 καὶ νόμους ἔθηκεν ἄλλους.
Rein logaödisch wirkt - ◡ ◡ - ◡ - - - (ἀθά-
νατ᾿ Ἀφροδίτα): -αν ἐπέτρεψαν αὐτῷ 4, 20;
ebenso 5, 20; (καὶ συνεβ.) 10, 1; (26, 18-9).
- - ◡ - 21 = 16 (+ 5): ἐξουσίαν 6, 5; 1, 15; 3, 11;
9, 29; 12, 26; 22, 26; 28, 27-8; das Vers-
maſs wiederholt αὐτὸν ποιῆ|σαι τοὺς νόμους
9, 8. (23 -αν . . . τρόπον.) Der zweite Epitrit
geht vorher - ◡ - - | - - - ◡ - οἱ πένητες τοῖς
πλουσίοις 1, 8; 5, 8-9; (7, 16); derselbe zwei-
mal vorher -οῦσα πάντας | τοὺς ἀκοσμοῦν|τας
κυρίως 3, 13, so daſs die Schwere des Rhythmus sehr fühlbar ist. Erleichtert bei dieser
Klausel erscheint er, indem er kretisches Gepräge durch voraufgehenden Trochäus erhält

[δῆμος ἢ κύ]ριος 9, 8-9. -εχθάνεσθαι παρών
9, 26; 5, 2. Mit päonischem Rhythmus ᴗᴗᴗ
ᴗ ᴗ ᴗ – – ᴗ – τῶν παρανομούντων κρίσιν (2,
22; 9, 7). Logaödisch in der Verbindung – ᴗ ᴗ
– – ᴗ – 5, 19, also wie der Vers bei Hephä-
stion Scr. metr. c. 9 (p. 30, 13 W.) ἱστοπόνοι
μείρακες: -εῖν τισι τῶν γνωρίμων, ebenso
(8, 26); noch stärker das logaödische Element
in – ᴗ ᴗ – ᴗ ᴗ – – ᴗ – ἀμφοτέρους ἐπεφύκει
καλῶς 17, 20-1, vgl. den Eingang δημοτικώτατος εἶναι δοκῶν 13, 25.
30 = 21 (+ 9). Diese Klausel giebt, je nachdem
ihr eine Kürze oder Länge vorhergeht, der
Diction päonisches oder logaödisches Gepräge.
(ᴗ) ᴗ ᴗ – – τὰ πρὸς ἑαυτούς 13, 9; (1, 12); 2,
7; 15, 18-9 (19, 21-2; 31, 21); doppelter Päon:
διατελοῦσιν ἔτι καὶ νῦν 7, 23. (ᴗ) ᴗ ᴗ | ᴗ ᴗ
– – 10, 10; 8, 3; (31, 13). Übrigens ist zu berücksichtigen, dafs Theophrast (s. u. S. 31) diese
Klauseln als päonisch fafste, wie sein Beispiel
φιλοσοφούντων zeigt (vgl. Jacoby, der orator.
Numerus bei Isokr. und Demosth. Diss. Zürich
1887. S. 39 f.) — Der logaödische Ausgang
ist sehr häufig. Veranlasst durch Wiederholung des Metrums 10, 8 -ετο συστάν τι τυραννεῖν. Weiteres μὴ πλεονεκτεῖν 5, 3; 15, 22; 50,
3; 55, 3 und (27, 18, vorhergeht ᴗ ᴗ ᴗ ᴗ ᴗ ᴗ).
Rein pherekrateisch ist der Schlufs – ᴗ – ᴗ ᴗ
– ᴗ (ἐ)τύγχανον μετέχοντες (1, 18; 10, 11;
27, 26); 15, 13; 30, 16; 32, 2. 4; 42, 3.
Der logaödische Charakter verstärkt – ᴗᴗ – ᴗ ᴗ
– – (εἰσ)αγγελίας περὶ αὐτῶν 8, 17; 7, 21;
9, 6; 9, 29-10, 1. Noch ein Daktylus davor:
σώμασιν . . . Σόλωνος (1, 14); vgl. 4, 20; so-

gar ein Hexameter, wenn auch von der Art, welche des Horaz *non quivis videt in|modulata poemata iudex* persifliert, ist herausgekommen: ὡς ὑπὸ τῶν ἀντι|στασιωτῶν ταῦτα πεπονθώς 14, 1-2. ‿ - ‿ - 17 = 11 (+ 6) λίαν ἁπλῶς 14, 24; (1, 6; 31, 16-7; 46, 8.). Der iambische Rhythmus ungewöhnlich stark ‿ ⌣͡⌣ ‿ - ‿ - ‿ - ‿ - ἐγένετο πλεῖον ἢ (ἐ)νιαύσιος (2, 23). Ein richtiges μέτρον Εὐριπίδειον, wie Hephaistion und andere es nennen, bildet die katalektische trochäische Tetrapodie: μᾶλλον ἢ τυραννικᾱς 14, 17; doch ist zu beobachten, daſs dem Schriftsteller der Rhythmus so stark klang, daſs er 16, 9 dieselben Worte umstellte: μᾶλλον πολιτικῶς ἢ τυραννικῶς. — Wieder logaödischen Versausgang giebt (- ‿ ‿ -) - ‿ | ‿ - ‿ - (πάντα διοι)κεῖν κατὰ τοὺς νόμους 17, 13, fast wie aus einem choriambisch-logaödischen System; (5, 25-6); 13, 13. Tritt ein Spondäus oder Trochäus davor, so ist der Glykoneus fertig: καὶ τοῖς πράγμασι τῶν μέσων 5, 1. (-θῆν' ὑπὸ) 20; 4, 26; 6, 3; diese Klausel ist nicht selten. Noch verstärkt ist das daktylische Element in - ˘ ‿ ‿ - ‿ ‿ - ‿ - τῆς πόλεως τεταραγμένης 12, 26. Endlich auch in Verbindung mit den logaödisch wirkenden Choriamben Κρὴς ἐπὶ τούτοις ἐκάθη|ρε τὴν πόλιν (1, 4); nur um einen Choriamb länger ist Anakreons νήπλιτον εἴ|λυμα κακῆς ἀσπίδος ἀρτοπώλισιν (frg. 21, 6 B⁴). Päonischer Rhythmus ‿ ‿ ‿ ‿| ‿ - ‿ - γέγονε κατὰ τοὺς νόμους 46, 4. - ‿ - 22 = 18 (+ 4): ἀμφοτέρων 12, 13; 5, 12 (mit ⟨ὁ⟩, K-W.). 16; 6, 1; 10, 27; (17, 15-16);

22, 6. 11; 25, 9 (28, 12). Das Versmaſs wieder-
holt τῆς πόλεως | μὴ μετέχειν 8, 22, ebenso 8, 20,
s. unten S. 37 f. Bei vorhergehenden drei
Kürzen gewinnt der Rhythmus päonische Wir-
kung: πρὸς Μεγαρέας πολέμῳ 13, 26, wozu man
1, 3 ἔφυγεν ἀειφυγίαν vergleiche; treten nur
zwei Kürzen davor, ist der anapästische Rhythmus fertig ἀπὸ τοῦ · τυπανοῦ 50, 5; noch
stärker ◡◡ - ⏝ | - ◡◡ - ἀποσει σαμένων
τὸ βάρος (5, 17), vgl. 5, 15-6; (τὰς) δαπάνας | τὰς
γι νομένας 8, 5; falls richtig ergänzt [ἀγα-
π]ῶν τας ταὐ|τύματον (8, 20). Infolge der ana-
pästischen letzten drei Silben ist auch der
Rhythmus in (⏑) - ⏓ - ⏓ ◡ ◡ ⏓ (δου)λευόντων
τοῖς ὀλίγοις 4, 17 anapästisch; ebenso ὡς οὐχ
ἥξει δέκ᾽ ἐτῶν 9, 28, falls richtig ergänzt ist;
ἐκ τῶν | νῦν γι νομένων 9. 11.
◡ ◡ ◡ - 18 = 7 (+ 11) αἰ ξανομένη 25, 19; 3, 16-7;
10, 3; 21, 4; 33, 21 (16, 2; 24, 14; 28, 22;
31, 15-6; 32, 6; 37. 12; 41, 6-7; 45, 27). Ganz
stark, vielleicht am stärksten im ganzen Buche
tritt der päonische Rhythmus 13, 12 in drei
aufeinander folgenden Päonen auf, und das
Hastige ist noch durch zwei dem ersten Päon
voraufgehende Kürzen verstärkt διὰ τὸ μεγά-
λην γεγονέναι μεταβολήν. Häufungen von Kürzen vor päonischem Ausgang öfter: τότε πα-
ρακαλῶν 14, 16; (30, 13); ◡ ◡ ◡ ◡ ◡ ◡ ⏒ (16, 2
λόγον ἐπ.). Wie (30, 13) ist (22, 20) gebaut,
nur daſs hier der päonische Eindruck bis zur
Häſslichkeit dadurch verstärkt wird, daſs die
Jagd über die mit nicht naturlanger Klausel
schlieſsende Periode hinaus und in der nächsten
Periode weitergeht (πολ)λὰ διετέλεσαν. ἔτι δὲ
πρότε(ρον τῶν).

Die Klauseln gehen also in den angeführten
169 Fällen auf eine lange Silbe aus, und zwar 112
davon auf vokalisch lange Silben, 57 auf geschlossene
kurzvokalische. Das Verhältnis ist wie 2 : 1.

Bei der Behandlung der auf einen offenen kurzen
Vokal ausgehenden Klauseln scheide ich diejenigen
Fälle aus, wo der Sinn ergiebt, dafs der Schriftsteller das Deutlichkeitsprincip und kein ästhetisches
Interesse verfolgt hat, d. h. in Fällen wie τόνδε τοιάδε
u. s. w., z. B. 1, 20; 7, 7; 10, 13; 32, 17; 34, 1;
35, 10; 38, 4; 42, 11. Fort fallen natürlich die
Fälle, welche den Dekreten von Kap. 29 ab angehören. Auch die Fälle setze ich nicht in Anrechnung,
in welchen durch Anfügung des euphonischen ν der
volle Schlufs herbeigefürht.wird; denn ich meine, dafs
gegen die Autorität der Handschrift von diesem Mittel
Gebrauch zu machen ist, wenn dadurch ein kurzvokalischer ungedeckter Auslaut an Kolon- und Periodenschlufs vermieden werden kann; also z. B. πᾶσιν 1,
7; 26, 22; εἶχεν 3, 19, ὀμνύουσιν 6, 15, εἴκοσιν 18, 2,
δέδωκεν 19, 30, πράγμασιν 25, 23, ἐστιν 32, 1, μεταδι-
δόασιν 39, 28, ἱππεῦσιν 41, 16; vgl. ferner 25, 25;
26, 23. 24; 31, 10; 39, 27; 43, 20; 47, 2. Endlich rechne
ich nicht den durch Supplierung geschaffenen Fall
ἐπιτιθέμενον τυραν[νίδι] 14, 10; ἐπιτιθέμενον τυραν-
[νεῖν] vermeidet den offenen kurzen Klauselschlufs.

Ich habe nun die Fälle von vokalisch kurz-
schliefsenden Klauseln nicht wie jene obigen 167 Fälle
in einer nur für die Charakteristik genügenden Anzahl
ausgelesen, sondern habe, sobald ich das Verhältnis über-
schaute, den ersten Teil und die oben bezeichneten Abschnitte des zweiten ganz auf diese Art der Klauseln
an den Schlüssen der Kola durchgesehen. Ich habe im
Ganzen 47 Fälle offenen kurzvokalischen Ausganges

konstatiert. Allein von ihnen kommen noch einige in
Fortfall, an welchen der Verfasser ein Wort zu dessen
besonderer Hervorhebung mit Hintenansetzung der
ästhetischen Stilgesetze an den Schlufs stellt; dieser
Fall ist wesensähnlich mit dem vorher bezeichneten bei
τόνδε u. s. w. Er liegt vor bei δέκα, 7, 19; 13, 4 und
23, 25; ebenso bei den Zahlen 21, 19. 20; 24, 8; 38,
22. 23 und bei ἄστυ 23, 10. In der Aufzählung des
athenischen Beamtenheeres steht πεντήκοντα am Schlufs,
parallel mit den anderen Zahlwörtern; dieser ganze
Abschnitt kommt nicht in Betracht. So bleiben im
Ganzen 37 Fälle. Von ihnen fallen innerhalb der
Periode an Kolenschlüsse, also nicht an die markantere
Stelle des Satzschlusses Σόλωνα 4, 20, ὑγρὰ 7, 3,
νόμισμα 9, 20, ὅπλα 15, 18, ἐλέγετο 17, 7, προσήγετο
17, 20, θυγατέρα 18, 3, ὄντα 19, 2, διεσφάλλοντο
20, 15, ἐπίθετα 27, 4, περιείλετο 29, 15, μέτρια 29, 29.
ἡττᾶτο 30, 6; ἐλοιδορήσατο 31, 9, τριάκοντα 40, 14,
Λακεδαίμονα 40, 26, ἀφείλετο 50, 1, ἔθετο 50, 6.
Ferner zwei Fälle, wo ich den Grund der Wortstellung
noch zu erkennen glaube. 28, 21 die Worte πρὸς τὴν
πόλιν ὀψὲ προσελθόντα· πρὸς δὲ τούτους hätten nur
zu ὀψὲ προσελθόντα πρὸς τὴν πόλιν· πρὸς δὲ τ.
umgestellt werden können; man sieht, der Schriftsteller
vermied die Traufe und ging in den Regen. 36, 7
Θαργηλιῶνος ἐπὶ δέκα zur Vermeidung der Identität
mit dem Ausgange des nächsten Kolons, in welchem
Θαργηλιῶνος am Satzschlufs hervorgehoben ist, weil
es im Gegensatz zu Σκιροφοριῶνος (36, 10) steht.

Es bleiben vor den stärkeren Pausen folgende
17 Fälle [Die S. 24 aufgeführten vor schwächeren
Pausen in Klammern]:

– – – ◡ [αὐξη]θεῖσα 2, 19. (ζευγί)την καὶ θῆτα 6, 20
[15, 18; 20, 15; 30, 6].

∪ - - ∪ *μεθίσταντο* 24, 29; *καθίσταντο* 3, 14, *μετε-*
πέμψαντο 22, 17, *Παναθήναια* 47, 18 [28, 21;
40, 14].

- ∪ - ∪ *γὰρ τὰ λοιπὰ* 18, 3; *πραότητι* 24, 20.

- - ∪ ∪ *εἰσηγήσατο* 27, 2.

∪ ∪ - ∪ [(*μαλ*)*ακὸν ὄντα* 19, 2. 4, 24; 9, 20].

∪ - ∪ ∪ *ἐγίνετο* 27, 15; *τυραννίδα* 20, 4; *δημοτικώταια*
8, 25 [17, 20; 29, 15; 31, 9; 40, 26; 50, 1].

- ∪ ∪ ∪ *δημοτικὰ* 9, 14.

∪ ∪ ∪ ∪ [*ἐπίθ*]*ετα* 2, 18 (?); *τὰ πάτρια* 23, 23; *ἐγέ-*
νετο 44, 25; (*τινα δι*)*εδίδοτο* 31, 13. [7, 3;
17, 7; 18, 13; 27, 24; 29, 29; 36, 7; 50, 6].

Diese 37 Fälle verteilen sich so auf die acht
Metra, dafs von einer Vorliebe für eine bestimmte
Klausel nicht die Rede sein kann; die letzte ist am
stärksten mit 11 Fällen vertreten. Mir hat nun eine
Zählung der Periodenanfänge ergeben, dafs in dem
ganzen ersten Teil des Buches mit Ausnahme der
Dekrete und in den herangezogenen Particen des
zweiten Teiles rund — es sind einige mehr — 370 Perioden oder einfachere selbständige Satzgebilde enthalten
sind. Vorher stellten wir als das Verhältnis zwischen
langvokalischer und kurzvokalisch-geschlossener Klausel
fest 2 : 1. Auf ca. 370 Fälle gehen, da wir hier nur
von den selbständigen Sätzen sprechen, 17 Fälle offenen
kurzvokalischen Schlusses ab, es bleiben ca. 355.
Das Verhältnis zwischen langvokalischer Klausel,
kurzvokalischer geschlossener Klausel und kurzvokalischer offener gestaltet sich also rund wie c. 240 :
120 : 15 = 16 : 8 : 1 oder in Prozenten 64 ^{0}/o, 32 ^{0} o
und 4 ⁰/o. Was sich aus diesen Zahlen ergiebt, bestätigt eine genauere Betrachtung der Schrift. Man bemerke, dafs von den in einer historischen Schrift
nothwendigerweise zahlreichen medialen Präterital-

— 27 —

endungen auf -το nur sechs am Periodenschlufs stehen,
im gesamt nur 15 vor der Pause ihren Platz haben,
und das auf ca. 1200 Druckzeilen. Darin liegt doch
eine Absicht ausgesprochen. Dies tritt noch klarer in
einzelnen Fällen hervor. 19, 12 τὴν δ᾽ ὅλην ἐλυμήναντο
πρᾶξιν ist so gestellt, um πρᾶξιν ἐλυμήναντο zu vermeiden, ebenso 12, 25 ἐποιήσατο διὰ ταύτας τὰς αἰτίας;
besonders lehrreich ist 15, 3 ἐδέχοντο θαυμάζοντες, wo
der kurzvokalisch geschlossene Auslaut vorgezogen ist,
um den nicht geschlossenen zu vermeiden, trotzdem doch
θαυμάζοντες ἐδέχοντο einen päonischen Rhythmus (s. u.)
zum Schlusse gebracht haben würde. In einem ähnlichen Falle hat der Schriftsteller mit der Entfernung
einer Form auf -το die Einführung päonischer
Klausel wirklich verbunden: statt τὴν πολιτείαν ὁ δῆμος ταχέως ἀφείλετο 37, 11 heifst es ἀφείλετο τὴν
πολιτείαν ὁ δῆμος διὰ τάχους, wobei zu bemerken,
dafs Aristoteles nach Bonitz Ind. Arist. p. 749 a sonst
ταχέως, nicht διὰ τάχους gebraucht; das letztere ist
mehr rhetorisch, darum auch nicht in den rein philosophischen Schriften. Vgl. hierfür noch die Wortstellun-
gen 18, 29-30 und 20, 13. Im übrigen beweist diese Beobachtung, dafs das vermutete τοῦ ἀξιώματος 25, 26 auch
aus rhythmischem Grunde besser ist als das nicht zu
konstruierende τῷ ἀξιώματι. Ich sehe in dem Prozentsatz von 4% gegenüber dem von 32% und 64% zugleich den Beweis für die Richtigkeit meiner Annahme,
dafs geschlossene kurzvokalische Endsilben vor der
Pause für das Gehör als lang zu rechnen seien; das
Beispiel ἐδέχοντο θαυμάζοντες ist die Illustration dazu.
Wenn die Beispiele, welche Aristoteles und Theophrast
in ihren Lehrbüchern anführten, nicht dazu stimmen,
indem sie vokalisch langen Ausgang bieten, so ist dagegen zu halten, dafs man zu Musterbeispielen eben

5. Kap.
Rhythmus
nur das absolut Regelrechte verwendet, und dafs die Antike, wie übrigens selbst Theophrasts Beispiel, ferner Dionysios' rhythmische Erörterungen und was der Verfasser περὶ ὕψους in dieser Hinsicht anmerkt, deutlich beweisen, den Rhythmus nicht mit dem Mafsstab des metrischen Lang-kurz ausrechnete; das beruht darauf, dafs man hörte und nicht las, dafs die Sprache mit dem, wofür sie da ist, gemessen wurde, mit dem Ohr und nicht mit dem Auge. Und das Ohr hört in der Pause, was das Auge den stummen Buchstaben nicht absehen kann.

Periodeneingänge
2) Der Eingang bestimmt den Rhythmus weniger als die Klausel; die folgenden Beispiele sollen zunächst nur die verschiedenen Arten des Eingangsrhythmus charakterisieren.

‒ ‒ ‒ ‒ πρῶτον μὲν καὶ 8, 25; 9, 11; 10, 12; 15, 8. 23; 31, 17.

‒ ‒ ‒ ◡ ποιήσαντι 4, 21. 16. 18; 5, 25; 7, 17; 9, 7. 9; 10, 9; 15, 16.

‒ ‒ ◡ ‒ καὶ τὴν πολι(τείαν) 4, 20. 27; 5, 1; 6, 8; 9, 10; 14, 18; 10, 3 καὶ τὰς στάσεις ἀμφοτέρους μεταθέσ(θαι) ‒ ‒ ◡ ‒ ‒ ◡ ◡ ‒ ◡ ◡ ‒ wie 31, 16 τούτων μὲν οὖν ἀμφοτέρων θανατὸν, logaödisch. Das Metrum wiederholt 13, 24, wo der ganze Satz logaödisch klingt, und mit fühlbarer Katalexe ‒ ‒ ◡ ‒ ‒ ‒ ◡ ‒ ◡ ◡ ‒ ◡ ‒ ◡ ‒ ◡ ◡ ‒ ‒ εἶχον δ' ἕκαστοι τὰς ἐπωνυμίας ἀπὸ τῶν τόπων ἐν οἷς ἐγεώργουν. Iambisch wirkt der Eingang 5, 27 ὥστ' ἐξὸν αὐτῷ [τοὺς νόμ]ους.

‒ ◡ ‒ ‒ θαυμασάντων 28, 8; 5, 2; 10, 7-8. 12; 15, 4. 14; 31, 13; 32, 2. 3; 46, 16. 18; 55, 2. Trochäische Dipodie οὐ γὰρ οἴεσθαι δίκαιον 9, 28.

- - ◡ ◡ οὐ χρησάμε(νοι) 37, 24; 9, 4; 17, 5; 23, 26.   5. Kap.
Perioden-
eingänge
Dieser Eingang gehört zu den selteneren.
- ◡ ◡ - δημοτικώ(τατος) 13, 25; 6, 10; 9, 25; 27, 28;
46, 9; 50, 3. — Bei folgender Kürze logaö-
discher Klang - ◡ ◡ - | ◡ 4, 25; 5, 10. Doppel-
ter Choriamb τῶν δὲ πολιτῶν ἐνίους 8, 19;
über die ganze Stelle unten (S. 37 f.).
- ◡ - ◡ οὐ γὰρ εἰκός 5, 26; 9, 6; 10, 1-2. 6; 36, 3.
Der trochäische Rhythmus stark fühlbar 9, 2
κύριος γὰρ ὢν ὁ δῆμος; parallel steht 35, 10
ἐν δὲ τῷ παρόντι καιρῷ τήνδε; 5, 12 κύριος
δὲ γενόμενος τῶν πραγμάτων ist ein regel-
rechter trochäischer katalektischer Trimeter.
εὐδιαφθορώτεροι γὰρ ⟨ οἱ⟩ὀλίγοι 45, 15 ist nicht
sicher. Der Eingang 12, 25 τὴν μὲν οὖν ἀποδημίαν bildet einen Glykoneus, ebenso 39, 21.
- ◡ ◡ ◡ εἵλετο πρὸς 10, 9. 11; 12, 12; 15, 21; 27, 18;
31, 11; 42, 3; doppelt ὥστε συνέβαινεν ἐπι(κυ-
ρωθέντων) mit kontrastierendem Dispondeus
40, 20. - ◡ ◡ ◡ ◡ 41, 7. - ◡ ◡ ◡ ◡ ◡, ebenso
30, 10 - ◡ ◡ ◡ ◡ ◡ ◡ ◡ 47, 9.
◡ - - - ἐν οἷς πειρῶν(ται) 5, 17; 6, 9; 10, 5; 22, 17;
32, 1.
◡ - - ◡ ἔπειθ᾽ ὡς μὲν 5, 19. 24; 6, 3-4; 9, 24; 12, 26;
45, 27; 46, 4.
◡ - ◡ - ὁρῶν δὲ τὴν 8, 18; 11, 10; 19, 15. 22. Der
jambische Rhythmus stark δοκεῖ δὲ τῆς Σόλωνος 8, 24. 26 (τὸ ἐξ.); 46, 8.
◡ ◡ - - διατάξας 9, 23; 5, 9. 18; 7, 14-5; 14, 25; 45, 25.
◡ - ◡ ◡ ἔδει δὲ τε(λεῖν) 7, 1; 13, 8; 15, 20; 19, 2;
46, 12.
◡ ◡ - ◡ χαλεπώτατον 1, 15; 6, 5 (τά τε πρ.); 16, 1; 28, 4.
Natürlich ergiebt sich bei folgendem Iambus
anapästischer Rhythmus: κατατραυ|ματίσας

14, 1; 5, 22; 14, 7. – ὁ δὲ δῆμος ἀφεί λετο τῆς
βουλῆς 50, 5, wo vor der Pause schon derselbe Rhythmus (s. oben S. 23).

‿ ‿ ‿ – ὅτι δὲ ταύ(την) 6, 4; 8, 20; 10, 1; 13, 1. 19;
21, 21; 23, 22; 41, 28; 43, 10; 44, 8. Zweimal
das Metrum ἔτι δὲ καὶ | διὰ τὸ μὴ 9, 3 und
46, 9, sogar dreimal μετὰ δὲ ταῦ|τα συνέβη
στασιάσαι 1, 5.

‿ ‿ ‿ ‿ ἐπὶ μὲν ἔ(τη) 12, 27; 3, 6; 25, 19-20.

‿ ‿ ‿ ‿ ‿ ἔτι δὲ πρότε(ρον τῶν) 22, 20; 4, 6.

‿ ‿ ‿ ‿ ‿ ‿ ἀπεδέδοτο μὲν(ἡ) 3, 20.

‿ ‿ ‿ ‿ ‿ ‿ ‿ ὅθεν ἔτι διαμέ(νει) 7, 20; 28, 6.

Die Betrachtung der Eingänge hat den Haupt-
accent nicht sowohl auf die einzelnen Metra, als vielmehr auf die ersten zwei Silben zu legen; sie geben
dem Eingange das Gepräge des fallenden oder steigenden Rhythmus. Mir hat eine Nachzählung der selbständigen Satzgebilde ergeben, daß von den schon
erwähnten 370 in Betracht kommenden Sätzen rund
200 mit langer, 170 mit kurzer Silbe anlauten, und
von diesen rund 70 mit einer, 100 mit zwei kurzen
Silben. Nun kann man ja bei einer historischen Darstellung wie der vorliegenden diejenigen Fälle milder
beurteilen, welche durch den sprachlichen Ausdruck
für die einfache Anreihung der Thatsachen aneinander
gleichsam bedingt sind; dazu rechne ich ἔπειτα, ἔτει,
ὅτι δὲ, ἔτι, μετὰ δὲ ταῦτα und bei Aristoteles' Dar-
stellungsart διὸ und ὅθεν; aber auch so bleiben noch
ca. 120 kurzsilbige Eingänge, d. h. 60 auf 100 mit
langem Einsatz. Doch wenn man die Häufigkeit des
steigenden Rhythmus auf diese Weise auch begreiflich
machen kann, wegzubringen sind jene 50 aus der
Litteraturgattung des Buches verständlichen Eingänge
(ἔπειτα u. s. w.) für den rhythmischen Eindruck nicht.

Es bleibt bei den Zahlen 200 und 170; der lange Einsatz und der fallende Rhythmus verhalten sich also
zu dem kurzen Einsatz und steigenden Rhythmus wie
54 : 46.

Es ist ja bekannt, dafs Aristoteles (Rhet. 1409 a 3)
den ersten Päon für den Eingang, den vierten für
den Schlufs der Perioden empfiehlt mit der Bemerkung,
dafs die Praxis der Beredsamkeit jene wenigstens
theilweise richtig verwende. Man sieht auf den ersten
Blick, dafs der Rhythmus der Periodeneingänge und
-schlüsse in der πολ. Ἀθην. dieser stilistischen Regel
stracks zuwiderläuft. — Theophrasts Theorie, der auch
am Eingang und Schluss den Päon verlangt, liegt bei
Demetr. π. ἑρμ. § 41 (p. 24 Walz) vor; er stellte als
Beispiel auf – – ◡ ◡ ◡ – – ◡ ◡ – ◡ ◡ ◡ ◡ ◡ – – τῶν μὲν
περὶ τὰ μηδενὸς ἄξια φιλοσοφούντων. Man erkennt,
dafs Demetrios recht hat, wenn er Theophrasts Theorie
dahin erläutert, dafs nach ihr nicht direkt Päon,
sondern nur langer Einsatz und lange Schlufssilbe
des Kolons gefordert werde; οὐ γὰρ ἐκ παιώνων
ἀκριβῶς ἀλλὰ παιωνικόν τί ἐστι· παραλάβωμέν τοι τὸν
παίωνα εἰς τοὺς λόγους, ἐπειδὴ μικτός τίς ἐστι καὶ
ἀσφαλέστερος, τὸ μεγαλοπρεπὲς μὲν ἐκ τῆς μακρᾶς λαμ-
βάνων, τὸ λογικὸν δὲ ἐκ τῶν βραχειῶν. Quinctilian
(instit. IX. 4, 87 ff.) ziehe ich hier nicht gerne heran,
da seine Darstellung, wie die darin enthaltene Polemik
beweist, nicht auf blofser Wiedergabe älterer griechischer Techniker beruht, sondern eigenes Urteil,
d. h. das eines Römers, in den Vordergrund drängt.
Aber auch er sagt *optime incipitur a longis, recte aliquando
a brevibus* (§ 92). Allein alle diese Regeln gelten für
rhetorische Litteraturdenkmäler; auf ein Buch wie die
πολ. Ἀθην. können sie ohne weiteres nicht Anwendung
finden. Gleichwohl stimmt der Gebrauch wenigstens

in den Klauseln durchaus mit der von T h e o p h r a s t aufgestellten Forderung überein, sie sollten mit einer Länge schliefsen: die Klauseln gehen bis auf einen sehr geringen Prozentsatz auf langvokalische oder geschlossene kurzvokalische Silben aus; aber läfst man auch die letzteren aufser Rechnung, so genügen doch selbst strengster Anforderung immer noch die fast vollen zwei Drittel der Klauseln langvokalischer Endsilbe. Und das ist der Thatbestand in einem noch nicht gefeilten Werke. Er beweist, dafs unser Buch in seiner Vollendung zur kunstmäfsigen Litteratur gehören sollte und gehört haben würde. Mit diesen vollen Abschlüssen und der zum Satzende, wie oben aufgezeigt, vielfach deutlich auftretenden Rhythmik genügt es schon in seinem unfertigen Zustande im grofsen und ganzen der Anforderung, welche Aristoteles im allgemeinen, nicht blofs für rhetorische Stücke, aufstellt (Rhet. 1409 a 19): δεῖ δὲ τῇ μακρᾷ ἀποκόπτεσθαι καὶ δήλην εἶναι τὴν τελευτὴν μὴ διὰ τὸν γραφέα μηδὲ διὰ τὴν παραγραφήν, ἀλλὰ διὰ ῥυθμόν.

Von den Klauseln und Periodenanfängen ist die Untersuchung ausgegangen; denn an diesen Stellen der Rede zeigt sich der Rhythmus am deutlichsten, und für sie hat Aristoteles ausdrücklich das Hervortreten eines Rhythmus nicht blos anerkannt, sondern gefordert. Anders steht es mit dem Satzinnern. Aristoteles sagt, die Rede solle weder ἔμμετρος noch ἄρρυθμος sein (Rhet. 1418 b 21); seine Ausführung dieses Satzes ist zwar nicht ganz klar, aber es hat den Anschein, als ob er Rhythmik im wesentlichen nur gegen das Satzende hin gelten lassen will. Es galt also eine Probe. Ergab sie, dafs das Satzinnere rhythmisch gegliedert war, so war damit zugleich eine Illustration der Worte der Rhetorik gegeben; im entgegengesetzten

Falle blieb die Mittelstraße zwischen ἔμμετρος und ἄρρυθμος so klar oder unklar wie vordem, aber für den rhythmischen Charakter der πολ. Ἀθην. war das Resultat von Wichtigkeit. Die Untersuchung der Klauseln ist deshalb mit Absicht vielfach auch auf das Satzinnere ausgedehnt worden. Dabei stellte sich heraus, daß das Metrum der Worte zum Kolenschluß hin sich mehrfach dem metrischen Gepräge der Klauseln annähert. Das ist nur natürlich. Das musikalische Prinzip kann nicht unvermittelt in den letzten vier bis fünf Silben zum Durchbruch kommen, ein allmählicher Übergang ist nötig. Aus diesem Thatbestande ergab sich also kein Beweis für das Vorhandensein einer das Satzinnere mehr oder minder beherrschenden Rhythmik. Auch auf anderem Wege kommt man zu dem gleichen negativen Resultate.

Das Tempo der Sprache unseres Buches ist im ganzen ein schnelles. Die Häufigkeit der Eingänge mit steigendem Rhythmus — fast die Hälfte aller größeren Perioden leiten sie ein — trägt viel dazu bei. Im Innern herrscht dieselbe Lebhaftigkeit, denn auch das Innere ist vielfach rhythmisch gegliedert. Es finden sich viele päonische Stellen:
p. 19, 26 z. B. - ∪ ∪ ∪ - ∪ ∪ - ∪ ∪ ∪ - ∪ - - ∪ ∪ ∪ -;
19, 13 - - ∪ ∪ ∪ - ∪ ∪ ∪ - ∪ - ∪ ∪ - - ∪ ∪ ∪ - ∪ ∪ ∪ -;
19, 2 - ∪ - - ∪ ∪ - ∪ ∪ ∪ - ∪ ∪ ∪ - ∪; 19, 17 - ∪ ∪ ≚
∪ - ∪ ∪ ∪ - ∪ ∪ -; 19, 18 - ∪ ∪ ∪ - ∪ ∪ -, alle diese Stellen auf einer Seite, auf welcher auch noch zahlreiche Daktylen. p. 28, 23. - ∪ ∪ - - - ∪ ∪ ∪ - ∪ ∪ ∪ -;
p. 31, 19 ∪ ∪ ∪ ∪ ∪ - ∪ - - ∪ ∪ ∪ - ∪ ∪ ∪ -; 31, 27
∪ ∪ ∪ - ∪ ∪ - ∪ ∪ ∪ - - -, die ganze 31. Seite wimmelt von Päonen und Daktylen, und sie gehört gerade zu den selbständigsten Ausführungen des Aristoteles in der πολ. Ἀθην. (über die Demagogen); vgl.

auch p. 13, 8 ff. Dafs zahlreiche daktylische oder, wenn man so will, anapästische Stellen, welche ebenfalls Lebhaftigkeit geben, namentlich zum Periodenschlufs hin sich finden, dafür sind oben bei den Klauseln genügend Belege gegeben. Ein besonders starkes Beispiel füge ich hier noch hinzu ◡ ⏑́ ◡ ◡ ⏑́ ◡ ◡ ⏑́ ◡ ◡ ⏑́| - ⏑̆, - ⏑̆, ◡ ◡ ⏑̆, ◡ ◡ ⏑́ ὁ δ' Ἰσαγόρας ἐπιλειπόμενος τῇ δυνάμει πάλιν ἐπικαλεσάμενος (τὸν) 22, 3. Doch wird das Tempo auch oft durch eine Reihe langer Silben gehemmt, p. 46, 5 ἡγῶνται βελτίστους εἶναι, 8 Längen; anderes ist oben ebenfalls angeführt worden. Die Menge der schwer ausklingenden Klauseln wirkt nicht zum wenigsten retardierend; endlich mischt sich auch der ruhige Takt der Iamben und Trochäen ein, nicht sehr oft, aber doch mehrfach und fühlbar; ich führe noch an 46, 6 οἱ δὲ δημόται κατηγόρους αἱροῦνται; und wie dem Schriftsteller ein Hexameter entschlüpft ist, so auch ein richtiger iambischer Trimeter λαβὼν δὲ τοὺς κορυνηφόρους καλουμένους 14, 4, wobei für den Rhythmus des Buches der Anapaest im dritten Fufse nach Art der Komiker bezeichnend ist. Die Daktylen, welche selbst für die Rhetorik als σεμνὰ καὶ λεκτικῆς ἁρμονίας δεόμενα von Aristoteles verworfen werden, sind durch die Vermischung mit Pausen und schweren Satzschlüssen in ihrer Wirkung auf den Gesamtcharakter der Art gemildert, dafs ihr μεγαλοπρεπές nicht empfunden wird. Retardierende Elemente sind eben überall in schnelles Tempo gemischt. Der Schlufs des Abschnittes über die Demagogen, der so viele Kürzen enthält, kann als besonders charakteristisch hierfür sowie für den Rhythmus des Buches überhaupt gelten: - ◡ ◡ ◡ - ◡ - ◡ ◡ ◡ - ◡ - - - - ◡ ◡ - - | ◡ ◡ - ◡ ◡ ◡ - ◡ - ◡ - ◡| ◡ ◡ ◡ - - - - - - ◡ - ◡ ◡ ◡ -. Wir erhalten beim Lesen des

Buches im ganzen den Eindruck einer lebhaften, vor-
schreitenden Rede. Aber diese Bezeichnung ist eine
äußerliche. Die Untersuchung des Rhythmus sucht
den Eindruck innerlich zu erklären; sie thut es, indem
sie nachweist, daß dieser Eindruck zunächst auf dem
musikalischen Gepräge der einzelnen Redeteile beruht;
sie hat zur Bezeichnung dieses die feststehenden musikalischen Bezeichnungen der Metra. Aber die einzelnen
Redeteile wirken nicht allein und nicht zumeist, ihre
Komposition ist für das musikalische Gepräge des
Ganzen entscheidend; man hat also für die Bezeichnung
des Charakters der Rede eine musikalische Benennung
zu wählen, damit diese Benennung auch die Begründung des Eindruckes enthält, welcher sich äußerlich
einfach als ein lebhafter darstellt. Die Benennung
würde naturgemäß von dem Metrum zu entlehnen sein,
welches besonders vorwiegt. Allein welches thut dies?
Die zahlreichen Epitriten der Klauseln nicht, nicht
Iamben und Trochäen, aber auch nicht die Päone und
Daktylen; keines von allen. Von einem einzelnen
Metrum kann man die Benennung nicht hernehmen.
Wie soll man den Rhythmus bezeichnen? Bei der Betrachtung der Klauseln habe ich das Urteil, das aus
dem Ganzen sich ergiebt, schon am Einzelnen vor-
bereitet: den Rhythmus nenne ich — ich weiß keine
andere Bezeichnung dafür — logaödisch. Mit diesem
Resultate ist die Existenz eines beabsichtigten Rhythmus
im Satzinnern unverträglich. Logaödische Reihen kann
man fast in allen Schriftstellern von Lysias bis Chori-
kios und noch weiter hinab nachweisen; sie sind das
natürliche rhythmische Gepräge jeder Kunstsprache [1]).

---

[1]) Bei der Korrektur dieses Bogens konnte ich schon die
Blaß'sche Ausgabe der πολ. Ἀθην. benutzen. Einer Polemik

Mich befriedigt das Resultat; es stimmt zu dem
Charakter eines Buches, welches ein litterarisches Kunstwerk und eine wissenschaftliche Arbeit sein soll. Der
zum Periodenschlufs nach künstlerischem Stilgefühl geregelte Satzbau genügt dem Kunstwerke, die starke
Einschränkung des pathetisch-rhetorischen langsilbigen
Satzbeginnes, der bewegte Rhythmus im Innern steht
im Einklang zu der Einfachheit wissenschaftlicher Diktion, aber auch mit der Lebhaftigkeit wissenschaftlicher
Reflexion: *λαμβάνει τὰς βραχείας ἐκ τοῦ λογικοῦ*, um die
oben angeführten Worte des Demetrios umzukehren.
Mich befriedigt das Resultat auch nach einer anderen
Richtung hin; es stimmt zu dem Eindruck, den andere
besser ausgearbeitete aristotelische Werke in rhythmischer Hinsicht machen; davon kann sich jeder leicht
beim Lesen z. B. der Ethik oder der Rhetorik überzeugen.

Wenn man die Existenz eines bestimmten, beabsichtigten Rhythmus einzelner Perioden in der *πολ.
'Ἀθην.* leugnen mufs, so kann man andererseits doch

gegen seine Aufstellungen über den Rhythmus unseres Buches,
in der *praef.* p. XVI sqq., und gegen den Gebrauch, welchen er von
diesem für die Textkritik macht, überheben mich meine vorstehenden Ausführungen. Ich habe in ihnen mit Rücksicht auf
Blafs einzelnes nachträglich anders und schärfer gefafst, um
meinen gegensätzlichen Standpunkt deutlicher erkennen zu
lassen. Die Unfertigkeit des aristotelischen Buches läfst eine
Rhythmik in dem Umfange, wie Blafs sie annimmt, m. E. überhaupt gar nicht suchen. Die Spuren von Rhythmik, welche
Blafs zu sehen glaubt, kann ich in vielen Fällen nicht anerkennen; doch ist hier nicht der Raum, die Qualität der zum
Beweise angeführten Einzelstellen zu prüfen. — Im übrigen
ist die sonst so verdienstvolle Ausgabe die letzte litterarische
Erscheinung, welche ich bei der Korrektur noch berücksichtigen
konnte.

nicht verkennen, dafs gewisse Strecken ein gleichartiges rhythmisches Gepräge haben. Dieses ist aber
nicht als etwas Gewolltes zu betrachten, es ist vielmehr
die natürliche Wiederspiegelung der Stimmung, in
welcher sich der Schriftsteller bei der Niederschrift
jener Teile befand, oder in welche ihn sein Stoff ver-
setzte. Man kann auch bei unseren Klassikern be-
obachten, wie ein gewisser Tonfall seitenlang vor-
herrscht, um später einem anderen Platz zu machen
oder auch ohne Ersatz zu bleiben. Bei einem stil-
gewandten Schriftsteller wird die musikalische Gliede-
rung der Form, der Sprache, mit der logischen Gliede-
rung des Inhaltes, des Gedankens, harmonieren. Hierauf beruht das Wesen der Klausel, hierauf auch die
häufige Erscheinung, dafs inhaltlich parallelstehende
Sätze oder Satzglieder ähnlichen Umfang und ähnlichen Tonfall haben. Das ist nichts Erkünsteltes, sondern ergiebt sich dem Schriftsteller unmittelbar, mit
innerer Notwendigkeit aus seinem Schönheitsgefühl.
Man kann diese Erscheinung daher bei allen kunst-
mäfsig schreibenden Prosaikern finden, selbst bei
solchen, bei denen niemand daran denken wird, eine
durch gekünstelten Rhythmus gegliederte Periodik zu
suchen. Derartiger Periodenbau findet sich denn auch
in der πολ. Ἀθην. Ich wähle zwei Beispiele aus der
hier besprochenen Solonpartie.

p. 8, 18 ff.

a) ὁρῶν δὲ τὴν μὲν πόλιν πολ-   ‿ — ‿ — — ‿ — — ‿ — ‿ ‿ — — ᴗ
λάκις στασιάζουσαν
τῶν δὲ πολιτῶν ἐνίοις διὰ τὴν   — ‿ ‿ — — ‿ ‿ — ‿ ‿ — — — ‿ .
ῥᾳθυμίαν ἀγαπῶντας ταὐτό-   — ‿ ‿ — — — ‿ ‿ —
ματον
νόμον ἔθηκε πρὸς αὐτοῖς ἴδιον,   ‿ ‿ — ‿ ‿ — — ‿ ‿ —

b) ὃς ἂν στασιαζούσης τῆς πόλεως   ⏑ – ⏑ ⏑ – – – – ⏑ ⏑ –

μὴ τιθῆται τὦπλα μηδὲ μεθ'   – ⏑ – – – ⏑ – ⌢ ⏑ ⏑ –
ἑτέρων

ἄτιμον εἶναι καὶ τῆς πόλεως   ⏑ – ⏑ – – – – ⏑ ⏑ – – ͵⏑ –
μὴ μετέχειν

Diese Zeilen sind aus Kretikern und besonders
Choriamben zusammengesetzt; von jenen zählt man
fünf reine Metra, von diesen neun. Das Tempo ist
auch in den nicht rein kretisch-choriambischen Particen gewahrt; denn für jenes ist ⏑ ⏑ – – = – ⏑ ⏑ –
(2. Kolon) und ⏑ – ⏑ – – – = – ⏑ – – ⏑ – (6. Kolon);
die Längen sind so verteilt, dafs zwischen den vielen
Kürzen Ruhepunkte eintreten. Der Schlufs von a und
b ist ganz gleich gebaut – ⏑ ⏑ – – – ⏑ ⏑ –, so dafs das
rhythmische Leitmotiv klar zutage tritt.

Das zweite Beispiel bildet der Satz, von welchem
wir ausgingen:

a) ἰσχυρᾶς δὲ τῆς στάσεως   – – – ⏑ – ⏑ ⏑ – – –
οὔσης

b) καὶ πολὺν χρόνον ἀντι-   – ⏑ – ⏑ ⏑ – ⏑ ⏑ – ⏑ – – –
καθημένων ἀλλήλοις

c) εἵλοντο κοινῇ διαλλακτὴν   – – ⏑ – – ⏑ – – – – ⏑ ⏑ ⏑ – ⏑
καὶ ἄρχοντα Σόλωνα

b) καὶ τὴν πολιτείαν ἐπέ-   – – ⏑ – – – ⏑ ⏑ – ⏑ – –
τρεψαν αὐτῷ

a) ποιήσαντι τὴν ἐλεγείαν   – – – ⏑ – ⏑ ⏑ – –

Die Schlufsworte ἧς ἐστιν ἀρχὴ gehören nicht mehr
zur Periode, sie sind ein logisches Anhängsel. Läfst
man sie also fort, so erkennt man, dafs das erste und
fünfte Kolon völlig gleiche Messung haben und das
letztere dem ersteren gegenüber die Katalexe durch
Verkürzung um eine Silbe. Das 2. und 4. Kolon sehen
so aus, wenn man die Abweichungen voneinander ein-

klammert (-) - ◡ - ⌣ - ◡◡ - ◡ - - (- -). Das spätere Kolon
wieder dem früheren gegenüber katalektisch. Der
Hauptgedanke des Satzes steht in dem längsten von
den vier korrespondierenden Kolen eingefafsten Kolon
εἵλοντο κοινῇ διαλλακτὴν καὶ ἄρχοντα Σόλωνα, der
Name, auf den alles ankommt, ist an die significanteste
Stelle des durch seinen Inhalt wie durch seine Mittelstellung hervorgehobenen Kolons gesetzt. Der korre-
spondierende Satz ἦν δ' ὁ Σόλων — πλεονεκτεῖν hat
ungeheuer schweren Rhythmus. Den Schlufs des
ersten Teiles der Periode (ἦν δ' ὁ ◡ μέσων) bildet die
logaödische Klausel - ◡ ◡ - ◡ - πράγμασι τῶν μέσων.
Der Rhythmus bleibt im zweiten Teil (ὡς ἐκ ◡ πλεονεκτεῖν) schwer; der Schlufs klingt aber wie beim ersten
logaödisch aus: - ◡ ◡ - - μὴ πλεονεκτεῖν, und be-
merkenswerterweise wieder katalektisch gegenüber
dem früheren Schlusse.

Man wird in diesem Kapitel die Kunst des Schriftstellers im Periodenbau anerkennen; auch scheint mir
die Knappheit und Klarheit besonders rühmenswert,
mit welcher er in wenigen Worten den Inhalt der an
erster Stelle citierten Elegie skizziert [1]). Um so befremd-

---

[1]) Die Worte dieser Elegie πρεσβυτάτην ἰαόνων γαῖαν
'Ἰαονίας sind übrigens eine recht erhebliche Instanz gegen die
Annahme, dafs die Athener erst im 5. Jahrh. infolge des Bundes-
reiches die ionische Dodekapolis als ἀποικία Athens beansprucht
hätten (Busolt, Griech. Gesch. I. 213 f.). So alt wie die μη-
τρόπολις kann keine ἀποικία sein; sie ist die πρεσβυτάτη. Die
Kodrosinschrift (CIA. IV 2 p. 66 n. 53 a) mufste das schon
lehren; denn die Stiftung des Kodros-Neleus-Basile-Heiligtums
ist alt, und Neleus hat nur als Führer des Kolonisationszuges
Platz in der athenischen Tradition erhalten. Der Schiedsspruch
über Salamis, das den Athenern zuerkannt wird, weil die
Pythia 'Ἰαονίαν τὴν Σαλαμῖνα προσηγόρευσε (Plut. Sol. 8), wird
jetzt historisch.

5. Kap. licher wirkt der Lakonismus der Worte τὴν πολιτείαν
ἐπέτρεψαν αὐτῷ ποιήσαντι τὴν ἐλεγείαν; denn er enthält etwas Schiefes und Unklares. Nicht weil Solon
so gedichtet hatte, sondern wegen seiner politischen
Stellung, welche in dieser Elegie beredten Ausdruck
gefunden und durch sie Beglaubigung gewonnen hatte,
wurde er gewählt. Selbst eine Ausdrucksweise wie τὴν
πολιτείαν ἐπέτρεψαν αὐτῷ· ἀμφότεροι γὰρ ἐπίστευον τῷ
Σόλωνι τοῖς τ᾽ ἄλλοις πᾶσιν αὐτοῦ τὴν μετριότητα ἐνδεί-
ξαντι καὶ δὴ καὶ ποιήσαντι τὴν ἐλεγείαν würde man sachlich
ohne Befremden hinnehmen. Dafs hier der Text nicht
in Ordnung sei, daran ist wegen der Responsion mit
dem ersten Satze des zweiten Teiles des Kapitels nicht
zu denken. Der Ausdruck ist schief, weil zu kurz.
Und diese Kürze selbst ist innerhalb einer vollent-
falteten Periodik wie an unserer Stelle eine Härte.
Es bleibt nichts anderes übrig, als die befremdliche
Thatsache zu registrieren, dafs inmitten eines sonst
kunstvoll gebauten Abschnittes ein solcher Anstofs
sich finden kann.

und Den stets zur Vergleichung mit Aristoteles' Dar-
Plut. Sol.
14. stellung heranzuziehenden Parallelbericht über die
solonische Verfassung bietet Plutarchs Leben des Solon.
Hauptquelle für Plutarch ist, wie allgemein anerkannt,
des Hermippos Bericht über Solon in dessen Βίοι gewesen[1]). Mit dem Beginne der aristotelischen Darstellung beginnt die Parallele und zugleich auch die
Differenz. Aristoteles berichtet kurz εἵλοντο κοινῇ
διαλλακτὴν καὶ ἄρχοντα Σόλωνα καὶ τὴν πολιτείαν
ἐπέτρεψαν αὐτῷ; darauf folgt die Motivierung dieser
Wahl aus der politischen Stellung des Mannes (bis

[1]) Die Resultate der Quellenuntersuchungen und die Litteratur darüber zusammenfassend Busolt, *Griech. Gesch.* I. 369 f.

p. 4, 26 K.-W.), welche selbst wieder aus seiner socialen Stellung erklärt wird. Kap. 6 nimmt mit *κύριος δὲ γενόμενος τῶν πραγμάτων* unmittelbar das *τὴν πολιτείαν ἐπέτρεψαν αὐτῷ* auf, und die nun folgende Darstellung von Solons Thätigkeit läfst keinen Zweifel darüber, dafs Aristoteles sich den Solon sowohl in Sachen der Seisachtheia wie der Verfassungsordnung als aus ein und demselben Auftrag, eben aus dem, für den er gewählt worden war, handelnd dachte. Bei Plutarch heifst es c. 14 *ᾑρέθη δὲ ἄρχων μετὰ Φιλόμβροτον ὁμοῦ καὶ διαλλακτὴς καὶ νομοθέτης*. Als solcher führt Solon die Seisachtheia durch; aber er erntet damit zunächst nur Feindschaft; bald jedoch sieht man den Nutzen der Mafsregel ein, tadelt ihn nicht mehr *καὶ τὸν Σόλωνα τῆς πολιτείας διορθωτὴν καὶ νομοθέτην ἀπέδειξαν, οἱ τὰ μέν, τὰ δ' οὐχί, πάντα δ' ὁμαλῶς ἐπιτρέψαντες ἀρχὰς ἐκκλησίας δικαστήρια βουλὰς καὶ τίμημα τούτων ἑκάστου κτέ.* (c. 16). Obwohl also in diesen letzten Worten der Ausdruck sich mit Aristoteles berührt und die ganze Stelle eigentlich nur eine Paraphrase des knappen *τὴν πολιτείαν ἐπέτρεψαν αὐτῷ* ist, liegt doch der fundamentale Unterschied gegen Aristoteles vor, dafs Solon bei Plutarch die Verfassungsordnung nicht auf Grund desselben Auftrages wie die Seisachtheia, sondern auf Grund eines zweiten, späteren Auftrages durchführt. Diese Differenz hat ihre Folge für einen späteren Teil der beiden Darstellungen. Bei Aristoteles, Kap. 11, erscheint unter den Gründen, welche den Solon zur Reise bewegen, auch die Unzufriedenheit über die einschneidende Mafsregel der Seisachtheia; bei Plutarch Kap. 25 ist die Reise nur durch die Unzufriedenheit über die Verfassungsordnung veranlafst. Ich verfolge diesen Unterschied für jetzt nicht weiter; seine Erklärung erfolgt von anderer Seite aus. Ein zweiter bietet sich noch in demselben 5. Kapitel.

Aristoteles führt in ihm zwei Elegieen des Solon an; die erste liefs in Solon den Mann, der über den politischen Parteiungen steht, erkennen; die zweite zeigte ihn als Gegner der Reichen ¹): καὶ ὅλως αἰεὶ τὴν αἰτίαν τῆς στάσεως ἀνάπτει τοῖς πλουσίοις· διὸ καὶ ἐν ἀρχῇ τῆς ἐλεγείας δεδοικέναι φησὶ ʿτήν τε φ . . . . . σίαν τήν τε ὑπερηφανίαν᾽ ὡς διὰ ταῦτα τῆς ἔχθρας ἐνεστώσης. Das Wort, welches in der Lücke gestanden hat, finde ich nicht; sicher war es ein Synonym von φιλοχρηματία. Das verlangt die vorauszusetzende Übereinstimmung mit der Anführung desselben Verses in der sogleich heranzuziehenden Plutarchstelle und vor allem der Zusammenhang bei Aristoteles selbst. Denn der Vers konnte nur dann als Beleg dafür dienen, dafs Solon den Reichen die Hauptschuld beimafs, wenn beide Substantive sich auf die Reichen beziehen liefsen ²).

¹) Es ist wohl die Vermutung erlaubt, dafs aus dieser Elegie auch Solon Frg. 15 (PLG II⁴ 46) stammt: πολλοὶ γὰρ πλουτεῦσι κακοί, πολλοὶ δὲ πένονται, ἀλλ᾽ ἡμεῖς αὐτοῖς οὐ διαμειψόμεθα, welches Plut. Sol. 3 als Beleg dafür angeführt wird, dafs Solon sich eher zu den πένητες als zu den πλούσιοι rechnete. Die Tendenz ist dieselbe und der Ton der gleiche: οὔτε γὰρ ἡμεῖς πεισόμεθα.

²) Blafs hat την τε α . . . . ατιαν gelesen und darnach τήν τε ἀ[χρημ]ατίαν hergestellt. Ich halte an dem φ im Eingange fest; daher kann ich diese Herstellung, wenn ich auch die Möglichkeit, aber nicht die Notwendigkeit, τιαν statt σιαν zu lesen, anerkenne, aus paläographischem Grunde nicht für richtig halten. Mindestens bedenklich ist ἀχρηματίαν auch aus metrischen Rücksichten. In den solonischen Versen, von denen hier c. 130 in Frage kommen, verlängert die sog. positio debilis an unbetonter Versstelle niemals den vorhergehenden kurzen Vokal; diese Position wird so schwach gehört, dafs sie nur unter dem Hochton des Verses die Verlängerung des

Das thut *φιλοχρηματία* und *ὑπερηφανία*. Ich halte den
Sinn des fehlenden Wortes also mit dem ersteren für
sicher gegeben. Plut. c. 14 sagt: *Φανίας ὁ Λέσβιος*
αὐτὸν ἱστορεῖ τὸν Σόλωνα χρησάμενον ἀπάτῃ πρὸς
ἀμφοτέρους (d. h. *πλουσίους* und *πένητας*) *ἐπὶ σωτη-*
ρίᾳ τῆς πόλεως ὑποσχέσθαι κρύφα τοῖς μὲν ἀπόροις
τὴν νέμησιν, τοῖς δὲ χρηματικοῖς βεβαίωσιν τῶν συμ-
βολαίων· ἀλλ' αὐτὸς ὁ Σόλων ὀκνῶν φησὶ τὸ πρῶτον
ἅψασθαι τῆς πολιτείας καὶ δεδοικὼς τ ῶ ν μ ὲ ν τ ὴ ν

kurzen Vokals erwirkt. Bei den anderen hierher gehörigen
Dichtern ist es ebenso oder ähnlich. Tyrtaios hat nur *ἔτρεψε*
12, 21, Mimnermos nichts. Xenophanes hat *οὐχ ὕβρις* 1, 17;
χρὴ δὲ πρῶτον, im Versanfang 1, 13; die Fälle mit *δμ* und *γα*
rechnen natürlich nicht. Bei dem theogonideischen Korpus ist
die bunte Zusammensetzung zu berücksichtigen. Auszuscheiden
ist die Position *δμ*, *γμ* und auch *βλ* (323); ferner längt *θμ*
stets *στάθμός* 543. 945; 805; 1250, *ῥυθμός* 964; ebenso die
epische Form *τεθνηότος* 1205. Der Eigenname *Δημόκλεις* 923
fällt aus mehr als einem Grunde fort. *μὲ χρὴ* 806 ist Konjektur
Bergks. Durch pointierte Diktion ist die Längung des *ε* in
ἔπρηξα und *ἔδρησα* 953. 954 veranlafst. Es bleiben auf fast
1400 Verse folgende 10 Fälle: *ἀλλὰ χρὴ* 717, im Versanfang;
μέτρον 498. 475, wo die Überlieferung aber unsicher ist: *πα-*
τρώιον 521. *πέτρῃ* 1361. *μακρὴν* 72; *κεκρυμμένα* 681; *ἀχρημο-*
σύνην 156. *σαπροῦ* 1362. *ἄτλητα* 1029. Ich halte uns also
nicht für berechtigt, die Messung *ἀχρηματίαν* an unbetonter
Versstelle durch Konjektur einzuführen. Gerade für Solon
hat die *πολ. Ἀθην.* die Probe gebracht. Er mifst *μέτρον* 13, 52;
16, 2 an betonter Stelle; *πολ. Ἀθην.* c. 5 an unbetonter Stelle
ἐν μετρίοισι. Es ist also an dieser Stelle *μέτροισι* (K-W.)
nicht möglich. *ἀχρήμων* an betonter Stelle Sol. 13, 41. Völlig
unmöglich ist *ἀχρηματία* dem Sinne nach, wie oben im Texte
gezeigt. Hätte dieser Begriff in dem Verse gestanden, wäre
der letztere für Aristoteles' Beweisführung unbrauchbar gewesen. Stünde nicht *τε* bei Aristoteles, würde ich, da ich, wie
gesagt, *τ* auch für möglich halte, mit H-L. *τὴν φιλοχρηματίαν*
für das Richtige halten.

5. Kap. φιλοχρηματίαν, τ ῶ ν δ ὲ τ ὴ ν ὑπερηφανίαν. Hier sind die beiden Worte nicht auf ein und dieselbe Partei bezogen, sondern φιλοχρηματίαν geht auf die Armen, ὑπερη-φανίαν auf die Reichen. Aus Aristoteles kann der Schriftsteller, dem Plutarch folgte, Hermippos[1], hier nicht geschöpft haben, denn die Worte jenes lassen auf eine Deutung, wie die bei Plutarch vorliegende, gar nicht kommen. Hinzu tritt, dafs Hermippos die dem erhaltenen Pentameter vorangehenden Worte oder Verse kannte, wie aus αὐτὸς ὁ Σόλων ὀκνῶν φησὶ τὸ πρῶτον ἄψασθαι τῆς πολιτείας καὶ δεδοικὼς κτὲ. folgt. Sie waren nicht aus Aristoteles zu entnehmen. Nimmt man hinzu, dafs Plut. Sol. 3[2]) die zu der Partei der πένητες hinneigende politische Stellung mit anderen Versen belegt als Aristoteles, so mufs man schliefsen, dafs Aristoteles weder von Hermippos noch von Plutarch an dieser Stelle benutzt ist. Hermipp-Plutarch geben in einem Falle mehr (bei τήν τε φιλαργυρίαν κτὲ.), geben in einem zweiten anderes (Plut. Sol. 3), und drittens interpretieren sie im ersten anders als Aristoteles. Für das Verhältnis von Hermippos zu Aristoteles folgt aus diesem Thatbestande nichts.

Sechstes Kapitel.

Das sechste Kapitel ist das erste in der Darstellung der solonischen Thätigkeit. Die ihrer Be-

---

[1]) Begemann, *Quaestiones Soloneae.* Specim. I (Diss. Göttingen 1875) p. 15 f.

[2]) S. 42 Anm. 1.

deutung (vgl. Kap. 9) wie der Zeit nach (vgl. Kap. 10)
erste That, die Befreiung des Volkes aus dem Ab-
hängigkeitsverhältnis gegenüber den Reichen, wird an
erster Stelle behandelt. Die Befreiung ist das Ziel und
das Ergebnis der Mafsregeln Solons, wie er selbst es
rühmt (γῆ) πρόσθεν (δὲ) δουλεύουσα, νῦν ἐλευθέρα und
τοὺς ... δουλίην ἀεικέα ἔχοντας ... ἐλευθέρους ἔθηκα.
Aristoteles stellt im Einklange damit das τὸν δῆμον
ἠλευθέρωσε in den Eingang. Plut. Sol. 15 berichtet:
τοῦτο γὰρ ἐποιήσατο πρῶτον πολίτευμα γράψας τὰ μὲν
ὑπάρχοντα τῶν χρεῶν ἀνεῖσθαι, πρὸς δὲ τὸ λοιπὸν
ἐπὶ τοῖς σώμασι μηδένα δανείζειν; dies ist die naturgemäfse Reihenfolge der solonischen Mafsregeln : erst
Tilgung der alten Schulden und dann zur Verhütung
neuer, unabtragbarer Schulden das Verbot des auf den
Leibborgens. Aristoteles löst die natürliche Reihenfolge
auf und stellt das, was eigentlich die sociale Frage
löste, jenes Verbot, voran; die Seisachtheia erscheint
bei ihm als Annex oder notwendige Konsequenz des
Verbotes, wie sie es ja auch nur ist. Der klar und
planvoll disponierende Schriftsteller tritt schon hier
hervor, mehr noch in den kurzen Worten über die Seisachtheia. — Nachdem Plutarch die Seisachtheia ebenso
wie Aristoteles bestimmt hat, fährt er mit den bekannten
Worten (Kap. 15) fort: 'Einige Schriftsteller jedoch —
und zu ihnen gehört Androtion — haben berichtet,
dafs die ärmeren Klassen sich zufrieden gegeben hätten
mit einer Erleichterung, welche nicht in der völligen
Schuldaufhebung, sondern in einer Ermäfsigung der
Zinsen bestanden habe; Seisachtheia habe diese mil-
dernde Mafsregel sowie die damit zugleich vorgenommene
Vergröfserung der Mafse und Neuwertung des ge-
münzten Geldes geheifsen.' Aristoteles bekämpft mit
keinem Worte diese Auffassung, sagt nicht einmal,

6. Kap. dafs er sie kennt, und doch polemisiert er gegen sie. Unmittelbar nach den Worten χρεῶν ἀποκοπὰς ἐποίησε καὶ τῶν ἰδίων καὶ τῶν δημοσίων fügt er, damit ein anderer Gedanke überhaupt nicht erst auf kommt, die Worte an ἃς σεισάχθειαν καλοῦσι 'und das nennt man Schuldenaufhebung'. Damit ferner die Mafs- und Münzreform gar nicht in einem Zusammenhange mit der Seisachtheia erscheine, wird sie von dieser durch die Darstellung der ganzen Verfassungsordnung getrennt und erst in einem Excurse, K. 10, behandelt; endlich wird auch hier im Gegensatz zu Androtion, der die Münzreform als ἅμα γενομένην im Verhältnis zur Seisachtheia bezeichnet hatte, gesagt πρὸ δὲ τῆς νομοθεσίας ποιήσας τὴν τῶν χρεῶν ἀποκοπὴν καὶ μετὰ ταῦτα τήν τε τῶν μέτρων καὶ σταθμῶν κτέ., d. h. es wird nicht blofs der innere Zusammenhang, sondern auch die äufsere zeitliche Koincidenz geleugnet. Das ist die Polemik, wie wir sie bei einem kunstgemäfs schreibenden Schriftsteller des 4. Jahrhunderts erwarten müssen. Denn ein solcher ist Aristoteles in dieser Schrift; gerade an unserer Stelle beweist er es. Die Holländer haben ὡς ἀποσεισαμένων τὸ ἄχθος gegeben; schon Hesychs παρὰ τὸ ἀποσείσασθαι τὰ βάρη τῶν δανείων hätte sie warnen können; warnen mufste sie aber das Sprachgefühl, welchem βάρος prosaisch und ἄχθος poetisch ist. Der Stilist Aristoteles wählte das prosaische Wort auch um den Preis, dafs ἀποσεισαμένων τὸ βάρος nicht so klar die Etymologie erkennen liefse wie das poetische ἀποσεισαμένων τὸ ἄχθος.

Quelle des Aristot.

Dem Berichte von der Seisachtheia ist bei Aristoteles und bei Plutarch die Geschichte angehängt, dafs Solon aus der Seisachtheia gehässige Nachrede entstanden sei. Die Verschiedenheiten in den beiden Erzählungen sind sehr charakteristisch. Aristoteles be-

richtet, Solon habe, als er die Seisachtheia ins Werk ᴗ. Kap.
zu setzen sich eben anschicken wollte, einigen von den
Adligen *(τισι τῶν [γνω]ρίμων)* seine Absicht mitgeteilt;
Plutarch dagegen sagt *ἐκοινώσατο τῶν φίλων οἷς μάλιστα πιστεύων καὶ χρώμενος ἐτύγχανε, τοῖς περὶ Κόνωνα
καὶ Κλεινίαν καὶ Ἱππόνικον, ὅτι γῆν μὲν οὐ μέλλει κινεῖν,
χρεῶν δὲ ποιεῖν ἀποκοπὰς ἔγνωκεν.* Aristoteles berichtet weiter von zwei Versionen, einer demokratischen,
nach welcher die Parteigenossen Solons ohne dessen
Vorwissen die Gelegenheit sich zu bereichern ergriffen
hätten, und einer aristokratischen [1]), nach welcher Solon
s e l b s t diese Gelegenheit zu unlauterem Gewinn benutzt
hätte. Bei Plutarch ist von einer zwiefachen Version
nicht die Rede: jene *φίλοι* borgen und kaufen mit
dem Geborgten, durch ihr Vorgehen kommt Solon
selbst in Verdacht. Es liegt also hier eine Vermischung
der beiden bei Aristoteles gesondert auftretenden Versionen vor; die Entstehung der aristokratischen Version
wird durch die demokratische zu erklären versucht:
weil die *φίλοι* Solons es gewesen waren, geriet er
selbst in Verdacht. Aber wer waren denn jene Freunde,
die auch Aristoteles in den Worten *παραστρατηγηθῆναι
διὰ τῶν φίλων* bezeichnet? Plutarch nannte Kleinias,
Hipponikos, Konon und ihre Kreise. Allein die Freunde
des Solon können doch nur *μέσοι* gewesen sein: Kleinias, Hipponikos, Konon gehören dagegen zu den
adligsten attischen Namen des 5. und 4. Jahrhunderts,
und ihnen gebührte vielmehr der Name *γνώριμοι*,
welchen Aristoteles denen erteilt, denen Solon zuerst
von der Seisachtheia spricht. Hier ist also eine

---

[1]) Teilweise Charakterisierung der Quellen auch in der
Harmodioserzählung (p. 19, 22): *ὡς μὲν οἱ δημοτικοί φασιν —
ὡς δ' ἔνιοι λέγουσιν.*

Schwierigkeit. Aristoteles beantwortet die Frage nach den *φίλοι* mit den Worten *ὅθεν φασὶ γενέσθαι τοὺς ὕστερον δοκοῦντας εἶναι παλαιοπλούτους*. Zu diesen *ὕστερον δοκοῦντες* gehören aber wieder ohne jeden Zweifel die Familien, in denen die Namen Hippias, Hipponikos, Konon traditionell waren. So enthielte denn diese Version eine Verleumdung jener adligen Familien. Nun ist diese Version nicht etwa die demokratische, sondern die aristokratische. Also wieder eine Schwierigkeit; aber sie hilft auch die erste lösen. Wenn die aristokratische Version die Familien des Hippias etc. diskreditierte, so ist sie böswillig und im Parteiinteresse erfunden von Aristokraten, welche gegen Mitglieder dieser Familien kämpften, indem sie die Quelle des Ansehens der Familien als unlauter darzustellen versuchten. Die aristokratische Quelle, welcher Aristoteles folgte, ist also eine Tendenzschrift aus den aristokratischen Kreisen, welche um das Ende des 5. Jahrhunderts in politischer Opposition gegen die Familienmitglieder jener Geschlechter standen. Man denkt zunächst an Alkibiades als den bekämpften, dann wären ja die Gegner und Erfinder der aristokratischen Version in den leitenden oligarchischen Kreisen leicht gefunden. Der oligarchische Charakter dieser Version ergiebt sich ferner aus der ausdrücklichen Angabe des Aristoteles *οἱ βουλόμενοι βλασφημεῖν*: sie ging auch gegen den vermeintlichen Begründer der demokratischen Verfassung Athens. Mehr läfst sich m. E. nicht sagen. Denn so sicher die Tendenz der Version ist, so unsicher bleiben alle mehr individualisierenden Vermutungen. Nur einen charakteristischen Zug dieser parteiischen Darstellung der solonischen Verfassung können wir noch, glaube ich, wiedergewinnen. Dem

Hermippos[1]) lag, wie die Nennung des Konon, Hippo- 6. Kap.
nikos, Kleinias beweist, welche bei Aristoteles fehlt,
die oligarchische Version noch rein oder ziemlich rein
vor; aus ihr mufs der Name χρεωκοπίδαι für die Ahn-
herrn der ὕστερον δοκοῦντες παλαιόπλουτοι εἶναι
stammen (τοὶς μὲν φίλους αὐτοῦ χρεωκοπίδας κα-
λοῦντες διετέλεσαν), denn er ist ein Schimpfname, recht
maliziös mit der gentilicischen Endung -ίδαι gebildet
wie Κρωπίδαι, Κεκροπίδαι u. s. w. Der Witz ist
beifsend, dafs die Εὐπατρίδαι, das Geschlecht des
Hippias und Hipponikos, einst χρεωκοπίδαι im Volks-
munde geheifsen hätten, und pafst in eine politische
Tendenzschrift des ausgehenden 5. Jahrhunderts. Noch
mehr Satire würde in dem Namen liegen, wenn die
Tendenzschrift sicher auf Alkibiades zu beziehen wäre,
denn dann dürfte man auch an eine Anspielung auf
Ἑρμοκοπίδαι denken; doch ist das zu unsicher. Dafs
übrigens in den politischen Kämpfen des ausgehenden
5. Jahrhunderts auf die solonische Zeit zurückgegriffen
wurde, beweist des Aristoteles Zeugnis in der Rhetorik (1375 b 31), wonach Kleophon die ἀσέλγεια im
Hause des Kritias mit Hinweis auf den solonischen
Vers εἰπεῖν μοι Κριτίᾳ πυρρότριχι πατρὸς ἀκούειν
(Frg. 16) als erblich zu erweisen suchte.

Fassen wir zusammen, was die Analyse des 6. Ka- Aristot.
pitels bisher ergeben hat. Aristoteles kennt und be- und
kämpft den Androtion, des weiteren verarbeitet er eine Hermippos.
oligarchische Darstellung der solonischen Verfassung
neben einer demokratischen. Hermippos kennt ebenfalls Androtion, und bekämpft ihn, wie es scheint,
gleichfalls; wenigstens liegt kein Grund vor, die Worte
Plutarchs οἱ δὲ πλεῖστοι πάντων ὁμοῦ φασι τῶν συμ-

---

[1]) Begemann a. a. O. p. 16 f.

βολαίων ἀναίρεσιν γενέσθαι τὴν σεισάχθειαν nicht auch auf Hermippos zurückzuführen. Hermippos kennt die oligarchische und die demokratische Version des Verhaltens des Solon bei der Seisachtheia, denn er arbeitet, wie gezeigt, beide ineinander. Ist nun Hermippos abhängig von Aristoteles? nein. Sein Bericht über die Seisachtheia nach Androtion ist, wie sich zeigen wird, richtiger als der des Aristoteles, seine Angaben über jene beiden Versionen enthalten nicht weniger, sondern mehr als die des Aristoteles; in keinem von beiden Fällen kann er also aus Aristoteles geschöpft haben. Die Berichte beider Schriftsteller sind aber einander doch sehr ähnlich. Haben also beide etwa dieselbe Quelle oder dieselben Quellen benutzt? Dafs Aristoteles den Androtion selbst zur Hand hatte, folgt nicht blofs aus dieser Stelle der πολ. Ἀθην. und ist allgemein anerkannt; dafs für Hermippos das Gleiche gilt, liegt kein Grund vor zu bezweifeln. Dafs aber Hermippos die aristokratisch-oligarchische Tendenzschrift noch selbst einsah, ist so unwahrscheinlich, dafs man vielmehr geneigt sein wird, ihn sich als aus einer Atthis schöpfend zu denken, in welcher die beiden Versionen schon zusammengetragen waren. Der Verfasser dieser Atthis, der, weil er mehr gab als unsere πολ. Ἀθην., hier nicht aus Aristoteles geschöpft haben kann, mufs dann in ganz ähnlicher Weise wie Aristoteles gearbeitet haben. Mir erscheint diese Ähnlichkeit so grofs, dafs ich nicht umhin kann, wenigstens die Frage aufzuwerfen, ob nicht Aristoteles schon dieselbe Atthis wie Hermippos benutzte, d. h. selbst also aus zweiter Hand seine Nachrichten hat.

Bei der Annahme, dafs Aristoteles hier nicht selbständig zwei Quellen verarbeitet, sondern einer einzigen folgt, erklärt sich mir auch ein stilistischer

Mangel, den der betreffende Passus enthält. Man lese die Worte ἐν οἷς πειρῶνταί τινες διαβάλλειν αὐτόν· συνέβη γὰρ τῷ Σόλωνι μέλλοντι ποιεῖν τὴν σεισάχθειαν προειπεῖν τισι τῶν γνωρίμων, ἔπειϑ᾽ ὡς μὲν οἱ δημοτικοὶ λέγουσι, παραστρατηγηϑῆναι διὰ τῶν φίλων, ὡς δ᾽ οἱ βουλόμενοι βλασφημεῖν, καὶ αὐτὸν κοινωνεῖν: sind hierin die Worte παραστρατηγηϑῆναι und κοινωνεῖν etwa verständlich? Doch nur, wenn man vorher weifs, was bei Aristoteles nachhinkt δανεισάμενοι γὰρ οὗτοι κτέ. Ich erkläre mir diesen Mangel ebenso wie das Fehlen des Subjekts in Kapitel 20 (p. 22, 7) — infolgedessen der betreffende Satz so unverständlich wird, dafs K-W. jetzt das Fehlende aus Herodot in den Text eingefügt haben —, ebenso auch die lückenhafte und springende Darstellung vom Sturze des Areopag durch Themistokles und Ephialtes (Kap. 25): Aristoteles kürzte seine Quelle; bei der Kürzerarbeit sind ihm solche Versehen untergelaufen, die er bei einer Endredaktion des Buches zum Zwecke der Veröffentlichung beseitigt haben würde. Ein Stück, wie das 22. Kapitel über die Zeit zwischen Kleisthenes und Salamis, ist kaum über das Stadium einer ziemlich primitiven Materialsammlung hinausgediehen. So gering ist, was Aristoteles hier erst an Arbeit auf das ihm in den Atthiden überlieferte Material verwendet hat, dafs in seinem Buche noch die trockene, unkünstlerische, registrierende Darstellungsweise dieser seiner Quellen greifbar vor Augen liegt. Nissen (Rh. Mus. 1892, 202, 1) hat in der verworrenen Chronologie der Peisistratidenzeit einen Beweis für die Schnelligkeit gesehen, mit der das Buch gearbeitet ist: Aristoteles habe die sich widersprechenden Daten der von ihm benutzten Atthis und des Herodot nicht miteinander ausgeglichen. Ich kann mir diese Auffassung im ganzen aneignen; nur

6. Kap. trifft für mich der darin liegende Vorwurf nicht ein fertiges Buch, sondern eine noch nicht zur Veröffentlichung bestimmte Bearbeitung, und für sie wird er hinfällig. Eine letzte Feilung würde die Widersprüche zweifelsohne beseitigt haben. Eine die Unfertigkeit des Buches bezeugende Ungleichmäfsigkeit hat man auch in der Nennung des Archestratos als Genossen des Ephialtes beim Sturze des Areopags (p. 38, 27) zu sehen; in der eigentlichen Darstellung dieses Vorganges, Kap. 25, ist er nicht erwähnt. Unvorbereitet durch die vorhergehende Darstellung ist auch die Nennung der Eetioneia p. 40, 17 sowie manche andere geringfügigere Bemerkung. Eine Endredaktion hätte diese Mängel nicht stehen lassen können. Man betrachte ferner in Kap. 59 die von K-W. athetierten Sätze $\varkappa\alpha\grave{\iota}\ \grave{\epsilon}\pi\iota\varkappa\lambda\eta\varrho o\tilde{\upsilon}\sigma\iota - \tau\grave{\alpha}\ \delta\eta\mu\acute{o}\sigma\iota\alpha$ und $\tau o\grave{\upsilon}\varsigma\ \delta\grave{\epsilon}\ \delta\iota\varkappa\alpha\sigma\tau\acute{\alpha}\varsigma - \H{\epsilon}\varkappa\alpha\sigma\tau o\varsigma$, welche durch Kap. 63 überflüssig werden, in diesem Zusammenhange, und man wird geneigt sein, sie für echt zu halten. Bei einer letzten Überarbeitung hätten die anstöfsigen Wiederholungen bemerkt und beseitigt werden müssen. Auch die Bemerkung über die Epicheirotonie der Strategen in Kap. 61 liest man nach dem 43. Kapitel nicht ohne Befremden. Die Worte in dem Abschnitte über die Vierzigmänner $\pi\varrho\grave{o}\varsigma\ o\H{\upsilon}\varsigma\ \tau\grave{\alpha}\varsigma\ \H{\alpha}\lambda\lambda\alpha\varsigma\ \delta\acute{\iota}\varkappa\alpha\varsigma\ \lambda\alpha\gamma\chi\acute{\alpha}\nu o\upsilon\sigma\iota\nu$ (p. 57, 10) sind an dieser Stelle irreführend, ja falsch; denn vorher sind nur die $\H{\epsilon}\mu\mu\eta\nu o\iota\ \delta\acute{\iota}\varkappa\alpha\iota$ der Eisagogeis und Apodekten genannt, während die ganzen Privatprozesse, welche vor das Forum der Archonten gehören, erst folgen. Eine letzte Durcharbeitung würde mit einem $\pi\lambda\epsilon\acute{\iota}\sigma\tau\alpha\varsigma$ oder $\sigma\chi\epsilon\delta\grave{o}\nu\ \pi\acute{\alpha}\sigma\alpha\varsigma$ statt $\H{\alpha}\lambda\lambda\alpha\varsigma$ oder wie sonst den Anstofs beseitigt haben.

Bleibt jener stilistische Mangel, dessen Erklärung die vorstehenden Erörterungen veranlafste, auch an sich bestehen, so übersieht man ihn doch gern, wenn man die folgende Widerlegung der oligarchischen Version liest und mit Hermippos vergleicht. Dieser operiert mit einer elenden Fabelei[1]), Aristoteles widerlegt den Klatsch durch den Hinweis auf das ganze Thun und Wesen des Solon; so hoch steht der Meister über dem Nachfahren. Die Widerlegung endigt mit p. 6, 4 καταρρυπαίνειν ἑαυτόν, woran Kap. 7 mit den Worten ταύτην μὲν οὖν χρὴ νομίζειν ψευδῆ τὴν αἰτίαν εἶναι sich unmittelbar anschliefst. Die dazwischen stehenden Worte ὅτι δὲ ταύτην ἔσχε τὴν ἐξουσίαν — πάντες, würde ein Neuerer in eine Anmerkung, welche die Belege für das im Texte Behauptete enthält, setzen. Die Belege sind dieselben wie c. 5 p. 5, 1: ἔκ τε τῶν ἄλλων ὁμολογεῖται ᴖ τά τε πράγματα νοσοῦντα (vgl. p. 13, 9 διετέλουν νοσοῦντες τὰ πρὸς ἑαυτούς) μαρτυρεῖ . . . τὸ — καὶ οἱ ἄλλοι συνομολογοῦσι πάντες; p. 5, 2 καὶ αὐτὸς ἐν τοῖςδε τοῖς ποιήμασι μαρτυρεῖ ᴖ καὶ ἐν τοῖς ποιήμασιν αὐτὸς πολλαχοῦ μέμνηται, nur dafs hier die Verse selbst nicht folgen. Es wird sich später zeigen, weshalb Aristoteles hier nicht citierte.

Siebentes Kapitel.

Das siebente, achte und neunte Kapitel enthalten die Darstellung der solonischen Verfassung. Die Disposition — Einführung der Verfassung und Verteilung des Bürgerrechtes (7), Ämterordnung (8), Volksgerichte

---

[1]) Plut. Sol. 15 a. E. ἀλλὰ τοῦτο μὲν εὐθὺς ἐλύθη τὸ ἔγκλημα τοῖς πέντε ταλάντοις τοσαῦτα γὰρ εὑρέθη δανείζων, καὶ ταῦτα πρῶτος ἀφῆκε κατὰ τὸν νόμον. Ἔνιοι δὲ πεντεκαίδεκα λέγουσιν κτέ. vgl. Diog. La. I. 45 und Begemann p. 17.

7. Kap. (9) — ist klar und bedarf keiner Erörterung. Die Eingangsworte *πολιτείαν κατέστησε καὶ νόμους ἔϑηκεν ἄλλους* werden bedeutsamer durch Heranziehung von Polit. 1273 b 32 *οἳ μὲν ἐγένοντο δημιουργοὶ νόμων, οἳ δὲ καὶ πολιτείας, οἷον καὶ Λυκοῦργος καὶ Σόλων· οὗτοι γὰρ καὶ νόμους καὶ πολιτείας κατέστησαν.* — Zu *ἄλλους* bringt der Zusatz *τοῖς δὲ Δράκοντος ϑεσμοῖς ἐπαύσαντο χρώμενοι πλὴν τῶν φονικῶν* die wichtige Erläuterung, dafs die drakontischen Gesetze annulliert wurden. Dabei ist der stilistische Ausdruck bemerkenswert. νόμοι- Solons Gesetze heifsen *νόμοι*, die älteren dra-ϑεσμοί kontischen *ϑεσμοί*; aber Aristoteles gebraucht so auch von den solonischen Gesetzen *ϑεσμοί*, wo ihnen jüngere Gesetze gegenübergestellt werden. Kap. 35: *τοῖς τ' Ἐφιάλτου καὶ Ἀρχεστράτου* [1]) *νόμους τοὺς περὶ τῶν Ἀρεοπαγιτῶν καϑεῖλον ἐξ Ἀρείου πάγου· καὶ τῶν Σόλωνος ϑεσμῶν ὅσοι διαμφισβητήσεις εἶχον.* Das relative Alter bestimmt den Ausdruck; im übrigen ist dieser nicht fest: p. 3, 18 *ϑεσμοί* beim Drakon, bei demselben p. 4, 11 *νόμοι*; *νόμος* nennt Aristoteles p. 17, 24 das zur Peisistratidenzeit geltende Gesetz über die Tyrannis, das Gesetz selbst beginnt '*ϑέσμια τάδε Ἀϑηναίων*'. Für die m. E. noch nicht abgeschlossene Kritik des Wortlautes dieses Gesetzes dürfte vielleicht der Wortlaut

---

[1]) Sollte dieser Archestratos, der dem Areopag die Gerichtsbarkeit mit Ephialtes zusammen entreifst und dem Volke giebt, nicht derselbe sein wie der, welcher im chalkidischen Psephisma das Schlufsamendement gestellt hat? Es heifst in diesem, CIA. IV 1 p. 12 n. 27 a, 70 ff. *Ἀρχέστρατο[ς] εἶπε· τὰ μὲν ἄλλα καϑάπερ (Α)|ντικλῆς· τὰς [δ]ὲ εὐϑύνας Χαλκιδεῦ[σ]ι κατ|ὰ σφῶν αὐτῶν εἶναι ἐν Χαλκίδι καϑάπερ Ἀϑ|ήνησιν Ἀϑηναίοις, πλὴν φυγῆς καὶ ϑανάτ|ου καὶ ἀτιμίας. περὶ δὲ τούτων ἔφεσιν εἶνα|ι Ἀϑήναζε ἐς τὴν ἡλιαίαν τῶν ϑεσμοϑ|ετῶν κατὰ τὸ ψήφισμα τοῦ δήμου.* Die Tendenz dieses Antrages stimmt zu der Politik des Bundesgenossen des Ephialtes.

— 55 —

7. Kap.

Die Worte ἀναγράψαντες δὲ τοὺς νόμους — ὀμνύουσι
haben bei Plut. Sol. 25 die Parallele. Den Schwur der
Archonten wiederholt Aristoteles Kap. 55 a. E. selbst
noch einmal. Ich stelle die drei Fassungen desselben
nebeneinander:

und
Plut. Sol.
25.

Aristot. c. 55:	Aristot. c. 7:	Plut. Sol. 25.
βαδίζουσι πρὸς τὸν λίθον ἐφ' ᾧ τὰ τόμι' ἐστίν, ἐφ' οὗ καὶ οἱ διαιτηταὶ ὀμόσαντες ἀποφαίνονται τὰς διαίτας καὶ οἱ μάρτυρες ἐξόμνυνται τὰς μαρτυρίας. ἀναβάντες δ' ἐπὶ τοῦτον ὀμνύουσιν δικαίως ἄρξειν καὶ κατὰ τοὺς νόμους, καὶ δῶρα μὴ λήψεσθαι τῆς ἀρχῆς ἕνεκα, κἄν τι λάβωσι, ἀνδριάντα ἀναθήσειν χρυσοῦν.	οἱ δ' ἐννέα ἄρχοντες ὀμνύντες πρὸς τῷ λίθῳ κατεφάτιζον ἀναθήσειν ἀνδριάντα χρυσοῦν, ἐάν τινα παραβῶσι τῶν νόμων· ὅθεν ἔτι καὶ νῦν οὕτως ὀμνύουσι.	(ὤμνυεν) ἕκαστος τῶν θεσμοθετῶν ἐν ἀγορᾷ πρὸς τῷ λίθῳ καταφατίζων, εἴ τι παραβαίη τῶν θεσμῶν, ἀνδριάντα χρυσοῦν ἰσομέτρητον ἀναθήσειν ἐνΔελφοῖς.

Die Fassung im 7. Kapitel ist die kürzeste; die
Worte πρὸς τῷ λίθῳ sind so, wie sie dort ohne Er-
klärung stehen, unverständlich. Man sage nicht, dafs
Aristoteles mit ὅθεν ἔτι καὶ νῦν κτἑ. eben als auf etwas
Bekanntes hinweist; er schliefst diese Entschuldigung

7. Kap. und Plut. Sol. 25. selbst durch seine lange nähere Bestimmung jenes Steines in Kap. 55 aus. Auch Plutarch hat die Erklärung ἐν ἀγορᾷ für nötig befunden. Dafs hier eine durch Kürzerarbeit entstandene Undeutlichkeit vorliegt, schliefse ich in Konsequenz zu dem S. 51 über Kap. 25 Bemerkten: eine Kürzung hat hier, wie der Vergleich mit der Schwurformel in Kap. 55 und bei Plutarch ergiebt, stattgefunden. Aber diese Kürzung ist nicht an der zweiten aristotelischen Fassung der Worte erfolgt, sondern, wie der Wortlaut lehrt, an der Fassung bei Plutarch: κατεφάτιζον ∽ καταφατίζων; ἐάν τινα παραβῶσι τῶν νόμων ∽ εἴ τι παραβαίη τῶν θεσμῶν. Nun ist es ausgeschlossen, dafs Plutarch hier allein aus Aristoteles schöpfte, weil er mehr hat. Was er mehr hat, ist gut: Plat. Phaedr. 235 d ὥσπερ οἱ ἐννέα ἄρχοντες, ὑπισχνοῦμαι εἰκόνα ἰσομέτρητον εἰς Δελφοὺς ἀναθήσειν; er könnte also nur eine andere gute, zu Aristoteles stimmende Quelle mit Aristoteles verquickt haben. Aber die vorhergehenden Worte κοινὸν μὲν οὖν ὤμνυεν ὅρκον ἡ βουλὴ τοὺς Σόλωνος νόμους ἐμπεδώσειν, ἴδιον δ' ἕκαστος τῶν θεσμοθετῶν κτὲ. zeigen, dafs Plutarch hier einer Quelle folgt, die mit Aristoteles in sachlichem Widerspruch steht: ὤμοσαν χρήσεσθαι πάντες, nicht blofs die Bule; weiter vindiciert der nicht zu häufige Gebrauch von θεσμοθέται statt ἄρχοντες, das officielle ἐμπεδώσειν (z. B. im Schwur des athenischen Rates und der Richter des chalkidischen Psephisma CIA. IV 1 p. 10 Z. 14 ταῦτα δὲ ἐμπεδώσω Χαλκιδεῦσιν), das alte καταφατίζειν und τῶν θεσμῶν (für τῶν νόμων bei Aristoteles), der ganzen Stelle einen so einheitlichen Charakter, dafs man den Gedanken an eine Kompilation für ausgeschlossen erachten mufs. Wenn die Stelle keine Kompilation ist, andererseits aber von Aristoteles abweicht, so ist sie nicht aus dem

letzteren abzuleiten. Dafs Plutarch hier mit fremdem Kalbe pflügt, bedarf keines Beweises. Die Schlufsfolgerungen gelten also für seine Quelle. Da nun die Quelle Plutarchs hier den Aristoteles nicht benutzt hat, ihr Wortlaut aber mit dem des letzteren so übereinstimmt, dafs eine Verwandtschaft bestehen mufs, so folgt, dafs Aristoteles hier von derselben Überlieferung abhängig ist, aus welcher auch die Quelle Plutarchs schöpfte. Mit der Annahme, dafs Aristoteles hier einer schriftlichen Quelle, deren Wortlaut er kürzte, gefolgt ist, erklärt sich auch die nicht zu übersehende Differenz, welche in der Wiedergabe des Archonteneides zwischen Kap. 7 und 55 besteht. Bei der ersten Niederschrift des Buches hielt Aristoteles sich zunächst an seine jedesmalige Quelle; wäre er über den ersten Entwurf hinausgekommen, würde vermutlich sowohl die an sich befremdliche Wiederholung des Schwures in dem kurzen Büchlein wie auch die Differenz zwischen den beiden Stellen verschwunden sein. Nach diesem Ergebnis wird man nicht anstehen, auch die weiteren zwei Angaben, welche bei Plutarch und Aristoteles sich decken κατεκύρωσεν δὲ τοὺς νόμους εἰς ἑκατὸν ἔτι, ⌣ Plut. 25 ἰσχὺν δὲ τοῖς νόμοις πᾶσιν εἰς ἑκατὸν ἐνιαυτοὺς ἔδωκε, und τοῖς δὲ Δράκοντος θεσμοῖς κτέ. ⌣ Plut. 17 τοὺς Δράκοντος νόμους ἀνεῖλε πλὴν τῶν φονικῶν ἅπαντας auf dieselbe gemeinsame Überlieferung zurückzuführen.

Ich habe die Untersuchung ohne Rücksicht darauf geführt, dafs Plutarch (25) unmittelbar vor dem Satz über den Beamtenschwur für die Benennung der Gesetzestafeln als κύρβεις unsere Aristotelesstelle citiert: καὶ κατεγράφησαν εἰς ξυλίνους ἄξονας ἐν πλαισίοις περιέχουσι στρεφομένους, ὧν ἔτι καθ᾽ ἡμᾶς ἐν Πρυτανείῳ λείψανα μικρὰ διεσώζετο· καὶ προσηγορεύθησαν.

7. Kap. ὡς Ἀριστοτέλης φησὶ, κύρβεις[1]). καὶ Κρατῖνος ὁ κωμι-

κύρβεις- [1]) Die antike und moderne Litteratur über die κύρβεις
ἄξονες und ἄξονες hat Busolt *Griech. Gesch.* I. 539, 1 zusammengestellt.
Es ist festzuhalten, dafs die solonischen Gesetzestafeln in der
älteren Litteratur des 5. und 4. Jahrh. allein κύρβεις heifsen:
Kratin. Frg. 274 (I. 94 K.). Aristoph. Nub. 448. Av. 1354. Lysias
XXX 17. 18. 20. Plat. Politikos 298 d. Aristotel. πολ. Ἀθην. 7
und selbst noch beim Verfasser περὶ κόσμου 400 b 28 νόμος μὲν
γὰρ ἰσοκλινὴς ὁ θεὸς οὐδεμίαν ἐπιδεχόμενος διόρθωσιν ἢ μετά-
θεσιν, κρείττων δέ, οἶμαι, καὶ βεβαιότερος τῶν ἐν ταῖς κύρ-
βεσιν ἀναγεγραμμένων, archaisierend, wie nach Lysias τῶν ἐν
ταῖς κύρβεσι γεγραμμένων. Das Wort war in der Alexandrinerzeit Glosse; deshalb gebrauchen es Apoll. Rhod. IV 280 und
andere Spätere. Die alexandrinischen Grammatiker haben schon
nichts mehr damit anzufangen gewufst. Wie aus dem
Kratinosfragment folgen soll, dafs die κύρβεις aus Holz waren,
ist mir unverständlich. Apollodors Erklärung (FHG. I 432 frg.
26, Suidas s. v.) ὡς ἀπὸ τῆς στάσεως στήλας καλεῖσθαι, ἀπὸ δὲ
τῆς εἰς ὕψος παρατάσεως, διὰ τὸ κεκορυφῶσθαι, κύρβεις· ὥσπερ
καὶ κυρβασίαν τὴν ἐπὶ τῆς κεφαλῆς τεθειμένην· beruht augenscheinlich auf spitzfindiger Erklärung von Stellen wie Lys.
XXX 17 τὰς θυσίας τὰς ἐκ τῶν κύρβεων καὶ τῶν στηλῶν und
Plat. Politikos 298 d γράψαντας ἐν κύρβεσί τισι καὶ στήλαις, wo
κύρβεις auf die solonischen Gesetze, στῆλαι auf andere Stein-
urkunden geht. Κύρβεις ist der ältere volkstümliche Name,
das officielle, jüngere Wort ist ἄξων; deshalb ist dieses in
dem Gesetze CIA. I 61 gebraucht. Wir wissen jetzt durch
Kumanudis, wie die κύρβεις aussahen: Ἐφ. ἀρχαιολ. 1885, 282;
der vorsichtige Kirchhoff hat ihm beigestimmt (CIA. IV 2
p. 125 n. 559). Die κύρβεις waren steinerne ἄξονες. Die Worte
verhalten sich ähnlich zu einander wie θεσμός und νόμος. Das
Wort bedeutet etwas Drehbares. Hesych. κυρβιάσων· ἀποσκιρ-
τῶν (vgl. χυρβιάσαι· σκιρτᾶν) und Κύρβαντες· Κορύβαντες, welches auch in dieser Form in dem bekannten Vertrag zwischen
Hierapytna und seinen Kleruchen vorkommt (CIG. II 2555,
14 = Cauer *Delectus*[2] 116); vgl. Schmidt zu Hesych. ἀπο-
χοιρίασεν (I p. 238). Zu Grunde liegt hier die Vorstellung der
wirbelnden Tanzdrehung. Κορύβαντες mit Metathesis und
Vokalentfaltung gebildet. Dieselbe Wurzel im lat. *cur-vus*?

κὸς εἴρηκέ που (frg. 274 K.) ... ἔνιοι δέ φασιν ἰδίως ἐν
οἷς ἱερὰ καὶ θυσίαι περιέχονται κύρβεις, ἄξονας δὲ
τοὺς ἄλλους ὠνομάσθαι; denn das ist klar, dafs Plutarch
hier eine Einlage macht: erstens aus persönlichem Wissen
und zweitens, wie längst erkannt ist, aus Didymos;
das Aristotelescitat stammt aus dem letzteren, nicht
etwa von Plutarch selbst.

Man hat aber auch noch die eben schon besprochenen Worte ἰσχὺν δὲ τοῖς νόμοις — ἔδωκε und

Κύρβις gehört zu den alten attischen Worten, welche in der
durch die Litteratur nivellierten Sprache des 5. Jahrh. verloren gingen. Als technischer Name und in Verbindung mit
den solonischen Gesetzen hat das Wort sich länger gehalten
als andere. Wie grofs der Unterschied zwischen der Sprache
des 6. Jahrh. und der des fünften war, können wir nicht beurteilen, allein, dafs er ein sehr grofser war, lehrt aufser
Aischylos' Sprache, welche noch im 6. Jahrh. wurzelt, Lysias'
10. Rede mit ποδοκάκκη, ἀπίλλειν, δρασκάζειν und was sonst an
authentischen Resten solonischer Gesetze existiert, endlich jetzt
urkundlich die Hekatompedosinschrift (CIA. IV 3 p. 138) mit
ἱερουργοῦντες, ζάκορος, ὄνθος, ἱπνεύεσθαι, dessen Bedeutung nicht
feststeht, und θωᾶν, dem neuen Verb, zu welchem ein auf
älterer Vorlage bearbeitetes Gesetz, CIA. I 57 die Parallele
in dem dichterischen θωᾶν ἐπιβάλλειν neben τοῦ δήμου τοῦ
Ἀθηναίων πληθύοντος liefert, während die spätere Sprache den
Stamm nur in ἀθῷος festhielt. Hierher auch διχομηνία statt
ρομηνία CIA. I 1, ἀπόπαξ I 286. 288, οὐδ' ἔπει οὐδὲ ἔργῳ
IV 1, 27 a und ἐπιώψατο, ἐπιοφθέντες (CIA. II 948 f., wozu
Koehler), welche, wie viele derartige Wörter, die Zähigkeit
religiöser Überlieferung in jüngere und jüngste Zeit mit hin-
übernahm. κύρβεις gehört mit diesen Wörtern in dieselbe Sprach-
epoche; am Ende des 5. Jahrh. ist es in Athen schon obsolet.
Auf Amorgos hat es sich länger im Gebrauche gehalten: Ἐφ.
ἀρχαιολ. 1862, 77 (= Recueil des inscr. jurid. gr. p. 116 n. 64)
ὅρος χωρίων ... καὶ τῶν ἐπικυρβίων ἐνεχύρων ὑποκειμένων;
das bisher übersehene Adj. bedeutet hier 'auf einer Urkunde
verzeichnet', so dafs κύρβις auf Amorgos die spätere, weitere
Bedeutung gehabt zu haben scheint.

— 60 —

7. Kap. vor allem κοινὸν μὲν οὐν ὤμνυεν ὅρκον ἡ βουλὴ — ἐν
und
Plut. Sol. Ϳελφοῖς für Didymos in Anspruch genommen und für
25. Didymos Aristoteles als Quelle in Ansatz gebracht. Dafs
Didymos' Bericht dem des Aristoteles folgen würde,
versteht sich. Da aber, wie wir jetzt sehen können,
diese dem Didymos vindizierten Worte in sachlichem
Widerspruche (βουλὴ : πάντες) zu Aristoteles stehen,
und da überdies die Benutzung des letzteren durch den
Grammatiker nur unter der Annahme denkbar ist, dafs
Didymos die Worte des Aristoteles in einer Weise aus
anderen Quellen erweitert hätte, welche jede Spur der
Kompilation verwischte (s. o. S. 56), so kann keine Rede
mehr davon sein, dafs Didymos dem Aristoteles hier
folgte. Mufs man aber Aristoteles als Quelle für diese
Stelle fallen lassen, so fällt damit das Band, welches sie
an die sicher didymeischen Worte knüpfte. Da der
Satz κοινὸν μὲν οὖν ὤμνυεν κτέ. zu Aristoteles' Worten
genau in demselben Verhältnis steht, wie sonst sich
sicher hermippeisches Gut zur πολ. Ἀθην. verhält, so
wird man auch hier Hermippos als Quelle Plutarchs
ansetzen. Der erste Satz Ἰσχὺν μὲν οὖν — ἔδωκε steht
bei Aristoteles mit dem Schwur zusammen; man wird
also auch ihn dem Parallelberichte des Hermippos vin-
dizieren. Übrigens scheinen Plutarchs Worte selbst
anzudeuten, dafs der Schriftsteller mit Κοινὸν μὲν οὖν
zu einer neuen Quelle überging. Denn mit μὲν οὖν
wird gegen das Vorhergehende abgeschlossen und die
Verbindung zum Folgenden συνιδὼν δὲ hergestellt; das
Folgende ist aber sicher nicht aus Didymos.

p. 6, 18 Der Eingang der eigentlichen Darstellung der Verfassung ist verstümmelt. K-W., welche die Lücke
erkannten, beziehen die Hesychglosse ἐκ τιμημάτων
hierher und bemerken 'velut ⟨τὸ πᾶν πλῆθος ἐκ⟩ τιμημάτων'. Ich möchte die Glosse, wenn sie wirklich, was

mir nicht sicher scheint, auch mit ihrem Lemma auf
unser Buch geht, lieber auf p. 7, 22 *ἐκ τῶν τιμημάτων*
beziehen und erwarte mit Wahrung des überlieferten
τιμήματα zunächst etwa ⟨*κατὰ*⟩ *τιμήματα*. Es läge nun
am nächsten, die Parallelstelle bei der Kleisthenischen
Verfassung heranzuziehen p. 22, 28 *πρῶτον μὲν οὖν*
⟨*συνένειμε*⟩ *πάντας εἰς δέκα φυλάς*, aber sie pafst aus
zwei Gründen nicht. Die folgenden Singularia *πεντακοσιομέδιμνον* bis *ϑῆτα* vertragen sich mit dem vor-
geschlagenen *πᾶν πλῆϑος*, aber schlecht mit *πάντες*. Ferner ist das *πρῶτον μὲν οὖν* für unsere Stelle nicht zu gebrauchen, denn es folgt kein *ἔπειτα* wie p. 23, 3. Die
Parallelstellen zu *τόνδε τὸν τρόπον* und ähnliche sind
heranzuziehen: p. 1, 19 *ἦν δ᾽ ἡ τάξις* . . . *τοιάδε. τὰς
μὲν ἀρχὰς*; 3, 19 *ἡ δὲ τάξις* . . *τόνδε τὸν τρόπον εἶχε.
ἀπεδέδοτο μὲν ἡ πολιτεία*; p. 33, 13 *διέταξαν τόνδε
τὸν τρόπον· τὰ μὲν χρήματα*; p. 45, 24 *ἔχει* . . . *τόνδε
τὸν τρόπον. μετέχουσιν μὲν τῆς πολιτείας*; in allen
diesen Fällen entspricht dem *μὲν* ein *δέ*; wo dieses
fehlt, wie an der Stelle p. 40, 12 *διαφϑεῖραι τόνδε
τὸν τρόπον· νόμους εἰσήνεγκαν*, fehlt auch das *μέν*. An
unserer Stelle steht das *δέ* im Anfang des 8. Kapitels:
τὰς δ᾽ ἀρχὰς ἐποίησε. Aber ein ⟨*τὸ μὲν πᾶν πλῆϑος
κατὰ*⟩ *τιμήματα* genügt weder im Ausdrucke noch dem
Gedanken nach. Es fehlt die Hauptsache in dem überlieferten Texte, dafs nämlich die *πολιτεία* nicht nur
die *ὅπλα παρεχόμενοι* hatten. Es mufste erst gesagt
worden sein, dafs Solon allen Athenern das Bürgerrecht gab, und dann konnte konsequenterweise erst
von der Art gesprochen werden, wie dieses Bürgerrecht
nach den *τιμήματα* abgestuft war. Hierfür den even-
tuellen aristotelischen Ausdruck zu finden, ermöglicht
Kap. 29 *τὴν δ᾽ ἄλλην πολιτείαν ἐπιτρέψαι πᾶσαν Ἀϑη-
ναίοις τοῖς δυνατωτάτοις κτὲ.* Vielleicht darf man also,

7. Kap. falls nicht noch mehr ausgefallen ist, vermuten: ⟨πᾶσιν
μὲν Ἀθηναίοις τὴν πολιτείαν ἐπέτρεψεν καὶ τὸ πλῆθος
αὐτῶν κατὰ⟩ τιμήματα διεῖλεν εἰς τέτταρα τέλη. Der
von mehreren geforderte Artikel vor τιμήματα ist durch
das folgende καθάπερ διῄρητο unnötig gemacht.
Mit prägnantem [1]) sprachlichem Ausdrucke wird die
Organisation des Bürgertums gegeben, wobei wir eine

[1]) p. 6, 20 ἀπένειμεν, 24 ἀποδιδούς bei den Klassen,
denen für ihre Leistungen die betreffenden Rechte gebühren,
25 μετέδωκεν bei den Theten, die beim Mangel einer Gegen-
p. 6, 20 leistung eigentlich kein Recht auf Recht haben. — In diesem
Satze läfst der oben gegebene Text eine Lücke p. 6, 20:
μ . . . . . . ες. [Blafs hat με . . . . ας gelesen und με[γίστ]ας
ergänzt, zugleich aber dieses Wort als unpassend getilgt mit
der Bemerkung aut μεγίστας (quod legi posse concedit K.) delendum, aut in sequentibus complura delenda. An und für sich
wird man eine Ergänzung ablehnen müssen, welche sich so
wenig mit dem überlieferten Texte verträgt, dafs ihr Urheber
sie sogleich einklammern mufs. Ich kann aber auch nicht zugeben, dafs der Buchstabe vor dem Schlufs-σ ein α ist, und
halte am ε fest.] Nach dem μ glaube ich in der Lücke ein ε
zu sehen, darauf zwei Vertikalhasten, die oben verbunden sind,
also auf τι, ιτ, γι, ιγ oder π führen. Das letztere erschien
mir beim Lesen das wahrscheinlichste. Darnach hatte ich
μεπ . . ες. Das μ mufs als μ' == μὲν gelesen werden, wie der
Gegensatz mit δὲ Z. 24 lehrt. Indem mir der Gegensatz, in
welchen dadurch die eigentlichen Ämter zu den δικασταί und
ἐκκλησιασταί treten, bedeutsam erschien, fiel mir die Stelle Polit.
1275 a ein: τῶν δ' ἀρχῶν αἳ μέν εἰσι διῃρημέναι κατὰ χρόνον,
ὥστ' ἐνίας μὲν ὅλως δὶς τὸν αὐτὸν οὐκ ἔξεστιν ἄρχειν, ἢ διὰ
τινῶν ὡρισμένων χρόνων· ὃ δ' ἀόριστος, οἷον ὁ δικαστὴς καὶ
ἐκκλησιαστής; vgl. b 14. Mit Rückblick hierauf suchte ich den
Ausdruck für einen χρόνος ὡρισμένος in den Resten επ . . ες.
Ich fand kein überliefertes Wort, aber fragen möchte ich, ob
nicht ἐπ'[ἐτ]ές gestanden haben könnte. Sollte man das nicht
ebensogut wie ἐπὶ δίετες und ἐπὶ τρίετες gesagt haben? Und
wenn man dem die Komposition entgegenhält, so halte ich
τῆτες (σῆτες) dazu.

Anzahl der damals in Athen existierenden Ämter
kennen lernen. Dafs die genannten fünf Beamten-
klassen, Archonten, Tamiai, Poleten, die Elfmänner
und Kolakreten, die einzigen damals dort existierenden
Beamten waren, sagt Aristoteles nicht, sondern hat nur
Reinach[1]) behauptet; das Richtige hätte ihn Aristoteles' Polit. 1321 b 1—1322 a 30 incl. lehren können.
Von der damaligen Amtsbefugnis derselben hat Aristoteles vermutlich selbst nichts gewufst. Dafs sie
existierten, ist nicht zu bezweifeln. Für die $\tau\alpha\mu\acute{\iota}\alpha\iota$ $\tau\alpha\mu\iota\alpha\iota$
haben wir jetzt das direkte Zeugnis aus der ersten
Hälfte des 6. Jahrh. CIA. IV 3 p. 199 n. 373[238] (!).
Wie viel ihrer waren, steht nicht fest; die Zehnzahl
kann erst seit Kleisthenes bestehen, die Inschrift hat
auch nicht Raum für soviel Namen. Übrigens, dafs
Aristoteles sie einfach $\tau\alpha\mu\acute{\iota}\alpha\iota$ nennt, braucht nicht eine
Folge laxen Ausdrucks zu sein; denn das Distinktiv
$\tau\tilde{\eta}\varsigma$ $\mathcal{A}\vartheta\eta\nu\tilde{\alpha}\varsigma$ wird erst nötig, seit die Centralisation der
Schätze der übrigen Götter erfolgte. Damals mufs
überhaupt eine Umwandlung des Amtes vor sich gegangen sein. Aus der Hekatompedosinschrift (CIA.
IV 3 p. 138) folgt, dafs sie vor 480 nicht so sehr Kassenbeamte waren wie Verwaltungsbehörde, als welche sie
die Polizeiaufsicht auf der Burg hatten, und in dieser
Eigenschaft Polizeistrafen bis zu 3 Obolen verhängen
konnten. Als sie wesentlich Kassenbeamte der bedeutendsten Kasse des Landes wurden, mufsten sie für
diese Mehrbelastung nach anderer Seite hin Erleichterung erfahren; man befreite sie, wenn auch nur teilweise, von ihrer Polizeipflicht: aus CIA. IV 3 p. 140
n. 26 a, welche Urkunde bald nach 447 fällt, erfahren wir,
dafs ein Wachtlokal für eine Polizeiwache von 3 Toxo-

---

[1]) Revue des étud. Grecques 1891 p. 145, 2.

7. Kap. ten ¹) auf der Burg erbaut wurde; den Abschlufs der Wandlung des Amtes indiziert das erste Jahr der Publikation der Übergabeurkunden, 434 3.

Der Bericht über die Normierung der verschiedenen Schatzungsklassen bietet nichts Neues, teils hat Pollux VIII 130 dasselbe, wenn auch aus anderer Quelle und mit Fremdartigem fortlaufend durchsetzt ²),

---

¹) Hermes 1891, 51 ff.

Pollux und ²) Nur von einer Stelle des historischen Teiles der πολ.
πολ. Ἀθην. Ἀθην. läfst sich vielleicht annehmen, dafs Pollux sie benutzt hat: p. 7, 28 — 8, 9 = Pollux VIII 108 ναυκραρία — ἀναλώματα; alle anderen Ähnlichkeiten, wie z. B. Pollux a. a. O. δήμαρχοι — ναυκραρίαι ∽ p. 23, 17 ff. können nicht als sicher gelten. Sämtliche sonstigen Testimonia aus Pollux gehören dem systematischen Teile an. Das hat zunächst seinen natürlichen Grund in der Materie. Aber ganz reicht sie zur Erklärung dieser Erscheinung nicht aus, denn es steht in dem ersten Teil doch manches, was Pollux auch sonst berührt. Woher seine Zurücksetzung? Pollux mufste für seine Art der Schriftstellerei natürlich die ausgiebigsten Quellen benutzen. Für die athenische Verfassung der vollendeten Demokratie gab es nichts Ausführlicheres als Aristoteles' Buch; daher benutzt er es hier. Es war ihm meist sogar zu ausführlich und mufste gekürzt werden. Die Antiquaria in dem ersten Teile sind dagegen so kurz gehalten, dafs er sich nach vollständigeren Nachrichten umsah. So ist Poll. VIII 111, über die erste Verfassung, sicher nicht aus Aristoteles entnommen, denn der Eingang bis βουκολεῖον widerspricht dem p. 2, 25 Berichteten. Der Satz καὶ οἱ μετέχοντες τοῦ γένους γεννῆται καὶ ὁμογάλακτες· γένει μὲν οὐ προσήκοντες, ἐκ δὲ τῆς συνόδου οὕτω προσαγορευόμενοι widerspricht Aristoteles' Auffassung der ὁμογάλακτες in der Politik (1252 b 16) ἔοικε κατὰ φύσιν ἡ κώμη ἀποικία οἰκίας εἶναι. οὓς καλοῦσί τινες ὁμογάλακτας, παῖδάς τε καὶ παίδων παῖδας, welche Apposition zu streichen gar kein Grund vorliegt; vgl. auch Töpffer, Attische Genealog. p. 9 ff. Dazwischen steht der Satz ὅτε μέντοι — τριακάδες. Das könnte man für aristotelisch halten, wenn man erkannt hat, was in dem Lex. Patm. v. Γεννῆται (Frg. 385 R ³, K-W. p. 88) aristotelisch ist. Der Unsinn dieses Artikels geht

teils ist unsere Stelle von dem Lexikographen des fünften
Seguerianums fast wörtlich excerpiert worden, was ich

schon mit λέγων οὕτως an. Diese Worte können doch nach
ὡς ἱστορεῖ . . . . Ἀριστοτέλης nur bedeuten, dafs nach dem
vorhergehenden Excerpte aus dem Schriftsteller nun dessen
eigene Worte zum Belege folgen. Aber der Unsinn des wört-
lichen Citates pafst auf den knappen, präcisen und verständigen
Bericht wie Ptolemaios Chennos zu Aristoteles, womit ich jedoch
jenen gar nicht hier in F:age bringen will; diesen aber, denn
der erste Teil sieht genau so sehr nach Aristoteles aus, wie
es der zweite nicht thut. Und seit wann citiert denn, was ein
ordentlicher griechischer Lexikograph ist, so, dafs er erst einen
Auszug aus dem Citat giebt und dann das Citat wörtlich folgen
läfst, und noch dazu eines, das gar nicht pafst? Ich halte dafür,
dafs der erste Teil des Artikels aristotelisch ist und nach
Ἀριστοτέλης Worte fehlen, in welchen der Name des zweiten Autors
stand, der sich freuen mag, dafs ihm sein Unsinn nun nicht
mehr in Anrechnung gebracht werden kann. Für die Zu-
weisung des ersten Teiles an Aristoteles spricht auch, dafs in
ihm die ἱερωσύναι mit den Geschlechtern zusammen dargestellt
werden, wie das p. 23, 22 geschieht τὰ δὲ γένη καὶ τὰς φρα-
τρίας καὶ τὰς ἱερωσύνας εἴασεν ἔχειν ἑκάστους κατὰ τὰ πάτρια.
Mit dem mir als aristotelisch geltenden deckt sich der Satz des
Poll. ὅτε — τριακάδες inhaltlich. Aber dieser Inhalt ist so wohl-
feil, dafs er nicht aus Aristoteles zu stammen braucht; auch sind
die Worte ἃ ἐκαλεῖτο τριακάδες nicht aristotelisch. Die letzten
Worte τρία . . . δημιουργοί sind ebenfalls wohlfeile Weisheit. Als
dritte Stelle bleibt nur noch Pollux VIII 130, die für Aristoteles Kap. 7 verhängnisvoll sein soll. An der eben besprochenen
Stelle hat Pollux einen anderen Autor herangezogen, da ihm
Aristoteles nicht genug gab; und ebenso hier. Aus Aristoteles
kann die Stelle gar nicht abgeleitet sein, weil in ihr über die
Benennung der ἱππεῖς gerade das berichtet wird, was Aristo-
teles bekämpft (ἐκ μὲν τοῦ δύνασθαι τρέφειν ἵππους κεκλῆσθαι).
Das Plus gegenüber Aristoteles, d. h. hier der Unsinn, den
die Einschübe mit ἀνάλισκον bringen, war das Empfehlende;
denn dafs Pollux selbst den Atthidenbericht, auf den sich
Aristoteles polemisch bezieht, und der in letzter Instanz bei
Pollux zu Grunde liegt, mit einem anderen kompiliert habe,

Keil, Aristoteles.   5

7. Kap. allerdings nicht bemerkt finde. Zu p. 7, 2: Bekk. An. 298, 20; p. 7, 3: ib. 267, 13; p. 7, 13: ib. 260, 33 und 261, 15, welche beide Stellen zusammengenommen Fränkel vor der Bemerkung zu Boeckh *Staatsh.* II * 116 n. 805 hätten schützen müssen, daſs ζευγήσιον die richtige, weil richtig von ζεῦγος abgeleitete Form sei. Wie vom Stamme ζευγεσ- richtig ζευγήσιος abgeleitet werden kann, ist mir nicht verständlich. Natürlich ist das Adj. von ζευγίτης abgeleitet und ζευγίσιος nicht anders als πλούσιος, ἐνιαύσιος u. s. w. gebildet.

p. 7, 7:
Anthemion Die ἱππάς veranlaſst Aristoteles zu einer polemischen Anmerkung, welche einen schweren Überlieferungsfehler enthält, vermutlich durch Ausfall von Worten entstanden, wie der Vergleich mit Poll. a. a. O. lehrt. Einen zweiten Fehler, entstanden durch Einschub, anzuerkennen, verhindert mich folgendes. Kaibels Sammlung hat gelehrt, daſs ein Distichon von Pentametern im 6. Jahrh. v. Chr., in welches das betreffende, von Aristoteles citierte Verspaar fallen müſste, eine epigrammatische Unmöglichkeit ist. Entweder muſs man also den ersten Vers ändern — dagegen spricht die übereinstimmende Überlieferung bei Pollux und Aristoteles —, oder aber man hat anzuerkennen, daſs Aristoteles, richtiger sein Gewährsmann, den er hier nach seinen eigenen Worten (ἔνιοί φασι — σημεῖον δὲ ἐπιφέρουσι) ausschreibt, aus dem Dedikationsepigramm nur die für den Beweis nötigen Verse ausschrieb; da die beweisenden Worte gerade in den Pentametern standen, setzte er diese beiden allein hin. Wie diese Annahme über eine Änderung des ersten Verses forthilft, so auch über die

---

glaube ich nicht. Das hatte ihm gewiſs schon Didymos besorgt. Die Übereinstimmung zwischen Pollux und Aristoteles beruht hier auf der Gleichartigkeit der Atthidentradition.

Tilgung von *Διφίλου* nach *εἰκών*; denn wenn ein Hexameter vorausging — natürlich folgte ein zweiter — sind wir nicht mehr gezwungen zu verstehen 'Anthemion, der Sohn des Diphilos', welche Interpretation die Tilgung nötig erscheinen läfst, sondern können übersetzen: 'Anthemion weihte dieses Bild des Diphilos'; man denke sich, dafs Anthemion z. B. durch Antritt der Erbschaft des Diphilos in die höhere Schatzungsklasse kam[1]). Ich ziehe diese Interpretation deshalb einer Textesänderung, wie sie die Streichung von *Διφίλου* ist, vor, weil es mir der sicherere Weg erscheint, von den an sich nicht zu beanstandenden Worten *ἀνάκειται γὰρ ἐν ἀκροπόλει εἰκὼν Διφίλου* die kritisch unsicheren Verse — mag diese Unsicherheit nun auf Textesverderbnis oder auf der lückenhaften Citierweise des Autors beruhen — zu erklären, statt von der Stelle unsicheren Verständnisses aus eine andere klaren Wortverstandes zu präjudizieren.

Im übrigen möchte ich darauf aufmerksam machen, dafs wir von dem in Rede stehenden Bilde inschriftliche Nachricht haben. CIA. II 742 (*Catalogi signorum ex aere factorum*) aus dem Anfang der zweiten Hälfte des 4. Jahrh.: *A.* v. '12 *ἀνάθημα Ἀνθεμίων*[ος . . . . 13 *κινῆν ἔχει καὶ λό*[*γχην* vel *λό*[*φον*· . Damit ist Rühls *ἀνθέμιον* (a. a. O. 682) gerichtet. Die Inschrift stimmt zu unserer Erklärung: Anthemion weiht; dafs er seine eigene Statue weiht, ist nicht anzunehmen; er weiht die des Diphilos. Also *ἀνάθημα Ἀνθεμίωνος, εἰκών Διφίλου.*

Die Schlufsworte des 7. Kapitels *διὸ καὶ νῦν ἐπει*-

---

[1]) Litteratur über diesen Passus jetzt bei Rühl, *Der Staat der Athener und kein Ende* (Jahrb. f. kl. Phil. Suppl. XVIII) p. 681 f. Vgl. übrigens Böckh, *Staatsh.*, I³ 580 f. — Vgl. auch Preger, *Inscr. Graec. metr.* n. 74.

7. Kap. δὰν ἔρηται τὸν μέλλοντα κληροῦσθαί τιν᾽ ἀρχήν, ποῖον
p. 7, 13 ff. τέλος τελεῖ, οὐδ᾽ ἂν εἰς εἴποι θητικόν zusammen-
gehalten mit dem Passus über die ταμίαι τῆς Ἀθηνᾶς
Kapitel 47 κληροῦται δ᾽ εἷς ἐκ τῆς φυλῆς, ἐκ πεντακοσιομεδίμνων κατὰ τὸν Σόλωνος νόμον (ἔτι γὰρ ὁ νόμος
κύριός ἐστιν), ἄρχει δ᾽ ὁ λαχὼν κἂν πάνυ πένης ᾖ enthalten eine Schwierigkeit für das Verständnis. Gehört
der πάνυ πένης denn nicht in das θητικόν? kann ein
Pentakosiomedimne ein πάνυ πένης sein?

Der solon. Wie Aristoteles berichtet und wie er, danach zu
Census
Geldcensusschliefsen, selbst es geglaubt hat, wären vor Solon an
den Grundbesitz allein die staatsbürgerlichen Rechte
geknüpft worden; denn die Klassen werden als nach
dem Bodenerträgnis normiert dargestellt. Nun aber
berichtet Aristoteles selbst Kap. 13 εἶτ᾽ ἔδοξεν αὐτοῖς
διὰ τὸ στασιάζειν ἄρχοντας ἐλέσθαι δέκα, πέντε μὲν
εὐπατριδῶν, τρεῖς δὲ ἀ[γρ]οίκων, δύο δὲ δημιουργῶν· καὶ
οὗτοι τὸν μετὰ Δαμασίαν ἦρξαν ἐνιαυτόν (581/80). Da
die Demiurgen, die nicht zu den grundbesitzenden
Klassen gehören, schon 12 Jahre nach Solon nicht
blofs überhaupt Staatsrechte haben, sondern sogar das
höchste Amt erreichen können, eine Änderung der
Verfassung in dieser Richtung aber nicht blofs nicht
berichtet, sondern bei der Kürze der Frist an sich
auch unwahrscheinlich ist, so folgt, dafs die Klassen- ·
einteilung von Solon nicht nach dem Ertrag des Bodens
normiert worden ist, sondern dafs das ganze Vermögen
oder richtiger der Nutzwert des Vermögens der Einteilung zu Grunde gelegt war. Das ging auch gar
nicht anders. In einem Lande, welches Kolonialpolitik
treibt, wie Athen es seit dem Ende des 7. Jahrh. that,
kann der Kaufmannsstand nicht der Rechte des Staats-
bürgers entbehren. Kolonialpolitik indiziert den Übergang von der Bodenwirtschaft zur Geldwirtschaft. Und

wenn erst in späterer Zeit die Umwandlung des Census-
tarifes aus Produkten- zu Geldsätzen erfolgt wäre,
sollte die Überlieferung wirklich keine Spur von dieser
einschneidenden, demokratischen Mafsnahme bewahrt
haben? — Waren die solonischen Sätze für die verschiedenen Klassen nun von vornherein nach dem Geldwert bestimmt, so versteht man den Namen πεντακοσιομέδιμνοι nur, wenn dieser Name aus einer früheren Zeit
der Bodenwirtschaft stammte. Wenn ferner die erste
Klasse πεντακοσιομέδιμνοι hiefs, so war der Census
für sie nicht, wie Aristoteles für Solon berichtet, nach
den ξηρὰ καὶ ὑγρά, sondern allein nach den ξηρά be-
rechnet, denn die flüssigen Mafse wurden nach Metreten
gemessen. Dieser Schlufs gewinnt dadurch an Sicherheit, dafs er einen Zug liefert, der durchaus in das
Bild der Latifundienwirtschaft der Oligarchie pafst;
der Census für die höchst berechtigte Klasse war, wenn
nur die Trockenfrucht in Rechnung kam, ein so hoher,
dafs die höchsten Ämter in der That nur in wenigen Familien umgehen konnten. Wie hier der Name für den Census
dieser Klasse zeugte, so auch der der Hippeis und Zeugiten; wir müssen aus diesen Benennungen schliefsen,
dafs zu der Zeit, als sie zu den Namen der Schatzungsklassen wurden, in der That für die zweite Klasse die
Stellung des Ritterpferdes, für die dritte der Besitz
eines Gespannes der Census war[1]). Wenn der Ab-

---

[1]) Ich berühre mich hier mit Gomperz, *Die Schrift vom
Staatswesen der Athener und ihr neuester Beurteiler* (Wien 1891)
p. 42 ff. und Busolt, *Philologus* 1891 (L), 393 ff., welcher Aufsatz
mir erst nach Abschlufs meiner Arbeit bekannt wurde. Böckh,
Staatsh. I³ 579 sah den Zwiespalt, aber versuchte eine har-
monistische Lösung, statt die Konsequenzen aus der Discrepanz
zwischen der Sache und dem Namen zu ziehen. Die Polemik
des Aristoteles in der Anmerkung p. 7, 4—11 löst sich bei der

stand zwischen der ersten Klasse und den beiden folgenden als ein sehr hoher erscheint, so stimmt das zu dem Charakter einer starren Oligarchie. Wann diesem Zustande ein Ende gemacht wurde, ist natürlich nicht zu sagen; aber vor Solon muſs es schon geschehen sein. Denn da Solon, wie wir vorher aus den Verhältnissen des Jahres 581/80 schlieſsen muſsten, schon die Klassen nach dem Geld- und nicht nach dem Bodenertrage einteilte, so muſs zwischen dem ersten Stadium, während dessen Pentakosiomedimnen, Hippeis und Zeugiten noch ihren Namen mit Recht führten, und dem durch Solon herbeigeführten Zustande eine Epoche liegen, in welcher der Census nach dem Bodenertrage für alle drei Klassen normiert war. Dabei bleibe die Frage offen, ob damals zugleich der Ertrag der ξηρὰ καὶ ὑγρά in Anrechnung gebracht wurde, oder ob Solon diese Änderung vornahm, welche den demokratischen Charakter an der Stirn trägt. Aber wenn Solon diese Änderung auch nicht verdankt wird, was er für die Entwicklung der Demokratie durch die Umrechnung des Bodenertrages in Geld absichtlich, und was er mit der Einführung des timokratischen Principes unabsichtlich geleistet hat, ist doch von weittragendster Bedeutung gewesen.

Solonische
Münz-
reform
Ich muſs hier auf die Münzreform kommen. Es ist von U. Köhler und Head hervorgehoben, daſs die Einführung des euböischen Fuſses statt des äginäischen zunächst dem Kaufmanne Solon verdankt wird, der seiner Vaterstadt die Münze geben wollte, welche im Osten und Westen am weitesten kursierte und der

---

geschichtlichen Betrachtung. Er wie sein Gegner haben recht, jeder für seine Epoche, nur, daſs beide es nicht für die solonische haben.

Kolonialpolitik Athens förderlich sein mufste. Weiter 7. Kap.
war diese Mafsregel, wie bekannt, ein Schlag nach p. 7, 13 ff.
aufsen gegen Megara und den Peloponnes überhaupt;
man sollte sich von ihm emancipieren. Damit wurde
zugleich auch nach innen gewirkt, denn die Oligarchen
hielten den Blick immer noch über den saronischen
Golf hin gerichtet. Allein dies war vielleicht die geringste Bedeutung der Einführung des neuen Fufses
für die innere Politik; wichtiger war, dafs sie zugleich
auch den ärmeren Klassen zu gute kam, welche die
Hochebene und Küste am östlichen Meere bebauten.
Sie mufsten den Ertrag des ihnen verpachteten Landes
wesentlich nach den grofsen Emporien Euboias ab-
führen, denn noch benahmen Megara und Aigina Athen
die belebende Seeluft. Dort erhielten sie aber leichtes
euböisches Geld, welches überhaupt bei der dominie-
renden politischen und merkantilen Stellung von Chalkis
auf der gegenüber liegenden Festlandsküste und auch
im Osten Attikas stark kursiert haben mufs. In Athen
aber mufsten die armen Pächter nach dem schweren
äginäischen Gelde zinsen. Natürlich mufs eine Umrechnung stattgefunden haben; doch bei jedem solchen
Geldwechselgeschäft findet ein Verlust auf einer Seite
statt, und wer den Verlust hier zu tragen hatte, kann
nicht zweifelhaft sein. Von noch gröfserer Bedeutung
als nach dieser Seite hin war die Einführung des
euböischen Fufses für die Organisation des Bürgertums
durch Solon. Indem er die Censussätze nach dem
Bodenertrage in Geld umrechnete und bei der Umrechnung das um ein starkes Viertel leichtere neue
Geld in Ansatz brachte, wurden die Censussätze sämtlich um ein Viertel niedriger, als sie es nach der alten
Währung geworden wären, d. h. eine bedeutende Anzahl von Bürgern kam nun noch in die Zeugitenklasse,

welche nach der Rechnung alten Stiles zu den Theten
gehört haben würde; dasselbe Verhältnis trat bei den
Grenzen zwischen den Zeugiten und Hippeis und
Pentakosiomedimnen ein. Nur die Höchstbegüterten
hatten keinen Vorteil. So war die Einführung des
leichten Geldes in Anwendung auf die Normierung des
Census nach Geldeinkommen ein wichtiger Hebel zur
Stärkung der Demokratie, und ich zweifele nicht, dafs
diese Mafsregeln von Solon mit dem vollen Bewufstsein ihrer Bedeutung getroffen worden sind. Die Bedeutung der solonischen Reform auf diesem Gebiete
besteht nicht in der Schaffung eines neuen Steuer-
klassensystems, sondern in der Benutzung des bestehenden Klassensteuersystems zur Abstufung der bürgerlichen Rechte; die Oligarchie hatte wohl die Steuer-
klassen zum Zwecke der Besteuerung, aber der Genufs der bürgerlichen Rechte war nicht durch sie,
sondern durch das ὅπλα παρέχεσθαι bedingt. Die demokratische Tendenz der solonischen Mafsregel wurde
verstärkt durch die Umrechnung der früheren Census-
beträge aus Viktualien in Geld und weiter dadurch,
dafs die Umrechnung nicht in das alte schwere, sondern
in das neue leichte erfolgte.

Die solon.   Die Einführung des timokratischen Princips in
Steuer-
klassen in dieser Weise mag damals etwas Befreiendes gehabt
späterer haben, aber es ist zum Fluch für die Entwicklung des
Zeit athenischen Staates geworden, allerdings nicht durch
Solons Schuld, denn er war kein Hellseher, so dafs er
die Unvernunft der Politiker des 5. und 4. Jahrhunderts hätte vorausschauen können. Es kam nämlich so. Durch die ruhige Arbeit der Peisistratiden-
herrschaft wuchs im 6. Jahrhundert das National-
vermögen; infolge der Centralisationskraft des athenischen Bundesstaates flofs im 5. Jahrhundert das Gold
aus den gehorchenden Staaten nach der regierenden

Stelle zusammen; zu der führenden Stadt im Reiche
der Künste und Wissenschaften strömten im 4. Jahrhundert die Fremden von allen Gegenden der griechischen Welt und liefsen dort Reichtümer. Mit der
Menge der Ware sinkt der Preis. Grofse Vermögen
wurden erworben, das Geld verlor an Wert. Wie
die Lebensmittelpreise vom Ende des 5. bis zum Ende
des 4. Jahrhunderts stiegen, lehren die athenischen
Rechnungsurkunden; noch stärker ist der Unterschied
zwischen den Preisen der aristotelischen Zeit und denen
des 6. Jahrhunderts, soviel davon bekannt ist. Solon
hatte den Medimnos Getreide auf eine Drachme normiert
(Plut. Sol. 23); also gehörte man mit 5 Minen Einkommen zur begütertsten Klasse der Bürgerschaft.
Um das Jahr 400 war, wie Böckh (*Staatsh.* I³ 144)
nachgerechnet hat, ein Einkommen von 5 Minen ein
geringes, und zur Zeit Alexanders des Grofsen konnte
der Sprecher der Rede gegen Phainippos (§ 22) über
ein Einkommen von 5 Minen und 40 Dr. sagen: ἀφ'
ἧς ζῆν οὐ ῥᾴδιόν ἐστι. Es hatte sich also der Geldwert
innerhalb eines Zeitraumes von zwei und einem halben
Jahrhundert so verringert, dafs man zu Solons Zeit zu
den Wohlhabendsten mit einem jährlichen Einkommen
von 5 Minen, mit 5 Minen jährlichen Einkommens zu
Demosthenes' Tagen zu den Unbemitteltsten in demselben Staate gehörte.

Böckh (a. a. O. I³ 548, 542 ff.) hatte schon aus
den Schriftstellern erschlossen, dafs die alten Census-
klassen bis ins 4. Jahrhundert herab in Geltung geblieben waren. Es traten dann die Urkunde über die
Kolonisierung von Brea (CIA. I 31; c. ol. 80) und
die Inschrift CIA. I 14 hinzu, in welchen die Zeugiten, Theten und Pentakosiomedimnen genannt waren.
Jetzt bezeugt Aristoteles das Bestehen der Klassen für
das Jahr 457/6 (p. 28, 29) und für seine eigene Zeit

(p. 7, 16. 24; 61, 14). Es braucht für das Athen des 5. und 4. Jahrhunderts nicht bewiesen zu werden, dafs diese Institution damals ohne Zusammenhang mit der Besteuerung der Bürger weiter existierte; sie war damals allein das Regulativ für die verschiedenen Stufen des Staatsbürgerrechtes. Man darf nicht annehmen, dafs zu diesem Zwecke von dem Staate oder der Kommune (Demos) Listen über die Bürger geführt wurden; vielmehr mufste jeder, der ein Amt antreten wollte, bei der Prüfung nachweisen, dafs er ein Einkommen hatte, welches ihn zur Führung dieses Amtes qualificierte, daher in der Prüfung der Archonten auch auf den Vermögensnachweis die Aufforderung geht: $\varkappa \acute{\alpha} \lambda \epsilon \iota$ $\tau o \acute{\upsilon} \tau \omega \nu$ $\tau o \grave{\iota} \varsigma$ $\mu \acute{\alpha} \rho \tau \upsilon \rho \alpha \varsigma$ (p. 61, 16). Die Censussätze für die einzelnen Klassen waren im 4. Jahrhundert nach Ausweis des Gesetzes über die Erbtöchter aus dem Thetenstande in der Macartatea (§ 54), deren Urkunden Wachholz [1]) als echt erwiesen hat, die gleichen wie in solonischer Zeit; denn die Zahlen von 500 Dr., 300 Dr., 150 Dr., welche für die 1., 2., 3. Klasse als Aussteuer festgesetzt werden, stehen, wie man auch die kleine Abweichung für die Zeugiten beurteilen mag, in unverkennbarem Zusammenhange mit den Censussummen.

Man erkennt, welches Mifsverhältnis sich daraus ergeben mufste, dafs das Geld im Werte sank, die alten Censussätze aber bestehen blieben. Die Preise der Lebensmittel und der Arbeit stiegen, es mufste mehr verdient werden; die Einkommen steigerten sich von Jahr zu Jahr, und von Jahr zu Jahr traten, da der Census nicht mit der Steigerung des Einkommens in die Höhe ging, mehr Leute aus den Theten in die

---

[1]) De litis instrumentis in Demosthenis quae fertur oratione in Macartatum. Diss. Kiel 1878.

Zeugitenklasse über. Seit 457,6 eröffnete schon der
Zeugitencensus den Zutritt zum höchsten Amte; den
bedenklichsten Elementen stand jetzt der Weg dahin
frei. Der Staat zahlte am Ende des 4. Jahrhunderts
als Invaliditäts- und Armenunterstützung täglich
2 Obolen[1]), d. h. im Jahre 1 M. 20 Dr.: also nur

---

[1]) Aus Harpokr. s. v. *ἀδύνατοι*, wo es heifst, *β´ ὀβολοὺς τῆς ἑκάστης ἡμέρας ἢ ὀβολόν, ὥς φησιν Ἀριστοτέλης ἐν. Ἀ. π.* hat man Bedenken gegen die Echtheit unserer Schrift, vgl. p. 54, 28, erhoben, das heifst doch den Texteszustand dieses Lexikographen verkennen und Bekk. An. 345, 15 und Harpokration ignorieren. Zudem mufste die Epitome mit *οἱ μέν φασιν ἑκάστης ἡμέρας ὀβολοὺς δύο, οἱ δὲ ὀβολὸν* schon allein darauf führen, dafs der ursprüngliche Harpokrationtext anders als der überlieferte lautete. Die Angabe Bekk. An. 345, 21 *ὡς δὲ Φιλόχορος πέντε* mufs verderbt sein, denn dann hätte die Unterstützung im Jahre 3 Minen betragen, also den Census der Ritterklasse erreicht. Aber die von Boeckh (*Staatsh.* I³ 310 d) befürwortete Vermutung, dafs *πέντε* aus *ε´ δραχμὰς κατὰ μῆνα* entstanden sei, ist auch unmöglich, da das die Unterstützung wieder auf 1 Obol täglich reduzieren würde. Dagegen trägt Harpokrations *ὡς Φιλόχορός φησιν, ϑ´ δραχμὰς κατὰ μῆνα* die Bedingungen der Richtigkeit in sich. Da bei der Finanzlage des Staates gespart werden mufste, so trat eine Reduktion ein, welche den einzelnen nicht eben hart traf, für den Staat aber bei der Menge der Unterstützungen sich als Erleichterung geltend machen mufste. 9 Drach. monatlich gegen 2 Ob. täglich ergeben eine jährliche Ersparnis von 12 Dr. pro Kopf. Setzt man mit Boeckh (a. a. O. 311) die Zahl der Unterstützungen auf rund 500 an, so bedeutet das eine jährliche Ersparnis von einem Talente, und die merkte die Finanzverwaltung damals. Aber die Angabe des Harpokr. mufs auf den ersten Blick doch befremden. Er sagt *κατὰ μῆνα*. Der Verwaltungsperioden des athenischen Staates sind aber nicht Tage, Monate und Jahre, sondern Tage, Prytanien und Jahre, und alle Zahlungen wurden, wie die Inschriften und die *πολ. Ἀθην.* lehren, nach Prytanien geleistet. Doch die Schwierigkeit löst sich, wenn man sich besinnt, dafs es zu Philochoros' späterer Zeit 12 Prytanien gab, also die Prytanien den Monaten gleich waren. Sein Ausdruck ist nur ungenau.

80 Dr. mehr, als der Staat an Armengeld gewährte,
brauchte ein legitimer Athener im Jahre zu verzehren
zu haben, um zur Bekleidung der höchsten Staats-
ämter berechtigt zu sein. Das ist in Wahrheit die
Demokratie ἐν ᾗ πάντες πάντων μετέχουσιν. In diesen
Mifsverhältnissen liegt der Schlüssel zum Verständnis
der völligen Verwilderung der athenischen Demokratie.
So ist die solonische Verfassung ohne Wollen ihres
Urhebers in der That das Fundament, auf dem die
athenische Demokratie sich ausbaute, geworden; dafs
sie es wurde, ist die Folge der historischen Entwicklung
gewesen. Die Unvernunft oder, um mit Platon zu reden,
die Lakaiennatur (κολακεία) der führenden Politiker
des 5. und 4. Jahrhunderts, welche den veränderten
Verhältnissen nicht Rechnung tragen wollten oder
Rechnung zu tragen nicht wagten, trifft der feine Hohn
in Aristoteles' Worten, welche man jetzt verstehen wird:
καὶ ἄρχει ὁ λαχὼν κἂν πάνυ πένης ᾖ. Jetzt wird man
auch zugeben, dafs Aristoteles mit an den athenischen
Staat dachte, als er in der Politik schrieb (1308 a 35):
πρὸς δὲ τὴν διὰ τὰ τιμήματα γινομένην μεταβολὴν ἐξ
ὀλιγαρχίας καὶ πολιτείας, ὅταν συμβαίνῃ τοῦτο μενόν-
τ ω ν μ ὲ ν τ ῶ ν α ὐ τ ῶ ν τ ι μ η μ ά τ ω ν ε ὐ π ο ρ ί α ς δ ὲ
ν ο μ ί σ μ α τ ο ς γ ι ν ο μ έ ν η ς, συμφέρει τοῦ τιμήματος
ἐπισκοπεῖν τοῦ καινοῦ τὸ πλῆϑος πρὸς τὸ παρελϑόν,
ἐν ὅσαις μὲν πόλεσι τιμῶνται κατ' ἐνιαυτόν, κατὰ
τοῦτον τὸν χρόνον, ἐν δὲ ταῖς μείζοσι διὰ τριετηρίδος
ἢ πενταετηρίδος, κἂν ᾖ πολλαπλάσιον ἢ πολλοστημόριον
τοῦ πρότερον, ἐν ᾧ αἱ τιμήσεις κατέστησαν τῆς πολιτείας, νόμον εἶναι καὶ τὰ τιμήματα ἐπιτείνειν ἢ ἀνιέναι,
ἐὰν μὲν ὑπερβάλλῃ, ἐπιτείνοντας κατὰ τὴν πολλαπλα-
σίωσιν, ἐὰν δ' ἐλλείπῃ, ἀνιέντας καὶ ἐλάττω ποιοῦντας
τὴν τίμησιν. ἐν μὲν γὰρ ταῖς ὀλιγαρχίαις καὶ ταῖς
πολιτείαις μὴ ποιούντων μὲν οὕτως ἔνϑα μὲν ὀλιγαρχίαν ἔνϑα δὲ δυναστείαν γ ί ν ε σ ϑ α ι σ υ μ β α ί ν ε ι,

ἐκείνως δὲ ἐκ μὲν πολιτείας δημοκρατίαν, ἐκ 7. Kap.
δ' ὀλιγαρχίας πολιτείαν ἢ δῆμον. Derselbe Gedanke p. 7, 13 ff.
steht in derselben Schrift schon an früherer Stelle
(1306 b 9) πολλάκις .. τὸ ταχθὲν πρῶτον τίμημα
πρὸς τοὺς παρόντας καιροὺς (ὥστε μετέχειν ἐν μὲν τῇ
ὀλιγαρχίᾳ ὀλίγους ἐν δὲ τῇ πολιτείᾳ τοὺς μέσους) εἰε-
τηρίας γινομένης δι' εἰρήνην ἢ δι' ἄλλην τινὰ
εὐτυχίαν συμβαίνει ⟨πολλοστὸν γίνεσθαι
διὰ τὸ⟩ πολλαπλασίου γίνεσθαι τιμήματος
ἀξίας τὰς αὐτὰς κτήσεις, ὥστε πάντων μετέχειν, ὁτὲ μὲν ἐκ προαγωγῆς καὶ κατὰ μικρὸν γινομένης τῆς μεταβολῆς καὶ λανθανούσης,
ὁτὲ δὲ καὶ θᾶττον.

Achtes Kapitel.

Den Inhalt des achten Kapitels fassen die Eingangsworte des neunten in den Satz zusammen: τὰ .. περὶ
τὰς ἀρχὰς τοῦτον εἶχε τὸν τρόπον. Es zerfällt in
zwei sehr verschieden lange Abschnitte. Den ersten
bildet der erste Satz, welcher die allgemeine Norm für
die Beamtenbestellung giebt: τὰς δ' ἀρχὰς ἐποίησε κληρωτὰς ἐκ προκρίτων οὓς ἑκάστη προκρίνειε τῶν φυλῶν.
Der zweite Abschnitt füllt das ganze übrige Kapitel;
er enthält die Einzelbesprechung folgender Ämter:
a) der Archonten (bis p. 7, 28); b) der mit der Landes-
einteilung in Verbindung stehenden Phylobasileis und
Naukraren (bis p. 8, 9); c) der beiden Körperschaften, der Bule und des Areopag. Dieses Grund-
schema ist erweitert oder ausgeführt; in a) durch einen
doppelten Beleg (Indizienbeweis) für die Angabe, daß
Solon für die Archonten einen doppelten Wahlakt ein-

führte, und durch die Anfügung einer Anmerkung über
die Ämterbesetzung in dem ersten Stadium der athenischen Verfassungsgeschichte; in b) durch den Beleg
für die Verwaltungsthätigkeit der Naukraren; in
c) durch die Anführung eines Gesetzes, welches zugleich
mit der gesetzlichen Befugnis des Areopags τοὺς ἐπὶ
τῇ καταλύσει τοῦ δήμου συνισταμένους κρίνειν die Verfassung zu stützen bestimmt war.

Der Wahlmodus war ein doppelter für die Archonten:
προκρίνειν und κληροῦν. Das will Aristoteles beweisen.
Für den doppelten Wahlgang führt er die noch
bestehende doppelte Losung an; dafür, dafs überhaupt
eine Erlosung der Ämter aus den Schatzungsklassen
in der solonischen Verfassung vorgesehen war, was,
wie sich sogleich zeigen wird, in der Antike nicht allgemein so dargestellt wurde, wird das noch in Kraft
stehende Tamiaigesetz des Solon citiert. Damit hat
Aristoteles gesagt, was er über die Wahl der Archonten
nach Solons Satzungen sagen will: Σόλων μὲν οὖν οὕ
τως ἐνομοθέτησεν περὶ τῶν ἀρχόντων. Es schliefst sich
hieran nun der auf den ersten Blick befremdende Satz
τὸ γὰρ ἀρχαῖον ἡ ἐν Ἀρείῳ πάγῳ βουλὴ ἀνακαλεσαμένη
καὶ κρίνασα καθ᾽ αὑτὴν τὸν ἐπιτήδειον ἐφ᾽ ἑκάστῃ τῶν
ἀρχῶν ἐπ᾽ [ἐν]ια[υτ]ὸν [καθιστᾶ]σα ἀπέστελλεν. Dieser
Satz ist gerichtet gegen diejenigen, welche die Erlosung
aus Schatzungsklassen nicht für eine solonische Institution hielten. Es gilt zu bestimmen, nach welcher Richtung hin die aristotelische Polemik gewendet war.

Isokrates stellt als Thema seines Areopagitikos [1]

---

[1] F. Dümmler, *Chronologische Beiträge zu einigen platonischen Dialogen aus den Reden des Isokrates* (Basel 1890) fafst
Isokrates' Antidosis, Friedensrede (Symmachikos) und Areopagitikos als eine Trilogie zusammen, deren drei Teile sämtlich
durch die Gegnerschaft der platonischen Schule und der

hin (§ 16): Εὑρίσκω γὰρ ταύτην μόνην ἂν γενομένην 8. Kap.
καὶ τῶν μελλόντων κινδύνων ἀποτροπὴν καὶ τῶν παρόν-

scharfen, von Platon an Isokrates' Wesen, Lehre und politischer
Stellung geübten Kritik hervorgerufen seien; ebenso sucht er
die kyprische Trilogie genetisch zu erklären. Ich bedauere,
eben weil ich viel von ihm gelernt habe, es lebhaft, ihm hierin
nicht folgen zu können. Die Antidosis ist für mich die Konsequenz des Areopagitikos und Symmachikos. In ihnen hatte
er an der demokratischen Verfassung eine Kritik geübt, die
sich durchaus in den Geleisen der von der Akademie geübten
hielt. Die Folge war, dafs man jetzt den Lobredner der Demokratie — obgleich er sich im Areopagitikos ausdrücklich gegen
ähnliche Unterstellungen verwahrt hatte (§ 57 f.) und nicht um-
sonst sowohl zu den Namen des Solon und Kleisthenes jene Zusätze gemacht (s. den Text) hatte, wie er eben dieselben noch einmal als δημοτικώτατοι (§ 59) gelobt haben wollte — für einen
Überläufer in das feindliche Lager ansah. Er weist daher aus
seinen Reden nach, dafs er stets eine loyale Gesinnung gegen die
Demokratie in seinen Schriften bekundet habe, und zweitens
zieht er durch die polemisch gehaltene Darlegung seiner Ansicht über Philosophie und philosophischen Unterricht eine
Scheidewand zwischen der Akademie und sich. Die demokratisch gesinnten Väter brauchten also keine Sorge zu tragen,
ihm ihre Söhne zur Erziehung zu geben. Diesen rein persönlichen Charakter trägt m. E. nur die Antidosis. Areopagitikos
und Symmachikos sind für mich zunächst rein politische Flug-
schriften. Dafür, dafs Isokrates in ihnen eine Palinodie des
Panegyrikos anstimmt, sehe ich den Grund in der Lehre, die
ihm die Geschichte seiner Vaterstadt in den letzten zwanzig
Jahren gegeben hatte. Er wurde dadurch in die Bahnen der
akademischen Kritik getrieben und lernte jetzt beim Platon.
Anleihen bei diesem sind daher jetzt natürlich und machen die
gleichzeitig geübte Polemik nicht zu einer illoyalen. Auf die
Bestreitung der Auffassung, dafs diese Schriften zunächst politische Zweckpublikationen sein sollten und durch die politische
Misere hervorgerufen waren, mufs ich mit Aristoteles' Worten
antworten δίκαιον . . . ἐκ τῆς ἄλλης πολιτείας θεωρεῖν τὴν ἐκείνου βούλησιν. Isokrates hat Zeit seines Lebens als Politiker
wirken wollen; das bezeugt er selbst des öfteren, und seine

8. Kap.   τῶν κακῶν ἀπαλλαγήν, ἣν ἐϑελήσωμεν ἐκείνην τὴν δημοκρατίαν ἀναλαβεῖν, ἣν Σόλων μὲν ὁ δημοτικώτατος γενό-

---

Lehre, deren Endzweck die Praxis ist, bestätigt seine Worte.
Wenn sich Schriften von ihm als politische Fluglitteratur
geben, so liegt kein Grund vor, den deutlichen Augenschein
für Maske zu halten. Die Polemik gegen Platon ist für mich
ein Accedens, aber nicht das Regens in ihnen. Einer isokra-
tischen Rede, weil sie eine isokratische Rede war, im 4. Jahrh.
politischen Wert und Wirksamkeit in Athen oder aufser Athen
abzusprechen, verhindert mich die Bedeutung des Mannes,
welche für jene Zeit von keinem Schriftsteller mehr anerkannt
wird als von Platon. Die Heftigkeit und teilweise Illoyalität
seiner Kritik findet ihre Erklärung in der bedeutenden Stellung
des Gegners. Die athenische Verfassung von damals zu be-
kämpfen hatte Platon aufgegeben, dem bedeutendsten litterarischen Vertreter der demokratischen Rhetorik und ihrer ober-
flächlichen Bildung, dem Lobredner des athenischen Staates,
gilt der Kampf ebensosehr wie dem Quasi-Philosophen Isokrates.
Feig aber war es, dafs Isokrates in der Antidosis den Rückzug
wieder antrat; allein den Mut der Überzeugung habe ich ihm
nie zugetraut (Hermes 23, 373). Ich leugne auch nicht, dafs
Isokrates mit dem politischen Zwecke des Areopagitikos einen
persönlichen zu verbinden gesucht hat. Der Passus über die
Verwilderung der Jugend unter der bestehenden Demokratie
im Gegensatze zu der Erziehung, welche der Areopag in der
alten Verfassung den Bürgern angedeihen liefs, führt zu dem
Schlusse: man soll dem Manne die Söhne zur Erziehung geben,
welcher diese gute alte Zeit befürwortet; denn bei ihm werden
die Jungen ja nach den Grundsätzen dieser Zeit erzogen werden.
Das Gefühl der Verwaisung klingt gewifs aus den Worten § 55
ἀπήλλαξεν (die alte Verfassung) . . . τοὺς πρεσβυτέρους τῶν
ἀϑυμιῶν ταῖς τιμαῖς ταῖς πολιτικαῖς καὶ ταῖς παρὰ τῶν νεωτέρων
ϑεραπείαις. Aber kann man den Panegyrikos wegen seines
Einganges und Schlusses auch allein als eine Schrift für seine
Rhetorik halten? Er spricht darin, wenn auch nicht so viel,
so doch viel deutlicher *pro domo* als an irgend einem Punkte
des Areopagitikos. Wie er im Panegyrikos neben dem politischen Hauptzwecke seinem persönlichen Nebenzwecke nach-
ging, so, denke ich, auch im Areopagitikos.

μενος ἐνομοθέτησεν, Κλεισθένης δ' ὁ τοῖς τυράννοις ⟨s. Kap.
ἐκβαλὼν καὶ τὸν δῆμον καταγαγὼν πάλιν ἐξ ἀρχῆς κατέ- ⟨p. 7, 26 ff.
στησεν. Isokrates identifiziert also die solonische und
kleisthenische Verfassung und denkt sich diese bis
nach den Perserkriegen in Kraft bestehend. Das Bild
dieser Verfassung malt er von § 20 ab aus. Dafs er
hier die solonische Verfassung zumeist im Auge hat,
folgt nicht blofs aus der mitgeteilten Prothesis, sondern
auch aus seiner Darstellung selbst. Er suchte sich zu
dieser die Farben zunächst aus den historischen Berichten über die Zeit vor Solon und aus Solons Gedichten selbst mehrfach so zusammen, dafs er die vor
Solon bestehenden und von diesem bekämpften Schäden
des athenischen Staates in die entgegengesetzten Vor-
züge umkehrte und diese der von ihm geschilderten,
nach Solons Gesetzen geleiteten Epoche zuschrieb.
Dazu nahm er auch noch Züge aus der Tradition über
die auf Solon zunächst folgende Zeit. Eine derartige
Technik ist roh, so roh, dafs man manchmal eine
Parodie zu lesen glaubt: aber sie ist nicht zu bezweifeln.
Man lese (§ 31): οἵ τε γὰρ πενέστεροι τῶν πολιτῶν τοσοῦτον ἀπεῖχον τοῦ φθονεῖν τοῖς πλείω
κεκτημένοις, ὥσθ' ὁμοίως ἐκήδοντο τῶν οἴκων τῶν
μεγάλων ὥσπερ τῶν σφετέρων αὐτῶν ... οἵ τε γὰρ οὐσίας
ἔχοντες οὐχ ὅπως ὑπερεώρων τοὺς καταδεέστε-
ρον πράττοντας, ἀλλ' ὑπολαμβάνοντες αἰσχύνην
αὐτοῖς εἶναι τὴν τῶν πολιτῶν ἀπορίαν ἐπήμυνον
ταῖς ἐνδείαις, τοῖς μὲν γεωργίας ἐπὶ μετρίαις
μισθώσεσι παραδιδόντες, τοῖς δὲ κατ' ἐμπορίαν
ἐκπέμποντες, τοῖς δ' εἰς τὰς ἄλλας ἐργασίας
ἀφορμὴν παρέχοντες· οἱ γὰρ ἐδεδίεσαν, μὴ δυοῖν
θάτερον πάθοιεν, ἢ πάντων στερηθεῖεν ἢ πολλὰ
πράγματα σχόντες μέρος τι κομίσαιντο τῶν προεθέν-
των. In der ersten Hälfte dieser Ausführungen kehrt

er also die vorsolonischen Zustände ins Gegenteil um, im Schlufs ebenso die Seisachtheia; so vgl. κατ᾽ ἐμπορίαν zu Sol. frg. 4, 23 τῶν δὲ πενιχρῶν ἱκνοῦνται πολλοὶ γαῖαν ἐς ἀλλοδαπὴν πραθέντες und aus den Iamben πολλοὺς δ᾽ Ἀθήνας . . . ἀνήγαγον πραθέντας. Die Worte εἰς τὰς ἄλλας ἐργασίας κτὲ. klingen direkt an das an, was Aristoteles (p. 16, 11) von Peisistratos berichtet: τοῖς ἀπόροις προεδάνειζε χρήματα πρὸς τὰς ἐργασίας, ὥστε διατρέφεσθαι γεωργοῦντας. Hierzu stelle man sogleich noch ἥδιον ἑώρων τοὺς δανειζομένους ἢ τοὺς ἀποδιδόντας· ἀμφότερα γὰρ αὐτοῖς συνέβαινεν . . . . ἅμα γὰρ τούς τε πολίτας ὠφέλουν (sind sie nicht selbst auch πολῖται?) καὶ τὰ σφέτερ᾽ αὐτῶν ἐνεργὰ καθίστασαν. κεφάλαιον δὲ τοῦ καλῶς ἀλλήλοις ὁμιλεῖν· αἱ μὲν γὰρ (a) κτήσεις ἀσφαλεῖς ἦσαν οἷσπερ κατὰ τὸ δίκαιον ὑπῆρχον, αἱ δὲ (b) χρήσεις κοιναὶ πᾶσι τοῖς δεομένοις τῶν πολιτῶν (§ 35). Wenn die zweite Hälfte dieses Satzes nicht einfach die folgenden Worte des aristotelischen Berichtes über Peisistratos paraphrasisch auf den Demos übertragen zeigt, dann weifs ich nicht, wie das Verhältnifs zwischen den beiden Darstellungen zu fassen ist: ἐβούλοντο γὰρ (a) καὶ τῶν γνωρίμων (b) καὶ τῶν δημοτικῶν πολλοί· τοὺς μὲν γὰρ ταῖς ὁμιλίαις, τοὺς δὲ ταῖς εἰς τὰ ἴδια βοηθείαις προσήγετο, καὶ πρὸς ἀμφοτέρους ἐπεφύκει καλῶς (p. 17, 18). Und dasselbe Verhältnis besteht zwischen der ersten Hälfte jenes Satzes und dem Berichte bei Aristoteles über Peisistratos (p. 18, 13 ff.): τοῦτο δ᾽ ἐποίει δυοῖν χάριν ἵνα μήτ᾽ ἐν τῷ ἄστει διατρίβωσιν ἀλλὰ διεσπαρμένοι κατὰ χώραν, καὶ ὅπως εὐποροῦντες τῶν μετρίων (∾ Isokr. τοὺς πολίτας ὠφέλουν) μήτ᾽ ἐπιθυμῶσι μήτε σχολάζωσι ἐπιμελεῖσθαι τῶν κοινῶν· ἅμα δὲ συνέβαινεν αὐτῷ καὶ τὰς προσόδους

γενέσθαι μείζοις ἐξεργαζομένης τῆς χώρας¹). 8. Kap.
Die Worte, welche hierin der Parallele aus jenem p. 7, 26 ff.
Isokratessatze noch entbehren, finden sie § 25: οὕτω
δ' ἀπείχοντο σφόδρα τῶν τῆς πόλεως, ὥστε χαλεπώτερον
ἦν ἐν ἐκείνοις τοῖς χρόνοις εὑρεῖν τοὺς βουλομένους
ἄρχειν ἢ νῦν τοὺς μηδὲν δεομένους. In der Darstellung
des Isokrates ist man oft im Unklaren, wen der Schriftsteller sich eigentlich als Wohlthäter oder als πολίτης
denkt, denn er redet von den ganzen Generationen,
von dem ganzen Volke, zu dem doch sowohl die Wohlthäter wie die Unterstützten gehören. Die Unklarheit

¹) Was P. Meyer, Des Aristoteles Politik und die Ἀθην. πολ.
(Bonn 1891) S. 49 hier als Parallelstellen aus der Politik anführt
(1313 b 23, vgl. 1305 a 19), ist höchst problematischer Natur.
Die wirklichen Parallelen sind 1318 b 11, διὰ . . τὸ μὴ πολλὴν
οὐσίαν ἔχειν ἄσχολος, ὥστε μὴ πολλάκις ἐκκλησιάζειν· διὰ δὲ τὸ
ἔχειν τἀναγκαῖα πρὸς τοῖς ἔργοις διατρίβουσι καὶ τῶν ἀλλοτρίων
οὐκ ἐπιθυμοῦσιν, ἀλλ' ἥδιον αὐτοῖς τὸ ἐργάζεσθαι τοῦ πολιτεύεσθαι καὶ ἄρχειν, ὅπου ἂν μὴ ᾖ λήμματα μεγάλα ἀπὸ τῶν ἀρχῶν
(vgl. Isocr. VII 25 οὐδ' . . . ἰσκόποιν . . . εἴ τι λῆμμα παρα-
λελοίπασιν οἱ πρότερον ἄρχοντες) und 1319 a 28 διὰ τὸ περὶ τὴν
ἀγορὰν καὶ τὸ ἄστυ κυλίεσθαι (vgl. den Text oben) πᾶν τὸ
τοιοῦτον γένος ὡς εἰπεῖν ῥᾳδίως ἐκκλησιάζει· οἱ δὲ γεωργοῦντες
διὰ τὸ διεσπάρθαι κατὰ τὴν χώραν οὔτ' ἀπαντῶσιν οὔθ'
ὁμοίως δέονται τῆς συνόδου τοιαύτης. Übrigens gehört 1305 a 7
ἐπὶ δὲ τῶν ἀρχαίων, ὅτε γένοιτο ὁ αὐτὸς δημαγωγὸς καὶ
στρατηγός, εἰς τυραννίδα μετέβαλλον ⌣ p. 24, 14 ὁ γὰρ
Πεισίστρατος δημαγωγὸς καὶ στρατηγὸς ὢν τύραννος
κατέστη, welches Meyer auch angeführt hat, mit zu den
charakteristischsten Partien für das Verhältnis unseres Buches
zur Politik. — Wichtig wäre die Anführung von 1304 b 8 κι-
νοῦσι δὲ τὰς πολιτείας ὁτὲ μὲν διὰ βίας, ὁτὲ δὲ δι' ἀπάτης, διὰ
βίας μὲν ἢ εὐθὺς ἐξ ἀρχῆς ἢ ὕστερον ἀναγκάζοντες. καὶ γὰρ
ἡ ἀπάτη διττή gewesen, da sie die Richtigkeit der von Blaſs
zuerst gegebenen Herstellung p. 15, 12 ἐνδεκάτῳ πάλιν ἔτει
τό⟨τε⟩ πρῶτον ἀνακτήσασθαι βίᾳ τὴν ἀρχὴν beweist; zweimal
geschah es ἀπάτη.

6*

erklärt sich daraus, dafs der Sophist für seine Darstellung einer demokratischen Verwaltung die Züge von der Tyrannis des Peisistratos nach einer ihm vorliegenden Quelle entnahm; auf diesen pafst alles. Bei einem so tollen Mifsbrauch, wie ihn Isokrates hier mit der Überlieferung treibt, mufste natürlich Schiefheit und Unklarheit im einzelnen wie im ganzen eintreten; und die Übertreibungen, von denen seine Darstellung wimmelt, machen die Sache nur noch schlimmer. Doch weiter (§ 33): ἑώρων γὰρ τοὺς περὶ τῶν συμβολαίων κρίνοντας οὐ ταῖς ἐπιεικείαις χρωμένους ἀλλὰ τ ο ῖ ς ν ό μ ο ι ς π ε ι θ ο μ έ ν ο υ ς: vgl. Sol. frg. 4, 14 οὐδὲ φυλάσσονται σεμνὰ θέμεθλα Δίκης und in den Iamben θεσμοὺς δ᾽ ὁμοίως — ἔγραψα (p. 12, 2); von Peisistratos heifst es: προῄρεῖτο πάντα διοικεῖν κατὰ τοὺς νόμους, οὐδεμίαν ἑαυτῷ πλεονεξίαν διδούς, worauf die Geschichte von seinem Erscheinen vor dem Areopag folgt (p. 17, 12). So auch Areop. § 24 μεμαθηκότες ᾖσαν ... μὴ τῶν μὲν οἰκείων ἀμελεῖν, τοῖς δ᾽ ἀλλοτρίοις ἐπιβουλεύειν, μηδ᾽ ἐκ τ ῶ ν δ η μ ο σ ί ω ν τὰ σφέτερ᾽ αὐτῶν διοικεῖν .... μηδ᾽ ἀκριβέστερον εἰδέναι τὰς ἐκ τῶν ἀρχείων προσόδους ἢ ... οὕτω δ᾽ ἀπείχοντο σφόδρα τῶν τῆς πόλεως κτέ., vgl. Sol. frg. 4, 11 π λ ο υ τ ο ῦ σ ι δ᾽ ἀ δ ί κ ο ι ς ἔ ρ γ μ α σ ι π ε ι θ ό μ ε ν ο ι, οὔθ᾽ ἱερῶν κτεάνων οὔτε τι δ η μ ο σ ί ω ν φειδόμενοι κλέπτουσιν ἐφ᾽ ἁρπαγῇ ἄλλοθεν ἄλλος. Und bei dieser Art von Arbeit kommt Isokrates sich noch fast wie der Dichter der Εὐνομία selbst vor. Solons: ταῦτα διδάξαι θυμὸς Ἀθηναίους με κελεύει, ὡς κακὰ πλεῖστα πόλει δυσνομία παρέχει, εὐνομία δ᾽ εὔκοσμα καὶ ἄρτια πάντ᾽ ἀποφαίνει κτέ. würde man das Motto zum Areopagitikos nennen können, wenn es nicht zu schade dafür wäre. Isokrates stellt die εὐκοσμία, welche Solon durch die abschreckende Schilderung der δυσνομία erstrebte, als durch Solon wirk-

lich herbeigeführt dar; Solon hatte der δυσνομία eine
kurze Schlußschilderung der εὐνομία entgegengesetzt,
Isokrates schiebt durch fortwährende Antithesen das Bild
der δυσνομία als Relief unter das der εὐκοσμία. Diese
(§ 82 ὑπὸ μὲν ἐκείνης τῆς εὐταξίας οὕτως ἐπαιδεύ-
θησαν … πρὸς ἀρετήν; 70 ἐμαυτὸν ἐπιδεῖξαι βουλόμενος
δικαίας καὶ κοσμίας ἐπιθυμοῦντα πολιτείας) sieht er in
der Zeit von Solon bis nach den Perserkriegen in Athen
herrschend. In dem Bilde dieser von Solon inaugurierten und von Kleisthenes wieder aufgenommenen
Verfassung heißt es nun (§ 21): δυοῖν ἰσοτήτοιν νομι-
ζομέναιν εἶναι, καὶ τῆς μὲν ταὐτὸν ἅπασιν ἀπονεμούσης
τῆς δὲ τὸ προσῆκον ἑκάστοις, οὐκ ἠγνόουν τὴν χρησι-
μωτέραν (vgl. § 61), ἀλλὰ τὴν μὲν τῶν αὐτῶν ἀξιοῦσαν
τοὺς χρηστοὺς καὶ τοὺς πονηροὺς ἀπεδοκίμαζον ὡς οὐ
δικαίαν οὖσαν, τὴν δὲ κατὰ τὴν ἀξίαν ἕκαστον τιμῶσαν
καὶ κολάζουσαν προηροῦντο, καὶ διὰ ταύτης ᾤκουν τὴν
πόλιν, οὐκ ἐξ ἁπάντων τὰς ἀρχὰς κληροῦντες,
ἀλλὰ τοὺς βελτίστους καὶ τοὺς ἱκανωτάτους
ἐφ᾽ ἕκαστον τῶν ἔργων προκρίνοντες …
ἔπειτα καὶ δημοτικωτέραν ἐνόμιζον εἶναι ταύτην τὴν
κατάστασιν ἢ τὴν διὰ τοῦ λαγχάνειν γιγνομένην. ἐν μὲν
γὰρ τῇ κληρώσει τὴν τύχην βραβεύσειν … ἐν δὲ τῷ
προκρίνειν τοὺς ἐπιεικεστάτοις τὸν δῆμον ἔσεσθαι κύριον
ἑλέσθαι κτέ. Isokrates also sagt, daß die Athener der
solonischen Verfassung gemäß die Ämter nicht
durch das λαγχάνειν bestellt hätten, sondern durch das
προκρίνειν τοὺς βελτίστους καὶ τοὺς ἱκανωτάτους ἐφ᾽
ἕκαστον τῶν ἔργων. Aristoteles sagt, daß die Athener
der solonischen Verfassung gemäß die Ämter durch
das κληροῦν ἐκ τῶν τιμημάτων bestellt hätten; denn
nur in der ganz alten Zeit sei es gewesen, wo die
areopagitische Bule ἀνακαλεσαμένη καὶ κρίνασα
ἐφ᾽ ἑκάστῃ τῶν ἀρχῶν ἐπ᾽ ἐνιαυτὸν καθιστᾶσα ἀπέ-

στελλειν. Es könnte hiernach den Anschein haben, als
ob Aristoteles die hier von Isokrates vertretene Ansicht
bekämpfe, indem er den Bericht über eine Auswahl
der Beamten nach Befähigung auf Grund der solonischen Verfassung dahin richtig stellt, dafs eine
solche Auswahl einmal durch den Areopag und zweitens in der ältesten Verfassungsperiode stattgefunden habe. Allein noch sind wir nicht am Ziele.

Aristoteles' Polemik enthält zwei Wörtchen, welche
in Isokrates' Areopagitikos einen direkten Gegensatz
nicht haben: ἐκ τιμημάτων. Isokrates hatte nichts
Bestimmtes über die Modalität des προκρίνειν gesagt.
Vielleicht gewinnen jene Worte auf folgendem Wege eine
klarere Beziehung. Es ist eine für jeden Leser notwendige Beobachtung, dafs Isokrates im Panathenaikos
die ältere athenische Geschichte fast im Gegensatz zu
seinen früheren Darstellungen behandelt (§ 123 ff.).
Theseus ist in der Helena (§ 35 ff.) der Monarch, der
auf Verlangen des Volkes die Herrschaft, die er nieder-
legen wollte, bis ans Lebensende führt, τῇ τῶν πολιτῶν
εὐνοίᾳ δορυφορούμενος, wie Peisistratos bei Aristoteles
τῇ μὲν ἐξουσίᾳ τυραννῶν, ταῖς δ' εὐεργεσίαις δημαγωγῶν;
im Panathenaikos legt er die Herrschaft nieder, widmet
sich dem Heile der ganzen Menschheit. Euripides'
Herakliden sind hier fühlbar: § 170 von der Unterstützung der Herakliden sagt er ὁ δῆμος ἔπεμψε
πρεσβείαν εἰς Θήβας; das ist die ἐλευθέρα πόλις· δῆμος
δ' ἀνάσσει. Isokrates wehrt § 127. 172 ein Vorrücken
der älteren Darstellung ausdrücklich ab. Der wichtigste
Unterschied ist der, dafs er die staatlichen und sozialen
Zustände, welche er im Areopagitikos der von Solon ausgehenden Verfassungsepoche zugeschrieben hatte, jetzt
der Zeit bis Solon vindiziert (§ 148): ταύτῃ .. χρώμενος
οὐκ ἐλάττω χιλίων ἐτῶν, ἀλλ' ἐμμείνας, ἀφ' οὗπερ ἔλαβε,

μέχρι τῆς Σόλωνος μὲν ἡλικίας, Πεισιστράτου δὲ δυνα-
στείας. Klar ist der Ausdruck nicht ganz, aber die
solonische Epoche wird noch zu der jetzt von ihm
für gut erklärten Zeit gerechnet, welche genau mit
denselben Farben gezeichnet wird wie im Areopagitikos die von Solon heraufgeführte Periode bis zu
den Perserkriegen, was nebenbei bemerkt eine un-
verächtliche Instanz für die Richtigkeit der oben gegebenen Auffassung ist, dafs Isokrates die im Areopagitikos geschilderten Verfassungszustände wirklich auf
Solon bezogen wissen wollte, und somit der Satz τὸ γὰρ
ἀρχαῖον κτἑ. bei Aristoteles zunächst richtig interpretiert
war. Woher nun diese andere Auffassung? § 145 περὶ
τοῖς αὐτοῖς χρόνοις καθίστασαν ἐπὶ τὰς ἀρχὰς τοῖς
προκριθέντας ὑπὸ τῶν φυλετῶν καὶ δημοτῶν. Man
sieht, eine Retractation seiner Worte im Areopagitikos:
nicht von Solon eingerichtet, sondern schon vor Solon
bestehend und von ihm nur belassen ist die Institution
des προκρίνειν; nicht mehr unklar bleibt, wer das προκρίνειν besorgt: ὑπὸ τῶν φυλετῶν καὶ δημοτῶν heifst es
ausdrücklich; unklar bleibt aber auch hier zunächst, ob
die Wahl aus dem ganzen Volke erfolgte. Allein diese
Unklarheit wird durch die etwas später folgenden Worte
aufgehoben (§ 147): ... μηδέποτ᾽ ἂν γενέσθαι δημοκρατίαν ἀληθεστέραν μηδὲ βεβαιοτέραν μηδὲ μᾶλλον τῷ
πλήθει συμφέρουσαν τῆς τῶν μὲν τοιούτων πραγμα-
τειῶν (d. h. Ämterbekleidung) ἀτέλειαν τῷ δήμῳ
διδούσης, τοῦ δὲ τὰς ἀρχὰς καταστῆσαι καὶ λαβεῖν δίκην
παρὰ τῶν ἐξαμαρτόντων κύριον ποιούσης, ἅπερ ὑπάρ-
χει καὶ τῶν τυράννων τοῖς εὐδαιμονεστάτοις. Also
die Wahlen finden nicht aus dem πλῆθος oder δῆμος
statt. Etwa aus den γνώριμοι, um mit Aristoteles zu
reden? oder aus den τιμήματα? Die Antwort giebt
Isokrates wieder an einer anderen Stelle (§ 131): κατε-

στήσαντο .. δημοκρατίαν ... ἀριστοκρατίᾳ (δὲ) χρωμέ
νην· ἣν οἱ μὲν πολλοὶ χρησιμωτάτην οὖσαν ὥσπερ τὴν
ἀπὸ τῶν τιμημάτων ἐν ταῖς πολιτείαις ἀρι
θμοῦσιν, οὐ δι᾽ ἀμαθίαν ἀγνοοῦντες, ἀλλὰ διὰ τὸ μηδὲν
πώποτ᾽ αὐτοῖς μελῆσαι τῶν δεόντων. ἐγὼ δὲ φημὶ τὰς
μὲν ἰδέας τῶν πολιτειῶν τρεῖς εἶναι μόνας, ὀλιγαρχίαν
δημοκρατίαν μοναρχίαν, τῶν δ᾽ ἐν ταύταις οἰκούντων
ὅσοι μὲν εἰώθασιν ἐπὶ τὰς ἀρχὰς καθιστάναι
καὶ τὰς ἄλλας πράξεις τοὺς ἱκανωτάτους τῶν πολι
τῶν ...., τούτους μὲν ἐν ἁπάσαις ταῖς πολιτείαις
καλῶς οἰκήσειν. Wer aber, heifst es weiter, umgekehrt
für die Ämterbesetzung sorgt, dem geht es schlecht,
wie es uns jetzt eben schlecht geht (gegen Demosthenes u. s. w.). Das thaten die Alten nicht, sie
nahmen die βελτίστους καὶ φρονιμωτάτους καὶ ἄριστα
βεβιωκότας (§ 143). Das war die Zeit, — so wird
der Anschlufs nach oben gewonnen — wo sie καθί
στασαν ἐπὶ τὰς ἀρχὰς τοὺς προκριθέντας ὑπὸ τῶν
φυλετῶν καὶ δημοτῶν. Jetzt haben wir eine klare
Vorstellung. Isokrates berichtet: in der Zeit bis auf
Solon bestellte man die Ämter, indem man von den
Phylen und Demen die geeignetsten und besten Männer
dafür auswählen (προκρίνειν) liefs; das Wählen ἀπὸ
τιμημάτων wird dabei ausdrücklich zurückgewiesen.
Die übrige Polemik, die ja an sich klar liegt, ist des
öfteren behandelt worden; sie ist für uns hier dadurch
interessant, dafs sie sich gegen die Akademie richtet.

Die Darstellung im Panathenaikos ist im Vergleich
mit dem Areopagitikos ein Rückzug auf der ganzen
Linie, nicht blofs im einzelnen, was die Ämterbesetzung
betrifft. Denn Isokrates setzt jetzt, d. h. nach etwa
15 Jahren, vor Solon, was er früher nach Solon angesetzt hatte. Gegenüber dem aristokratischen Zug,
der den Charakter der Darstellung im Areopagitikos

bestimmt, ist die Tendenz im Panathenaikos eine
demokratische à outrance: seit Theseus die Demokratie,
diese Demokratie kennt schon die Phylen- und Demeneinteilung, Peisistratos der tyrannische Wüterich. Die
Opposition gegen die λακωνίζοντες der Akademie hat ihn
zu dieser Utrierung getrieben. Er thut mehrfach überlegen, um zu verschleiern, dafs die Kritik dieser Schule
auf seine historische Darstellung von Einflufs gewesen
ist; sie hat die Retractation im ganzen wie im einzelnen
veranlafst. Man kann noch erkennen, wie sauer dem
Isokrates der Rückzug geworden ist; auf drei Stellen
verteilt er seine Angaben über die Ämterbesetzung,
um nicht auf einmal zuviel zurücknehmen zu müssen.
und an der ersten Stelle maskiert er den Rückzug
durch eine die Gegner meistern sollende Polemik über
die verschiedenen Staatsformen. Aus den Kreisen der
Akademie stammte die Kritik seines Areopagitikos;
Aristoteles gehörte damals auch nach dem Urteile
der Gegner Platons noch zur Akademie, und ich
zweifle nicht, dafs er mit seiner überlegenen historischen
Kenntnis unter Hinweis auf widersprechende Indizien
die historischen Angaben im Areopagitikos für falsch
erklärt hat. Doch ob Aristoteles der Kritiker war
oder nicht, ein Hinweis wie der angedeutete hat stattgefunden, denn Isokrates repliziert auf ihn in direktem
Zusammenhange mit seiner historischen Darstellung
(§ 149 f.): τάχ' οὖν ἄν τινες ἄτοπον εἶναί με φή-
σειαν .... ὅτι τολμῶ λέγειν ὡς ἀκριβῶς εἰδὼς περὶ
πραγμάτων, οἷς οὐ παρῆν πραττομένοις. ἐγὼ δ' οὐδὲν
τούτων ἄλογον οἶμαι ποιεῖν· εἰ μὲν γὰρ μόνος ἐπίστευον τοῖς τε λεγομένοις περὶ τῶν παλαιῶν
καὶ τοῖς γράμμασι τοῖς ἐξ ἐκείνου τοῦ χρόνου παραδεδομένοις ἡμῖν, εἰκότως ἂν ἐπιτιμῴ-
μην. νῦν δὲ πολλοὶ καὶ νοῦν ἔχοντες ταὐτὸν ἐμοὶ φανεῖεν

ἂν πεπονθότες ... ἀλλὰ γὰρ οὔτ᾽ ἀμελεῖν καλῶς ἔχει
τῶν τοιούτων ὑπολήψεων, τυχὸν γὰρ μηδενὸς ἀντειπόν-
τος λυμήναιντ᾽ ἂν τὴν ἀλήθειαν κτέ. Isokrates beruft
sich gegenüber der akademischen Kritik auf die schriftliche und mündliche Tradition. — Also auf die von Isokrates im Jahre 339 so retractierte Darstellung: 'bis auf
Solon und unter Solon wurden die Ämter besetzt durch
ein προκρίνειν, welches die φυλέται und δημόται aus den
ἱκανώτατοι für die einzelnen Ämter vornahmen' antwortet Aristoteles zwischen 329—325: τὸ ἀρχαῖον ἡ ἐν
Ἀρείῳ πάγῳ βουλὴ ἀνακαλεσαμένη καὶ κρίνασα καθ᾽
αὐτὴν ἐφ᾽ ἑκάστῃ τῶν ἀρχῶν ἐπ᾽ ἐνιαυτὸν καθιστᾶσα
ἀπέστελλεν. Auf die Berufung des Isokrates auf die
Tradition antwortet er mit dem Indizienbeweis:
ὅθεν ἔτι διαμένει ταῖς φυλαῖς κτέ. und σημεῖον δ᾽ ὅτι
κληρωτὰς ἐποίησεν ἐκ τιμημάτων κτέ.
So ist der Satz τὸ γὰρ ἀρχαῖον κτέ. die Richtig-
stellung eines gegnerischen Berichtes. Aristoteles fügt
ihn seiner eigenen Darstellung hintenan; wir würden
in diesem Falle eine Anmerkung daraus machen. Der
polemische Charakter dieses Satzes erklärt nun auch
die befremdliche Thatsache, dafs hier auf die drakontische Ämterbesetzung gar nicht Rücksicht genommen
wird. Aristoteles sagt eben nur soviel, wie er zur Be-
richtigung der gerade hier widersprechenden Auf-
stellung des Isokrates für notwendig erachtete; auf
einen Gegensatz zwischen Solons Institution und den
früheren Modalitäten der Ämterbesetzung überhaupt
kam es an dieser Stelle gar nicht an.
Eine kleine Schwierigkeit bleibt noch, ehe die
Interpretation weiter gehen kann, zu erörtern. Die
Ähnlichkeit zwischen einzelnen Stellen in Isokrates'
Areopagitikos und Aristoteles' Darstellung der Herrschaft des Peisistratos ist so grofs, dafs ein Abhängig-

keitsverhältnis auf Grund eines dritten Schriftstellers 8. Kap. p. 7, 26 ff.
sicher ist; denn direkt können sie nicht voneinander
abhängen. Man kann aber als gemeinsame Quelle doch
nur eine Atthis [1]) ansetzen. Nun beruft sich Isokrates
für seine Darstellung im Panathenaikos auf die Tradition, mündliche und schriftliche; diese kann doch
nur in einer Atthis enthalten gewesen sein. Aber die
Darstellung in der jüngeren Rede ist grundverschieden
von der in der älteren. Hat er also für jene eine
andere Atthis als für diese benutzt? Denkbar wäre es
ja, denn seines Schülers Androtion Atthis konnte in-
zwischen erschienen sein; allein betrachtet man die
beiden Darstellungen des Isokrates auf den Unterschied
an thatsächlichen Angaben, so sieht man bald, dafs
nur die Angaben über die Ämterbesetzung geändert
sind, was überhaupt fast das einzige Thatsächliche in
der ganzen Darstellung ist, alles andere ist mehr oder
weniger ein allgemeines Herumgerede; und um dieses
in ein demokratisches Licht zu setzen, dazu bedurfte es
keiner neuen Quelle; für die Verlegung seiner Darstellung
in die ältere Zeit ebensowenig. Denn was er im Areopagitikos auftischt von einem unveränderten Zustande von
Solon über Peisistratos und Kleisthenes bis zu Salamis,
kann so in keiner Chronik gestanden haben; er brauchte
jetzt nur seine alte Quelle in anderer Weise verfälscht
wieder zu geben. Damals hat er gelogen, indem er
wissentlich die Geschichte fälschte, im grofsen durch

---

[1]) Ich bemerke ein für allemal, dafs ich 'Atthis' nicht in
dem von v. Wilamowitz gebrauchten Sinne der 'Stadtchronik
Athens' verwende, sondern auch da, wo ich von 'der Atthis'
scheinbar allgemein spreche, immer eine bestimmte Atthis
welches Autors auch immer meine, nämlich die dem betreffenden Schriftsteller an der betreffenden Stelle gerade vorliegende
Atthis.

die Ignorierung der Tyrannis und der kleisthenischen
Reform, im einzelnen bei dem Bericht über die Ämterbesetzung und mit der Übertragung der Züge der
Tyrannis auf die Demokratie. Jetzt zwingt ihn die
Kritik der Akademie, die Wahrheit zu sagen; nur halb
thut er es und auch dabei noch sehr gewunden, und
nun beruft er sich stolz auf seine Quellen, die er damals weislich verschwieg. Dafs er jetzt andere hatte
als damals, ist trotz seiner Versicherung dem Panathenaikos nicht zu entnehmen. Die Übereinstimmungen im
Areopagitikos und der πολ. Ἀθην. auf eine gemeinsame dritte Quelle, die Atthis, zurückzuführen, hindert
also nichts. Die Akademie oder Aristoteles war ihm
ferner beim Areopagitikos schon auf seine Schliche gekommen; dafs er die Übertragung der Thätigkeit des
Peisistratos auf die Demokratie vorgenommen hatte,
war ihm vorgerückt worden. Beweis: im Panathenaikos fehlen bei der Idealisierung der alten Verfassung
alle die Stellen, welche eigentlich auf Peisistratos gehen;
nur um den Schein des Rechtens zu wahren, heifst es
vom Peisistratos: δημαγωγὸς γενόμενος καὶ πολλὰ τὴν
πόλιν λυμηνάμενος καὶ τοὺς βελτίστους τῶν πολιτῶν
ὡς ὀλιγαρχικοὺς ὄντας ἐκβαλὼν (Lykurgos und Me-
gakles) τελευτῶν τόν τε δῆμον κατέλυσε καὶ τύραννον
αὑτὸν κατέστησε, womit er sagt: ich habe die Übertragung jener Züge nicht vorgenommen, denn solch
ein Mensch war der Peisistratos — woher bei ihm die
Züge, die ich an der alten Demokratie wieder fand?
Er lügt wieder, nachdem er den Ansatz gemacht hatte,
die Wahrheit zu sagen. Ein klägliches Bild, besonders
kläglich im Gegensatz zu der wissenschaftlichen Ruhe,
mit welcher Aristoteles in der πολ. Ἀθην. die Antwort
giebt.

Polemik enthalten auch die nächstfolgenden Sätze;

ob sie gegen Isokrates direkt gerichtet ist, ist mir
zweifelhaft, jedenfalls gegen die Überlieferung, die er
vertritt. Nach dieser bestand zu Solons Zeit schon
die Phylen- und Demeneinteilung (s. o. S. 87). Aristoteles setzt dem sein φυλαὶ δ᾽ ἦσαν τέτταρες καθάπερ
πρότερον entgegen. Mit den 10 Phylen waren die
Demen verbunden, mit den vieren nicht; er wehrt mit den
Worten φυλαὶ τέτταρες die ganze andere Darstellung ab.
Der Zusatz καθάπερ πρότερον wird für das Folgende
durch die Verbalformen ἦσαν νενεμημέναι und ἦν καθεστηκυῖα im Bewufstsein des Lesers lebendig gehalten,
und besonders klar kommt es dem Leser zum Bewufstsein, dafs hier von Institutionen die Rede ist, welche
Solon nicht einsetzte, sondern recipierte, wenn er nach
dieser unpersönlichen Darstellungsweise zu den persön-
lich gehaltenen Worten βουλὴν δ᾽ ἐποίησε kommt:
hier setzt Solons Thätigkeit ein. Die Demarchen hatten
die Kassenangelegenheiten unter sich; hätten sie schon
zu Solons Zeit bestanden, wie die bei Isokrates zu
Grunde liegende Version annimmt, so müfsten sie in
den Gesetzen Solons vorkommen. Allein — wieder ein
Indizienbeweis — in den solonischen Gesetzen werden
für die späteren Demarchen die Naukraren oft genannt.
Die Überlieferung ist wieder gerichtet.

Aristoteles setzt also die Institution der Naukraren **Naukraren**
schon vor Solon. Dafs wir über die sonstige gewifs
nicht geringe Stellung der Naukraren — sie waren
Kassenbeamte — in dem Staatswesen im Unklaren
bleiben, schadet nicht soviel, wie es nützt, dafs
Aristoteles den Bericht des Herodot bestätigt, nach
welchem die Naukraren schon um 640 v. Chr. bestehen.
Bestand die Institution aber schon in der Mitte des
7. Jahrhunderts, dann sehe ich nicht, wie man sich

bei der Meyer'schen Etymologie [1]) des Wortes *ναύ-κραρος* von *ναῦς* und dem Stamme *κάρ-*, *κρᾱ* beruhigen kann, wie es jetzt allgemein zu geschehen scheint. Ich vermag wenigstens nicht einzusehen, wie ein Amt seinen Namen von der Sorge für die Flotte tragen soll in einem Staate, der zu der Zeit, wo dieses Amt eine bedeutende Stelle in der Verwaltung einnahm, gar keine Flotte hatte, noch auch eine haben konnte. Ja, man kann nicht einmal auf eine Kolonialpolitik hinweisen, denn um 650 v. Chr. gab es eine solche für Athen noch nicht. Es scheint mir, dafs diese Ableitung aus demselben Grunde unmöglich ist wie z. B. der ernstliche Baunacksche Versuch, *Ἀθήνη* und *Ἀττική* etymologisch zusammenzubringen; dieser Grund ist die Geschichte. Athene wird erst durch Athen Herrin von Attika, vorher herrschen andere Gottheiten; der Name *Ἀτθίς — Ἀττική* ist älter als die Herrschaft der Göttin über das Land, das seinen Namen von ihr tragen soll. Der Name *ναύκραρος* soll von der Sorge für die Flotte, natürlich der des Staates, da es sich um den Namen eines Staatsbeamten handelt, herkommen; aber der Name ist älter als die Epoche, da der athenische Kaufmann seine Schiffe baute, und viel älter als der Zeitpunkt, da der Staat selbst zum Bau einer Flotte kam. Ich mufs mich mit diesem negativen Schlusse vorläufig zufrieden geben. Denn die Möglichkeit, dafs Name und Amt aus einer anderen Zeit oder aus einem anderen Staate herübergenommen seien, kann nicht in Betracht kommen. So lange das Wort nur in Athen nachweisbar ist, mufs es als in Athen für die Funktionen des Amtes, dessen Wesen es bezeichnete, geprägt gelten; wer aber in

---

[1]) Curtius Stud. VII 175 ff.

Athen nach einer Periode suchen will, da ein solches 8. Kap.
Seeamt eingesetzt worden wäre, der müfste sich die
Frage gefallen lassen: ἆρ᾽ ἤδη καὶ τὰ ἔτυμα οὐκ ἄνευ
γε Θησέως¹);
Wenig sagt Aristoteles über die Neuordnung der Bule, p. 8, 9
aber gerade soviel, wie genügt, um den Fortschritt gegen
Drakon zu markieren. Nach dieses Verfassung wird
die Bule, wie andere Ämter, aus der ganzen mit Staats-
rechten bedachten Bürgerschaft zusammengesetzt ohne
Rücksicht auf die Phyleneinteilung. Solon läfst das
demokratische ἴσον eintreten; jede Phyle stellt gleich-
viel Buleuten; damit hängt die Veränderung der Zahl
zusammen: βουλὴν δ᾽ ἐποίησε τετρακοσίους, ἑκατὸν ἐξ
ἑκάστης φυλῆς. Zugleich enthält die Darstellung dieses
Kapitels im Zusammenhang mit dem dritten und vierten
eine Ablehnung der herodoteischen Angabe, dafs zur

---

¹) In einer Anmerkung will ich wenigstens die Überzeugung aussprechen, dafs mir die sprachliche Gegeninstanz
gegen die Ableitung des Wortes von ναῦς nicht soviel beweist wie die historische Thatsache, dafs die Naukraren in der
solonischen Verfassung Distriktsverwalter waren. Wie die
ταμίαι aus Tempelbeamten in späterer Zeit zu Kassenbeamten
wurden, so könnte es auch mit den ναύκραροι ergangen sein;
sie erscheinen wesentlich als solche. Im Heiligtum ruhte die
Kasse am sichersten, und der gentilicische Charakter der alten
Verfassung macht die Entwicklung der Naukraren aus Kult-
beamten besonders erklärlich. Die Hauptheiligtümer der von
den verschiedenen grofsen Geschlechtsgemeinschaften verehrten
Gottheiten waren natürliche Mittelpunkte für gröfsere Distrikte.
Für diese mufsten die Tempelbehörden besonders auch in
finanzieller Hinsicht eine administrative Thätigkeit entwickeln.
Der Staat hatte nur in feste Form zu fassen, was der Kult
historisch hatte werden lassen, und das war leicht, da Staat
und Kirche nicht auseinander fielen. — Die Bemerkungen von
A. Schäfer, Jahrb. f. kl. Phil. 1871 (CIII), 54 beweisen nichts für
Athen.

8. Kap. Zeit des Kylonischen Frevels die Prytanen der Naukraren die Hauptverwaltungsbehörde in Athen waren
(V 71). Der Areopag war dies für Aristoteles in der
Prytanen Zeit vor Drakon. Prytanen hängen für Aristoteles in
Athen mit der Bule zusammen, daher treten sie in der
Verfassung zuerst auf, welche die Bule zuerst bringt,
in der drakontischen. Daß sie eine bedeutende Stelle
im Staate hatten, ergiebt der Zusammenhang des 4. Kapitels, aber bedeutender ist der Areopag. An der
von Drakon bestimmten Stellung der Bule ändert Solon
nichts; also bleibt die Stellung der Prytanen dieselbe
wie unter Drakon, die des Areopags wird noch ge-
steigert. Hätte Aristoteles unter Prytanen im 4. Kapitel
andere als die der Bule verstanden, d. h. bei der
Darstellung einer Zeit, wo die Bule schon existierte,
wo also jeder bei Prytanen an die Bule denken muß,
so hätte er das gesagt. Die Naukraren blieben nach
Solon, was sie vor ihm waren, wie er es ausdrücklich
sagt, im wesentlichen Distriktsverwalter. So ergiebt
des Aristoteles Darstellung, daß von Drakon ab die
Prytanen nicht die der Naukraren, sondern die der
Bule waren. In der Zeit vor Drakon sind für ihn die
9 Archonten und der Rat auf dem Areopag, namentlich der letztere, die leitenden Behörden, was die Archonten betrifft ganz in Übereinstimmung mit Thukydides (I 123). Die Prytanen der Naukraren werden
auch hier abgelehnt. — Im übrigen ist der Lakonismus
in der Angabe über die solonische Ordnung der Bule
für mich allein schon genügender Beweis für die Echtheit des 4. Kapitels. Mag der Darstellung der drakontischen Verfassung welche Parteischrift auch immer
zu Grunde liegen, sie enthält viele sehr alte Züge.
Dazu gehört die Zahl 401 für die Bule; sie stellt sich
zu den ungeraden Zahlen 9 der Archonten, 51 der

Epheten, 11 der ἕνδεκα, geht also in älteste Zeiten s. Kap.
hinauf. Ebenso ist der Satz δὶς τὸν αὐτὸν μὴ ἄρχειν
πρὸ τοῦ πάντας διελθεῖν [1]) ein Zeugnis für das Alter,
denn er setzt einen kleinen Staat voraus. Ebenso beweisen die Echtheit die hohen Strafsummen für Fehlen
in der Volksversammlung: das ist eben drakontisch [2]).
Mit dem κληροῦν und αἱρεῖσθαι ist nicht viel zu machen,
denn vor ἐλάττοις p. 3, 23 ist eine Lücke, deren Umfang ungewifs ist, und deren richtige Supplierung die
Schwierigkeiten heben könnte. Warum hat man nicht
auch an παῖδας ἐκ γαμετῆς γνησίους Anstofs genommen?
Für den nun folgenden Bericht über die solonische p. 8, 10 ff.
Organisation des Areopags bedient sich Aristoteles fast
derselben Ausdrücke, welche er in den beiden früheren
Abschnitten über diese Körperschaft gebraucht hatte.

---

[1]) Kenyon[3] bemerkt, dafs für [διε]ξελθεῖν K-W[2] nicht
Raum ist; vgl. Pol. 1300 a 26 ἕως ἂν διέλθῃ διὰ πάντων τῶν
πολιτῶν vom Verlosen der Ämter; aber auch ἕως ἂν διεξέλθῃ
διὰ πάντων 1298 a 17 von dem Umgehen der Ämter; hier
schwankt jedoch die Überlieferung zwischen διεξ-, δι- und
ἐξέλθῃ.

[2]) Die Ochsengeldstrafe aus Drakons Gesetzen bei Pollux
(IX 61) hat man für einen Beweis der Unechtheit des 4. Kap.
nur ansehen können, weil man nach dem Syllogismus schlofs:
Cäsar hatte eine Habichtsnase, alle grofsen Männer haben eine
Habichtsnase, Lucius hat eine Stumpfnase, also ist Lucius kein
grofser Mann. — Die Parallelstellen Pol. 1297 a 14 ff. 1298 b 17
vgl. 1294 a 37, welche schon mehrfach in die Diskussion gezogen wurden, sind doch ziemlich irrelevant für die Echtheits-
frage; sie beweisen nur, dafs die drakontische Verfassung nach
Aristoteles' Ansicht eine oligarchische war, was πολ. Ἀθην.
p. 1, 7 ausdrücklich steht. Bei dem ausgesprochenen Charakter
dieser Verfassung, die nie anders hat beurteilt werden können,
beweist aber die Gleichheit der Beurteilung wenig mehr als
nichts. Im übrigen habe ich absichtlich oben die Stelle Pol.
1274 a 1 über die Bule, obgleich ich sie für echt halte, nicht
herangezogen; die Worte des 8. Kap. beweisen ja an sich.

Keil, Aristoteles.   7

Kapp. 3.

ἡ δὲ τῶν Ἀρεο
παγιτῶν βουλὴ
τὴν μὲν τάξιν
εἶχε τοῦ διατηρεῖν
τοὺς νόμους, διῴ
κει δὲ τὰ πλεῖ
στα καὶ τὰ μέ
γιστα τῶν ἐν τῇ
πόλει, καὶ κολά
ζουσα καὶ ζημι
οῦσα πάντας τοὺς
ἀκοσμοῦντας κυ
ρίως.

4¹).

ἡ δὲ βουλὴ ἡ ἐξ
Ἀρείου πάγου
φύλαξ ἦν τῶν νό
μων καὶ διετήρει
τὰς ἀρχάς, ὅπως
κατὰ τοὺς νόμους
ἄρχωσιν.

8.

τὴν δὲ τῶν Ἀρεο
παγιτῶν (sc. βου
λὴν) ἔταξεν ἐ[πὶ
τὸ] νομοφυλα
κεῖν, ὥσπερ ὑπῆρ
χεν καὶ πρότερον
ἐπίσκοπος οὖσα
τῆς πολιτείας, καὶ
τά τε ἄλλα καὶ τὰ
μέγιστα τῶν πο
λιτ⟨ικῶν⟩ διε
τήρει, καὶ τοὺς
ἁμαρτάνοντας
ηὔθυνεν κυρία
οὖσα [καὶ ζη]μι
[οῦν] καὶ κολάζειν
κτέ.

Die Ähnlichkeit aller drei Stellen ist bedacht, aber
ebenso bedacht sind die Differenzen, deren Bedeutsamkeit man über der sonstigen Ähnlichkeit nur zu
leicht übersieht. Die Interpretation geht wieder aus

---

¹) Auf die Athetesen des 4. Kap. nehme ich keine Rücksicht. Sie sachlich zu widerlegen, wäre in den meisten Punkten nicht schwer, die Methode in ihnen, namentlich in Reinachs
Kritik, zu charakterisieren, unterlasse ich: difficile est satiram
non scribere. Die im Text gegebenen Ausführungen zeigen,
dafs die Angaben des 4. Kapitels sich nicht nur vertragen mit
der Anschauung, die Aristoteles von der Entwicklung der Verfassung bis auf Solon hat, sondern dafs ohne sie sich Lücken
in der aristotelischen Darstellung finden würden. — Nebenbei die Parallele: ἐγγυητὰς δ' ἐκ τοῦ αὐτοῦ τέλους δεχομένους
(p. 3, 28 f.), im Buleuteneid οὐδὲ δήσω Ἀθηναίων οὐδένα, ὃς
ἂν ἐγγυητὰς τρεῖς καθιστῇ τὸ αὐτὸ τέλος τελοῦντας Demosth.
XXIV 144.

— 99 —

von dem Parallelbericht des Plutarch (c. 19): Συστη-
σάμενος δὲ τὴν ἐν Ἀρείῳ πάγῳ βουλὴν ἐκ τῶν κατ'
ἐνιαυτὸν ἀρχόντων . . . . . τὴν δὲ ἄνω βουλὴν ἐπίσκοπον πάντων καὶ φύλακα τῶν νόμων ἐκάθισεν . . . Οἱ
μὲν οὖν πλεῖστοι τὴν ἐξ Ἀρείου πάγου βουλήν, ὥσπερ
εἴρηται, Σόλωνα συστήσασθαί φασι· καὶ μαρτυρεῖν αὐτοῖς δοκεῖ μάλιστα τὸ μηδαμοῦ τὸν Δράκοντα λέγειν
μηδ' ὀνομάζειν Ἀρεοπαγίτας, ἀλλὰ τοῖς ἐφέταις ἀεὶ
διαλέγεσθαι περὶ τῶν φονικῶν. Im Folgenden führt er
dann selbst den 13. Axon des Solon für das frühere
Bestehen des Areopags an. Es ist an sich klar und
wird ausdrücklich durch das ὥσπερ εἴρηται bestätigt,
dafs Plutarch mit οἱ μὲν οὖν πλεῖστοι ein eigenes Raisonnement beginnt, und dafs nur die vorhergehenden
Worte seiner Quelle entstammen. Diese Quelle behauptete nun gerade das Gegenteil von dem, was Aristoteles
sagt, kann also nicht aus diesem geschöpft haben.
Plutarch sucht selbst erst das, was bei Aristoteles schon
stand, zu beweisen; hätte er die πολ. Ἀθην. bei der
Niederschrift dieses Kapitels zur Hand gehabt, würde er
die Autorität des Aristoteles anzuführen nicht unterlassen
haben. Dies ist nur ein Schlufs ex silentio, aber die
Autorität des Aristoteles macht ihn in diesem Falle
beweisend. So hat also Plutarch hier den Aristoteles
nicht benutzt; nicht einmal indirekt kann das Kapitel
aus Aristoteles geflossen sein [1]). Nun decken sich

---

[1]) Das konnte natürlich Begemann a. a. O. p. 20 noch
behaupten; als Mittelquelle nimmt er Didymos an. Auch dies
erledigt sich im folgenden. Dafs Plutarch das Amnestiegesetz
aus Didymos hat, bezweifle ich nicht; aber gerade, dafs er
dieses in einer selbständigen Beweisführung verarbeitet, beweist,
dafs Didymos nicht für den ganzen Rest des Kapitels zu
Grunde liegt. Die Selbständigkeit der Beweisführung ist durch

7*

8. Kap.
p. 8, 10 ff.
aber die Ausdrücke ἐπίσκοπον πάντων καὶ φύλακα
τῶν νόμων in einer solchen Weise mit Aristoteles'
Worten, daſs hier ein Zusammenhang existieren muſs.
Da Plutarch Aristoteles hier nicht zur Hand hatte, die
Worte also schon aus seiner Quelle stammen müssen,
und da andererseits auch diese hier dem Aristoteles
nicht folgt, so bleibt nur die Annahme übrig, daſs
Aristoteles und diese Quelle auf ein gleichartiges
Quellenmaterial zurückgehen. Dieses Quellenmaterial
enthielt aber, wie aus Plutarchs Bericht folgt, diejenige
Überlieferung, welche von Aristoteles bestritten wird,
nämlich daſs erst Solon den Areopag eingesetzt habe.

Isocr. VII
37
Isokrates im Areopagitikos sagt von der solonischen
Verfassung: οὕτω γὰρ ἡμῶν οἱ πρόγονοι σφόδρα περὶ
τὴν σωφροσύνην ἐσπούδαζον, ὥστε τὴν ἐξ Ἀρείου πάγου βουλὴν ἐπέστησαν ἐπιμελεῖσθαι τῆς εὐ-
κοσμίας (§ 37) .... καὶ τοὺς ἀκοσμοῦντας
ἀνῆγον εἰς τὴν βουλήν· ἡ δὲ τοὺς μὲν ἐνουθέτει, τοῖς δ᾽
ἠπείλει, τοὺς δ᾽ ὡς προσῆκεν ἐκόλαζεν (§ 46).
Über die Bedeutung von ἐπέστησαν kann man streiten;
es kann darin liegen, daſs der Areopag damals erst eingesetzt wurde, es braucht dies aber nicht damit gesagt
zu sein. Daſs dennoch jenes ἐπέστησαν die Bedeutung
von 'sie setzten ein' hat, beweist der Vergleich der
beiden Darstellungen der älteren athenischen Geschichte
im Areopagitikos und Panathenaikos. Dort, wo er die
Zeit von Solon ab behandelt, ist der Areopag die Seele
des Staates, hier, wo er die frühere Zeit bis Solon
schildert, fehlt jede Erwähnung dieser Körperschaft.
Isokrates denkt sich also den Areopag erst durch
Solon eingesetzt, d. h. am Schlusse der Epoche, welche

---

das *non liquet* des Schlusses (ταῦτα μὲν οὖν καὶ αὐτὸς ἐπισκόπει)
sicher indiziert.

er im Panathenaikos schildert; es ist ganz folgerichtig, dafs
er von dem Wirken jener Körperschaft in der späteren
Darstellung nichts sagt. Seine Auffassung stimmt also
mit der von Plutarch berichteten im Princip überein,
und auch im Ausdruck finden sich Gleichheiten (*ἀκο-*
σμοῦντας, ἐκόλαζεν). Isokrates folgte aber einer Atthis;
eine solche liegt auch Plutarchs Bericht zu Grunde. War
dies die Darstellung der Atthiden, dann ist Plutarchs
Angabe, dafs die meisten Autoren Solon die Einsetzung
des Areopags zuschrieben, besonders erklärlich. Und
dafs die Atthis dem Solon diese wichtige Institution
gegen die Wahrheit zuschrieb, liegt in der ganzen
solonfreundlichen Färbung dieser demokratischen Überlieferung begründet. Der Vergleich — um dies hier
gleich zu sagen — mit den früher behandelten Stellen,
an welchen dasselbe Verhältnis wie hier zwischen der
Quelle Plutarchs und der *πολ. Ἀθην.* vorlag, ergiebt,
dafs, wenn an jenen Stellen Hermippos die Quelle
Plutarchs war, dieser auch hier dessen Berichte zu
Grunde liegt.

Aristoteles bekämpft die Überlieferung der Atthis,
deshalb setzt er an unserer Stelle ausdrücklich hinzu
ὥσπερ ὑπῆρχεν καὶ πρότερον, gerade wie er oben in
der Polemik gegen die Hinaufrückung der Demen-
verfassung in die Zeit vor Kleisthenes *καθάπερ πρότερον* gesagt hatte, und wie er mit *καθάπερ διῄρητο
καὶ πρότερον* (p. 6, 18) ausdrücklich den Atthisbericht
bestritt, welcher Solon die erstmalige Volksteilung nach
vier *τέλη* zuschrieb. Dieses *ὥσπερ ὑπῆρχεν καὶ πρότερον*
rechtfertigt zugleich die fast häfslich typische Ausdrucksweise an den drei auf den Areopag bezüglichen Stellen
einigermafsen. Im übrigen liegt gerade in der drei-
fachen Wiederholung derselben Termini ein gutes Stück
Polemik: so schärft man seine Ansicht ein. Aber bei

8. Kap.
p. 8, 10 ff. aller Gleichheit treten doch die Verschiedenheiten deutlich hervor. Sie kommen am klarsten zum Bewufstsein, wenn man hintereinander erzählt, was Aristoteles zerreifst. In ältester Zeit gab es drei Beamte, den Basileus, Polemarchos und Archon; sie walteten zuerst auf Lebenszeit, dann auf 10 Jahre, endlich nur ein Jahr. Zur Zeit, da sie auf ein Jahr bestellt wurden, hatte der Areopag die Bestellung, indem er nach eigenem Ermessen die Männer für die Ämter aussuchte (p. 7, 26). Dann kommt die Periode, wo die Beamten gewählt wurden; in sie fällt die Einsetzung der Thesmotheten: sie wurden immer nur für ein Jahr gewählt (p. 2, 19 f.). Die Beamten hatten die Privatprozesse (τὰς δίκας) zu endgültiger Entscheidung abzuurteilen. Zu dieser Zeit hatte der Areopag nach der verfassungsmäfsigen Ordnung (τὴν μὲν τάξιν εἶχε) nur die Stellung eines Aufsichtsrates für die gesetzliche Ordnung im Staatswesen; in Wirklichkeit (διῴκει δέ) leitete er fast alles und das Bedeutendste, was die Staatsverwaltung brachte, und dazu hatte er die Machtbefugnis, als einzige Instanz (κυρίως) Korrektions- und Pönalstrafen[1]) über alle zu verhängen, welche sich gegen die bestehende Ordnung[2])

---

[1]) Die Definition von κολάζειν und τιμωρεῖν bei Aristot. Rhet. 1369 b 12 (διαφέρει δὲ τιμωρία καὶ κόλασις· ἡ μὲν γὰρ κόλασις τοῦ πάσχοντος ἕνεκά ἐστιν, ἡ δὲ τιμωρία τοῦ ποιοῦντος, ἵνα ἀποπληρωθῇ) giebt für κολάζειν die Definition, welche wir auch hier gebrauchen. ζημιοῦν wird ja meist von Geldstrafen gebraucht; dafs es auch einen weiteren Begriff hatte, versteht sich, und lehrt Pollux VIII 2 zudem ausdrücklich: οὐ χρὴ δ' ἀγνοεῖν ὅτι ζημίαν οὐ τὴν εἰς χρήματα μόνον ἐκάλουν, ἀλλὰ καὶ τὴν εἰς τὸ σῶμα. Diese Bedeutung mufs es hier haben. Die gewöhnliche hat ζημιοῦν und ἐπιζημίωσις p. 50, 7. 8: eine Zeile vorher scharf: χρήμασι ζημιοῦν.

[2]) τοὺς ἀκοσμοῦντας: so auch vom Areopag Isokr. Areop. 46 τοὺς ἀκοσμοῦντας ἀνῆγον εἰς τὴν βουλήν; und wie Aristot. p. 8, 13

— 103 —

Areopag sich zusammen. Drakon: die Archonten
werden nach einem bestimmten Census gewählt; die
Zahl der Beamten wächst; die Gesetze sind jetzt kodi-
fiziert (p. 44, 23), nach ihnen haben die Beamten zu
walten. Es ist natürlich, dafs der Rat, welcher φύλαξ τῶν
νόμων war, jetzt die Aufsicht über die Beamten er-

τοὺς ἐξαμαρτάνοντας sagt an Stelle des in der früheren Parallelstelle sich findenden ἀκοσμοῦντας, so verbindet Isokr. a. a. O.
42 in einer Antithese: οὐ τοῦτο πρῶτον ἐσκόπουν, δι᾽ ὧν κολάσουσι
τοὺς ἀκοσμοῦντας, ἀλλ᾽ ἐξ ὧν παρασκευάσουσι μηδὲν αὐτοὺς
ἄξιον ζημίας ἐξαμαρτάνειν. Beim Areopag wird mit Recht
von einem κολάζειν τοὺς ἀκοσμοῦντας gesprochen, weil er die
πολιτεία wahren soll; diese ist aber ein κόσμος. So setzt
Aristoteles Polit. 1307 b 4 ff. κόσμος einfach für πολιτεία ein:
ἕως ἂν πάντα κινήσωσι τὸν κόσμον und Isokr. a. a. O. § 37 sagt
τὴν ἐξ Ἀρείου πάγου βουλὴν ἐπέστησαν ἐπιμελεῖσθαι τῆς εὐκο-
σμίας. Der κόσμος wird durch das κολάζειν und ζημιοῦν erhalten; vgl. Plat. Gorg. 508 a τὸ ὅλον τοῦτο (Das Weltall) . .
κόσμον καλοῦσιν . . . οὐκ ἀκοσμίαν οὐδὲ ἀκολασίαν. Da κόσμος
und τάξις für die staatliche Ordnung identisch sind, so ist, wo
ἀκολασία, auch ἀταξία: daher Platon, Kriton 53 d, ἐκεῖ (Thessalien)
πλείστη ἀταξία καὶ ἀκολασία verbindet: vgl. in der Inschrift
CIA. II 809 b 10 ff. τὴν δὲ βουλὴν τοὺς πεντακοσίους ἐπιμελεῖσθαι τοῦ ἀποστόλου κολάζουσαν τοὺς ἀτακτοῦντας τῶν τριηράρ-
χων κατὰ τοὺς νόμους. ἀκοσμεῖν und ἀτακτεῖν unterscheiden
sich von παρανομεῖν. Nach Mommsen, Röm. Staatsrecht I³
140 kann man so definieren: ἀκοσμεῖν und ἀτακτεῖν sind die
etwas unbestimmten Bezeichnungen einer sittlich-politischen
Kontravention; παρανομεῖν bezeichnet eine bestimmte, definierte,
gesetzwidrige Handlung. Mommsen stellt a. a. O. Anm. 6 Cic.
de leg. III 3, 6 nec oboedientem et noxium civem in Parallele
zu Dionys. A. R. X 50 τοὺς ἀκοσμοῦντας ἢ παρανομοῦντας εἰς
τὴν ἑαυτῶν (Beamten) ἐξουσίαν. Das ἀκοσμεῖν untersteht einer
censorischen Coërcition, das παρανομεῖν einer magistratlichen
oder richterlichen Judikation. Man erkennt, wie falsch die
Holländer p. 2, 22 τὴν τῶν [ἀκοσμού]ντων κρίσιν ergänzt haben.

8. Kap.
p. 8, 10 fl.
hielt, damit diese nach den Gesetzen walteten; eine
Konsequenz dieser Stellung des Areopags ist es, dafs
gegen einen Beamten die Meldeklage bei der Aufsichts-
behörde eingereicht werden konnte, unter Angabe des
Gesetzes, gegen welches von dem Beamten ein Verstofs
begangen sein sollte. Die erhöhte Stellung des Areopags gegenüber den Beamten ist also die Folge der
Gesetzeskodification und der Vermehrung der Beamten.
Auch der Bürger weifs jetzt, was Rechtens ist, nicht
allein der Beamte; gegen den Beamten, der seine jetzt
gesetzlich festgestellten Befugnisse überschreitet, mufs
es eine Instanz geben, die in der 'Wächterin des Gesetzes' sich von selbst ergab. In Solons Verfassung
wäre eine Beschränkung der Machtbefugnisse des Areopags natürlich gewesen, allein Solon wies ihm die
Stellung im Staate wieder an, die er vor ihm hatte;
das νομοφυλαχεῖν behält die areopagitische Bule, ἐπίσκοπος οἶσα τῆς πολιτείας. Es wird in den Ausdrücken
auf die Zeit vor Solon zurückgegriffen: sie leitete fast
alles und das Bedeutendste, was die Staatsverwaltung
brachte; sie hatte die Machtbefugnis, Korrektions- und
Pönalstrafen über die zu verhängen, welche sich gegen
die Staatsordnung — denn diese untersteht der Aufsicht der areopagitischen Bule — vergingen. Ihre absolut unverantwortliche Stellung als richtende Behörde
in ihrem Kreise geht besonders daraus hervor, dafs
sie die eingetriebenen Strafgelder, ohne ihre Provenienz
nachzuweisen, also in unkontrolierbarer Weise, an die
Staatskasse abführte. So hatte der Areopag das νομοφυλαχεῖν, ὥσπερ πρότερον; die Sätze χαὶ τά τε ἄλλα
— διετήρει und χαὶ τοὺς ἁμαρτάνοντας — [εἰσπράττ]ε-
σθαι sind die Ausführung zu der vorhergehenden allgemeinen Angabe. Aber der Areopag behielt unter
Solon nicht nur seine alte Stellung, seine Kompetenz

wurde sogar von Solon erweitert: ihm wurden ·. Kap. entsprechend seiner Stellung als *ἐπίσκοπος τῆς πολι*-ϊ· ⁸, 10 ff. *τείας* die Meldeklagen über Versuche auf Umsturz der demokratischen *πολιτεία* zur Aburteilung überwiesen. So suchte Solon die Verfassung gegen oligarchisch-tyrannische Revolutionen zu schützen; um aber auch im Falle neuer politischer Konflikte die Zeit des Zwistes abzukürzen und somit das Übel wenigstens zu beschränken, gab er das bekannte Gesetz gegen den politischen Indifferentismus[1]). Die *μέσοι* sind die Indifferenten im Staate, um mit Aristoteles zu reden; sie geben den Ausschlag in der *στάσις*[2]). Man erkennt, daſs Aristoteles mit Bedacht diese beiden Gesetze an das Ende seiner Darstellung der solonischen Verfassung stellte: er will angeben, wodurch Solon seiner Verfassung die Zukunft zu sichern gedachte.

---

[1]) P. 8, 18. Bei Plut. Sol. 20 kürzer *ἄτιμον εἶναι τὸν ἐν στάσει μηδετέρας μερίδος γενόμενον.* Gell. II 12, breit und, wie die einleitenden Worte beweisen, nicht aus Aristoteles selbst: *In legibus Solonis illis antiquissimis, quae Athenis axibus ligneis incisae sunt quasque latas ab eo Athenienses, ut sempiternae manerent, poenis et religionibus sanxerunt, legem esse Aristoteles refert scriptam ad hanc sententiam: Si ob discordiam q. s.* Einleitung sowohl wie Fassung des Gesetzes bei Gellius mit ihrem rhetorischen Charakter zeigen, daſs dieser hier aus einem Redner schöpft. Übrigens vgl. Herodot I 29 *ὁρκίοισι γὰρ μεγάλοισι κατείχοντο δέκα ἔτεα χρήσεσθαι νόμοισι, τοὺς ἄν σφι Σόλων θῆται.*

[2]) Die *μέσοι* sind an den extremen Interessen von reich und arm nicht beteiligt, Polit. 1295 b 1 ff., also zum Indifferentismus geneigt: ebenda 36: die Städte wurden am besten verwaltet. *ἐν αἷς δὴ πολὺ τὸ μέσον καὶ κρεῖττον μάλιστα μὲν ἀμφοῖν, εἰ δὲ μή, θατέρου μέρους· προστιθέμενον γὰρ ποιεῖ ῥοπὴν καὶ κωλύει γίνεσθαι τὰς ἐναντίας ὑπερβολάς* und 1296 a 7 ff.

Der Zusatz, dafs Solon dem Areopag die Eisangelien über Verfassungsumsturz zur Aburteilung überwies, ist bedeutsamer, als er in seiner Einfachheit aussieht. Die politischen Prozesse gehörten vor Solon vor ein anderes Forum, vor die Richter am Prytaneion. Das lehrt das solonische Amnestiegesetz (Plut. Sol. 19), über das viel geschrieben ist. Ich lasse mich auf eine Polemik nicht ein, sondern will nur darstellen; wo und was ich von andern dabei gelernt habe, wird. wer die Litteratur kennt, leicht sehen; es hatte für meinen Zweck keinen Sinn, die Unzahl von Citaten aus der modernen Litteratur zu geben[1]). — Was man unter Epheten Epheten mindestens bis zum Jahre 409/8 sich zu denken hat, kann nicht fraglich sein. Der Stein CIA. I 61 und die in ihrem Ursprunge vorzügliche Glosse eines alten Lexikographen, welche in mehreren Brechungen bei Photios, Suidas und im Etym. Mag. vorliegt[2]). lassen keinen Zweifel, dafs es ein Richterkollegium war von 51 Mitgliedern, welche über 50 Jahre alt und unbescholtenen Lebenswandels sein mufsten. Aus Isokrates (XVIII, 54)[3]) lernen wir, dafs in einem Ephetenprozefs,

---

[1]) Litteratur, moderne und antike, bei Philippi, *Der Areopag und die Epheten*, S. 217 ff. Busolt, *Gr. Gesch.*, I 407 ff.

[2]) Phot. ἐφέται 2. Suid. ἐφέται 2. Et. Mag. 402, 1: ἄνδρες ὑπὲρ ν´ ἔτη γεγονότες καὶ ἄριστα βεβιωκέναι ὑπόληψιν ἔχοντες, οἳ καὶ τὰς φονικὰς δίκας ἔκρινον. ἐκαλεῖτο δ᾽ αὐτῶν τὰ δικαστήρια ἐφετῶν. Die Güte dieser Glosse besteht in dem negativen Vorzug, dafs der Unsinn über das Richten der Epheten an 5 Gerichtsstätten fehlt, und in dem positiven, d. h. der Angabe ὑπὲρ ν´ ἔτη; über diese Altersangabe vgl. Krech, *de Crateri ψηφισμάτων συναγωγῇ* (Diss. Berol., Greifswald 1888) p. 36 ann. 48, doch läfst sich das Material noch vermehren.

[3]) (λαγχάνουσιν αὐτῷ φόνου δίκην ἐπὶ Παλλαδίῳ § 52).... ἑπτακοσίων μὲν δικαζόντων, τεττάρων δὲ καὶ δέκα μαρτυρησάντων ἅπερ οὗτος, οὐδεμίαν ψῆφον μετέλαβεν.

der nicht lange vor 399 gefallen sein wird, 700 Richter 8. Kap.
am Palladion urteilten; mithin war hier die alte Zahl p. 8, 16 f.
zwischen 409/8 und 399 aufgegeben; die Mitglieder des
Gerichtshofes am Palladion hiefsen weiter Epheten, aber
die Richter wurden nach Analogie der heliastischen
Richterabteilungen bestimmt. Aus demosthenischer Zeit
ist ein bestätigendes Zeugnis erhalten¹). Aristoteles
belehrt uns nun, dafs zu seiner Zeit am Palladion,
Delphinion und beim Phreatos erloste Richter richteten.
Der Name der Richter ist leider gerade nicht erhalten; πολ. Ἀθην.
aber Harp. v. ἐπὶ Παλλαδίῳ²), wo unser Buch aus- p. 65, 13
drücklich genannt ist, ergiebt, dafs schon vom ersten
Herausgeber die Lücke richtig mit ἐφέται ausgefüllt
ist. Diese Stelle darf nur unverwendbar finden, wer
selbst die Worte eines Schriftstellers, wo er diesen mit
Namen nennt, stets wörtlich citiert; wer das nicht thut
und leugnet die Verwendbarkeit der Harpokration-
stelle für die Textesrekonstruktion, verlangt von den
alten Lexikographen, was er von sich selbst nicht verlangt; im übrigen enthält ein bisher nicht herange-
zogenes Aischinesscholion³) ein wörtlich zu nennendes
Citat, wenn auch ohne Berufung auf die πολ. Ἀθην.,

¹) [Demosth.] in Neaer. 10. Diese Stellen zuerst bei
Forchhammer, De Areopago, p. 35 (Kiliae 1828) und Schömann,
Antiquitt. iur. publ. Att. p. 29, 5 gewürdigt; daraus die anderen.

²) ἐπὶ Παλλαδίῳ Δημοσθένης ἐν τῷ κατ' Ἀριστοκράτους
(§ 71)· δικαστήριόν ἐστιν οὕτω καλούμενον, ὡς καὶ Ἀριστοτέλης
ἐν Ἀθηναίων πολιτείᾳ, ἐν ᾧ δικάζουσιν ἀκουσίου φόνου καὶ
βουλεύσεως οἱ ἐφέται.

³) Schol. Aeschin. II 87 ἐπὶ Παλλαδίῳ· ἐπὶ τούτῳ ἐκρίνοντο
οἱ ἀκούσιοι φόνοι. οἱ δὲ ἐν τούτῳ τῷ δικαστηρίῳ δικάζοντες
ἐκαλοῦντο ἐφέται· ἐδίκαζον δὲ ἀκουσίου φόνου καὶ βουλεύσεως,
καὶ οἰκέτην ἢ μέτοικον ἢ ξένον ἀποκτείναντι; wozu Aristot.
πολ. Ἀθην. p. 65, 4 τῶν δ' ἀκουσίων καὶ βουλεύσεως, ἂν οἰκέτην
ἀποκτείνῃ τις ἢ μέτοικον ἢ ξένον, οἱ ἐ[πὶ] Πα[λλ]αδίῳ.

8. Kap.
p. 8, 16 f. und die ἐφέται erscheinen auch hier. Es war an allen drei Richtstellen die Besetzung nach heliastischem Muster durchgeführt, aber von einer Verdrängung des Namens der Epheten durch den der Heliasten kann nicht die Rede sein. Diese Gerichtshöfe waren mit der Religion verbunden; ihr Name konnte nicht ohne Asebie aufgehoben werden¹). Durch Aristoteles sind wir jetzt auch ganz sicher, dafs die alten Formalitäten gewahrt waren: unter freiem Himmel, im Temenos also, drei Tage²) hintereinander richtete man, und der Basileus nimmt den Beamtenkranz ab. Äufserlich ist an der Institution der Epheten in Namen und Formalitäten nichts geändert worden, aber man hat sie innerlich nach dem Muster der demokratischen Heliastengerichte umgeformt; wahrscheinlich doch um das Epochenjahr 404/3.

Gericht am Prytaneion Am Prytaneion haben nie Epheten gerichtet. Aus dem solonischen Amnestiegesetz³) ergiebt sich mit Sicherheit, dafs am Prytaneion in vorsolonischer Zeit Epheten nicht gerichtet haben. Wer richtete, erfahren wir nicht. Nun lernen wir aus der πολ. Ἀθην., dafs um das Jahr 330 dort die Phylobasileis richteten⁴). Diese Beamten sind als zu dieser Zeit

---

¹) Der Name hängt an der Gerichtsstätte; dem Wesen nach waren die späteren Epheten gewöhnliche Richter.

²) So nach J. Lipsius' mir sehr plausibler Supplierung (Berichte der k. sächs. Gesellsch. d. W. 1891, 52): δικάζουσι[ν τριτ]αῖ[ο]ι καὶ ὑπαίθριοι. K³ giebt nach dem ν ausdrücklich eine Lücke von 4 Buchstaben.

³) Ἀτίμων ὅσοι ἄτιμοι ἦσαν, πρὶν ἢ Σόλωνα ἄρξαι, ἐπιτίμους εἶναι πλὴν ὅσοι ἐξ Ἀρείου πάγου ἢ ὅσοι ἐκ τῶν ἐφετῶν ἢ ἐκ πρυτανείου καταδικασθέντες ὑπὸ τῶν βασιλέων ἐπὶ φόνῳ ἢ σφαγαῖσιν ἢ ἐπὶ τυραννίδι ἔφευγον, ὅτε ὁ θεσμὸς ἐφάνη ὅδε Plut. Sol. 19.

⁴) Πολ. Ἀθην. p. 65, 20 δικάζει δ' ὁ βασιλεὺς καὶ οἱ φυλοβασιλεῖς. Der Archon König präsidierte, die Phylenkönige bildeten

existierend inschriftlich bezeugt[1]); ihnen lag, wie
die betreffende Inschrift lehrt und zu erwarten
war, der Kult der Phyleneponyme ob. Sonst ist das
Amt in der Zeit der Demokratie völlig aus der Verwaltung des Staates verdrängt, eine Erinnerung an
eine frühere Verfassungsperiode. Wenn nun dieses
Amt um das Jahr 330 trotz seiner staatsrechtlichen
Nullität noch richterliche Funktionen ausübt, so kann
man diese Kompetenz nur historisch erklären; sie ist
den Phylobasileis a u s ä l t e r e r Z e i t geblieben. Die
Demokratie überträgt successive alle Gerichtsbarkeit
dem Demos. Die wichtigere Gerichtsbarkeit der Epheten
hat sie in ihrem Sinne umgestaltet oder in Beschlag
genommen. Die Gerichtsbarkeit am Prytaneion hat
sie sich auch angeeignet; aber hier führte sie nicht
neue Kollegien ein, sondern nahm dem Gerichtshofe
alle wichtigen Kompetenzen, so dafs nur das Scheingericht übrig blieb. Dieses mochten die Phylobasileis
unbeschadet der Souveränität des Demos weiterführen.
Die Destruction der alten Gerichtsbehörden beginnt
mit der Einführung der Volksgerichte; sie ist etwa mit
dem Jahre 404/3, wo die Ephetengerichte umgestaltet
wurden, vollendet; jetzt beginnt der Abbau der Gerichtsbarkeit der Ekklesie und Bule. In diese Entwicklung ist auch das Gericht am Prytaneion mit ver-
wickelt. Wenn denn also die Scheingerichtsbarkeit der
Phylobasileis am Prytaneion nur der traurige Rest
früherer gröfserer Machtstellung ist, und wenn wir aus

---

das Kollegium; διχάζειν wie in dem ganzen Kapitel in weiterem
Sinne. Pollux VIII 120 προειστήχεσαν δὲ τούτου τοῦ διχαστη-
ρίου φυλοβασιλεῖς, οἷς ἔδει τὸ ἐμπεσὸν ἄψυχον ὑπερορίσαι ist
konfus.

[1]) CIA. II 844 ἐκ τῶν φυλοβασιλικῶν φ[υ]λο[βα]σιλ[εῦσιν];
vgl. H. Droysen, *Hermes* XIV 587.

dem Amnestiegesetz Richter kennen lernen, welche eine
größere Gerichtsbarkeit am Prytaneion hatten, so
sehe ich es als die natürlichste Annahme an, daß
diese Richter am Prytaneion die Phylobasileis waren;
sie richteten, wie das ihrer Stellung im Staate besonders entspricht, über Fälle von Verfassungsumsturz.
Solon hätte in Anlehnung an die bestehende Verteilung der Gerichtsbarkeit seine Eisangelie ἐπὶ
καταλύσει τοῦ δήμου dem Gerichte am Prytaneion
übertragen müssen; er giebt sie dem Areopag.
Nicht dem aus so wenigen Mitgliedern bestehenden
Gerichtshofe, wo oligarchische Einflüsse sich leicht
geltend machen konnten, wollte er den Schutz der
Verfassung anvertrauen. Es ist dies eine mittelbare
Beschränkung der Kompetenzen des Gerichtes am
Prytaneion. Genommen hat er diesem die Fälle ἐπὶ
τυραννίδι nicht, denn noch in der ersten Hälfte von
ol. 93, 4 (405) ist ihre Gerichtsbarkeit durch das Psephisma des Patrokleides (Andok. I, 77 ff.)[1]) bezeugt.

Die Worte, welche darin dem solonischen Amnestiegesetz entlehnt sind, haben sich viel gefallen lassen
müssen: ἢ ἐξ Ἀρείου πάγου ἢ τῶν ἐφετῶν ἢ ἐκ Πρυτανείου ἢ Δελφινίου ἐδικάσθη ἢ ὑπὸ τῶν βασιλέων.
Daß das letzte ἢ falsch ist, ergiebt die genaue Anlehnung an die Wortstellung des älteren Gesetzes
καταδικασθέντες ὑπὸ τῶν βασιλέων; es ist zu tilgen,
wie schon seit langer Zeit erkannt ist[2]). Zu erklären
bleibt Δελφινίου. Zur Zeit des Atimiegesetzes war

---

[1]) πλὴν ὁπόσα ἐν στήλαις γέγραπται τῶν μὴ ἐνθάδε μει-
νάντων, ἢ ἐξ Ἀρείου πάγου ἢ τῶν ἐφετῶν ἢ ἐκ Πρυτανείου ἢ
Δελφινίου ἐδικάσθη ἢ ὑπὸ τῶν βασιλέων, ἢ ἐπὶ φόνῳ τίς ἐστι
φυγὴ ἢ θάνατος κατεγνώσθη, ἢ σφαγεῦσιν ἢ τυράννοις.

[2]) Vgl. Sluiteri Lectt. Andoc. ed. Schiller (Leipzig 1834)
p. 86 sqq.

das Gericht am Delphinion noch wesensgleich mit den
anderen Ephetengerichten, darum fällt es mit unter
τῶν ἐφετῶν. Wenn es jetzt besonders genannt wird, so
hat eine Veränderung stattgefunden, welche es von den
Epheten am Palladion und beim Phreatos unterscheidet;
welche das war, kann nicht zweifelhaft sein. Die
lysianische Rede über Eratosthenes' Tötung hat schon
längst den Verdacht erregt, dafs sie nicht vor den alten
Epheten, sondern vor heliastischen Richtern gesprochen
sei [1]). Ich sehe daher in jener Sonderung des Delphinion das erste Zeugnis für die Besetzung des Epheten-
gerichtshofes nach heliastischem Muster. Wer über das
vor Δελφινίου fehlende ἐκ nicht hinfortkommt, mufs
schon vor τῶν ἐφετῶν, wo die Präposition auch fehlt,
stehen bleiben. Wenn der Antragsteller hier das demokratisch reformierte Gericht am Delphinion nicht mit
unter den Namen der Epheten begreift, so beweist das
nicht gegen meine vorher aufgestellte Ansicht, dafs die
Epheten den alten Namen unter verändertem Wesen beibehalten hätten. Der Antragsteller scheidet nach der Besetzung der Gerichtshöfe; da konnte er den Namen, dessen
Weiterleben Demosthenes (Aristokr. 38) und Aristoteles
bezeugen, nicht gebrauchen, denn unter ἐφέται begriff
man schon zwei verschiedene Arten von Gerichtshöfen.
So sondert das Psephisma Areopagiten, 51 Epheten,
Phylobasileis am Prytaneion, heliastische Richter am
Delphinion. Im folgenden ist aufser in der verständlichen Zweiteilung ἢ ἐπὶ φόνῳ τίς ἐστι φυγὴ ἢ θάνατος κατεγνώσθη, welche dem einzigen ἐπὶ φόνῳ im
Amnestiegesetz entsprechen, trotz des vorhergehenden
Zusatzes von ἢ Δελφινίου — σφαγεῖσιν und τυράννοις
haben ihr Korrelat — nichts hinzugesetzt. Damit ist keine

---

[1]) Meier-Schömann-Lipsius, *Att. Proc.*, S. 174 f. Blafs,
Att. Bereds., I [2] 572, 3. Philippi, *Der Areopag* etc., S. 318 ff.

Responsion aufgegeben, denn auch das Amnestiegesetz enthält keine, wenigstens nicht eine solche, wie man sie gefordert hat. Dort sind auch die Gerichtshöfe nach der Verschiedenheit der Besetzung aufgeführt, aber die Vergehen nicht nach den Gerichtshöfen, sondern nach ihrer Qualität. φόνος und σφαγαί gehören dem Kriminalprozefs, die τυραννίς dem Staatsprozefs an; daher ἐπὶ φόνῳ ἢ σφαγαῖσιν ἢ ἐπὶ τυραννίδι, nicht ἐπὶ φόνῳ ἢ ἐπὶ σφαγ. ἢ ἐπὶ τυρ. Die sachliche Einteilung entspricht hier der Abfolge der Gerichtshöfe; dafs man so φόνος, σφαγαί, τυραννίς ordnete, wo es ging, ist verständlich, aber es ist ein Zufall, dafs es möglich war; denn sonst zerreifst die athenische Gerichtsbarkeit die rechtlich gleichartige Materie doch nur zu oft. Wenn also Patrokleides ἢ Δελφινίου anflickt, so erwuchs für ihn daraus keine Nötigung, auch im Folgenden zu ändern. Um zusammenzufassen: die Phylobasileis hatten am Prytaneion politische Gerichtsbarkeit vor Solon; Solon läfst sie ihnen, soweit wie sie sie haben, aber er giebt dem Areopag, was ihnen nach alter Ordnung gebührt hätte, die Eisangelie ἐπὶ καταλίσει τοῦ δήμου. Noch im Jahre 405 sind sie im Besitze dieser Gerichtsbarkeit, während am Delphinion schon eine demokratische Umgestaltung vorgenommen ist. Unmittelbar darauf haben auch die Gerichtshöfe am Palladion (vor 399) und beim Phreatos sich zu quasi-ephetischen umwandeln lassen müssen. Vielleicht zu gleicher Zeit wird den Phylobasileis ihre Gerichtsbarkeit bis auf ein Scheingericht beschränkt. Im 4. Jahrhundert ist die Klage ἐπὶ τυραννίδι in das Eisangeliegesetz aufgenommen, gehört also vor die Ekklesie und in zweiter Linie nach dem gewöhnlichen Geschäftsgange vor die Heliasten unter dem Präsidium der Thesmotheten.

Die Maßregel Solons gewinnt in diesem Zusammen- 8. Kap.
hange Bedeutung. Solon wahrt nach Aristoteles, wie p. 8, 10 ff.
gezeigt, nicht blofs die Rechte des Areopags, er erweitert ihm auch bedeutsam die Kompetenz, indem er
ihm einen Prozefs überträgt, der eigentlich einem älteren
Forum hätte zufallen sollen, der aber mit der Stellung
des Areopags als ἐπίσκοπος τῆς πολιτείας im Einklang
steht. Die Angaben des Aristoteles über den Areopag
bis zur solonischen Gesetzgebung sind also nicht identisch, sondern geben eine den Verfassungsperioden entsprechende Entwicklung seiner Kompetenzen zu erkennen. Wenn in den mit epischer Formelhaftigkeit
wiederkehrenden Angaben Polemik lag, so liegt in der
Andeutung einer Entwicklung der Gerechtsame dieser
Körperschaft ein Beweis für die Richtigkeit der contro-
versen Behauptung, dafs die areopagitische Bule vor
Solon existierte. Denn nur an Bestehendem ist Entwicklung möglich.

Allein wir können unseren Satz noch nicht ver- Beamten-
lassen. Ich habe die Untersuchung absichtlich bisher wahl und
über einen Punkt hinweg gleiten lassen, welcher der Euthyna
gegebenen Auffassung, dafs Solon die Kompetenzen des
Areopags nach Aristoteles nicht blofs wahrt, sondern
sogar vermehrt, zu widersprechen scheinen könnte.
Drakon gab dem Areopag die εὔϑυνα: liefs sie ihm
Solon nach Aristoteles? gab er sie nicht vielmehr dem
Volke? Aristoteles erzählt, dafs es eine Periode der
athenischen Verfassung gab, in welcher der Areopag
die Ämter auf ein Jahr ἀριστίνδην καὶ πλουτίνδην bestellte (Kap. 5) [1]); das war die Periode, welche un-

---

1) Das ἀριστίνδην καὶ πλουτίνδην schliefst natürlich das
κρίνειν ... τὸν ἐπιτήδειον ἐφ’ ἑκάστῃ τῶν ἀρχῶν κτέ. c. 5
nicht aus.

mittelbar auf die 10jährige Amtsbefristung folgte. Nun
kommt die Epoche, wo der Areopag nicht mehr bestellt, sondern wo die Ämter durch W a h l ἀριστίνδην
καὶ πλουτίνδην besetzt wurden. Wer wählte? Wer
hatte die Beamtenkontrolle? Es folgt die drakontische
Verfassungsperiode: die Ämter werden nicht mehr
durch eine Wahl ἀριστίνδην καὶ πλουτίνδην besetzt,
sondern durch eine Wahl oder Erlosung aus der πολιτεία, welche durch einen bestimmten Census ab-
gegrenzt war (τὸ ὅπλα παρέχεσθαι); für höhere Ämter
gehörte innerhalb der πολιτεία ein bestimmter Census
zur Qualification. Wer wählt? Wer nimmt die εὔθυνα
ab? Die letztere Frage findet eine Antwort; der
Areopag achtet darauf, dafs die Beamten κατὰ τοὺς
νόμους walten, also wird man sich die bei den Hipparchen genannten εὔθυναι vor dieser Körperschaft denken.
Solon vereinigt die beiden bei Drakon nebeneinander
stehenden Principe der Ämterbesetzung, das oligarchische Wählen und das demokratische Losen: τὰς δ'
ἀρχὰς ἐποίησεν κληρωτὰς ἐκ προκρίτων. Wer wählt
oder vielmehr προκρίνει? Die φυλέται. Wer nimmt die
εὔθυνα ab? Schweigen? Zunächst liegt es auf der
Hand, dafs der Ämterbesetzung eine natürliche oder
richtiger vielleicht eine logische Weiterentwicklung
gegeben ist: καθιστάναι ἀριστίνδην καὶ πλουτίνδην,
αἱρεῖσθαι ἀριστίνδην καὶ πλουτίνδην, αἱρεῖσθαι und
κληροῦν ἐκ τῶν ὅπλα παρεχομένων, προκρίνειν und κληροῦν ἐκ τῆς πολιτείας. Mit dieser Entwicklung steht
im Einklang die aristotelische Theorie: τὸ δὲ τινὰς ἐκ
τινῶν ⟨αἱρέσει⟩ ὀλιγαρχικόν, καὶ τὸ τινὰς ἐκ τινῶν
κλήρῳ, μὴ γενόμενον δ' ὁμοίως [1]), καὶ τὸ τινὰς ἐκ τινῶν

---

[1]) Diese Worte sind beanstandet worden; sie erhalten
aber durch das Kapitel über Drakon ihre Bestätigung; die

ἀμφοῖν· τὸ δὲ τινὰς ἐξ ἁπάντων τό τε ἐκ τινῶν αἱρέσει 8. Kap.
p. 8, 10 ff.

τινὲς der Oligarchie sind nicht gleichmäfsig vom Gesetz gestellt; es existiert noch eine timokratische Bestimmung für das
Losen, welche nur Wohlhabenderen gewisse Ämter eröffnet.
Allerdings steht das nicht so handgreiflich im Texte des
4. Kapitels. Es ist klar, dafs die Worte κληροῦσθαι δὲ καὶ p. 3, 23
ταύτην καὶ τὰς ἄλλας ἀρχὰς τοὺς κτέ. im Widerspruch mit dem
ersten Teile des Kapitels stehen, wo nur vom αἱρεῖσθαι die
Rede ist. Weiter müssen die ἄλλαι ἀρχαί doch zu den geringeren gehören, da die bedeutenden schon genannt sind. Sie
können also nur mit den ἄλλαι ἀρχαὶ . . . ἐλάττους identisch
sein. In diesem Falle fehlt also ein dem ᾑροῦντο p. 3, 20
entgegenstehendes ἐκλήροουν im Texte. Wo es einzufügen ist,
kann nicht zweifelhaft sein. Die einfache Wortkritik hat schon
p. 3, 23 einen Wortausfall konstatieren müssen; er ist durch
den Übergang von der ersten zur zweiten Kolumne verursacht.
Ich vermute, dafs aufser dem vermifsten Artikel dabei noch
zwei Worte verloren giugen, und möchte so schreiben: ᾑροῦντο
δὲ τοὺς μὲν ἐννέα ἄρχοντας καὶ τοὺς ταμίας οὐσίαν κεκτημένους
οὐκ ἔλαττον ἢ δέκα μνῶν ἐλευθέραν, τὰς δ᾽ ἄλλας ἀρχὰς ⟨ἐκλή-
ρουν, τὰς μὲν⟩ ἐλάττους ἐκ τῶν ὅπλα παρεχομένων, στρατηγοὺς
δὲ καὶ ἱππάρχους οὐσίαν ἀποφαίνοντας οὐκ ἔλαττον ἢ κτέ. So
ist der Widerspruch mit p. 4, 3 f. gehoben. Mir ist mündlich
gegen diese Supplierung eingewendet worden, sie bringe eine
sachliche Unmöglichkeit hinein: die Strategen seien nie erlost
worden. Ich glaube, der Gegengrund hält nicht Stich. Zunächst
waren Strategen und Hipparchen damals sicher untere Beamte,
denn der Polemarch führt noch um das Jahr 490 das Heer,
und 501/0 wurden zum erstenmale 10 Strategen aus jeder
Phyle gewählt; hier beginnt erst die Entwicklung der Strategie:
noch im 5. Jahrh. hat ja der Polemarch mehr Bedeutung als
im 4. Jahrh. Wir haben also nicht das Recht, einen Wahlmodus, der einem Amte zur Zeit seiner höchsten Bedeutung
zukommt, für dieses Amt zu fordern zu einer Zeit, wo es noch
keine solche Bedeutung hatte. Und dafs die Strategie und die
Hipparchie zu den niederen Ämtern in der drakontischen Verfassung des Aristoteles gehörten, ist nicht zu leugnen; die Abfolge der Angaben des Aristoteles rubriziert sie unter die
ἐλάττους. Aber man leugne immerhin: wer giebt uns das

8*

8. Kap.
p. 8, 10 ff.

πάντας ἀριστοκρατικόν (Polit. 1300 b 1 ff.) ¹) und ἐὰν δ᾽ ἐνίων μὲν αἱρετοὶ ἐνίων δὲ κληρωτοί, καὶ κληρωτοὶ ἢ ἁπλῶς ἢ ἐκ προκρίτων, ἢ κοινῇ αἱρετοὶ καὶ κληρωτοί, τὰ μὲν πολιτείας ἀριστοκρατικῆς ἐστι τούτων, τὰ δὲ πολιτείας αὐτῆς (Polit. 1298 b 8 ff.). Diese Entwickelung der Modalitäten der Stellenbesetzung und ihre Übereinstimmung mit der Theorie läfst zweierlei erschliefsen: einmal, dafs das vierte Kapitel echt ist, da es ein notwendiges Glied in der Darstellung jener Entwicklung bildet, und zweitens, dafs Aristoteles die vorher anscheinend teilweise unbeantwortet gebliebenen Fragen nach dem Wahlmodus und der Rechenschaftslegung in Wirklichkeit beantwortet haben will; denn wer eine solche Entwicklung statuiert, kann über Faktoren, welche die einzelnen Glieder der Entwickelung sehr wesentlich bestimmen, nicht in Unklarheit gewesen sein und seine Leser nicht haben im Unklaren lassen wollen. In der drakontischen Verfassung giebt es eine Bule und eine Ekklesie, und für jene giebt es Prytanen ²); es kommt schon das Losen zur Anwen-

Recht, den Mafsstab der historischen Notwendigkeit an einen Bericht zu legen, der in seinen Einzelheiten auf seine historische Glaubwürdigkeit nicht mehr kontrollierbar ist? Aristoteles hat den Bericht übernommen, weil er ihn für den richtigen hielt. Aicht der Name des Aristoteles jede Angabe in der πολ. Ἀθην.? weshalb ich das nicht denke, führe ich weiter unten aus. Wenn die Supplierung den Widerspruch mit der zweiten Hälfte des Kapitels beseitigt, die Satzfügung nicht blofs nicht stört, sondern noch schärfer gliedert, wenn sie einen aus dem Gesamtcharakter des ganzen Kapitels nicht zu beanstandenden Sinn bringt, wie können äufsere Gründe ein Veto einlegen?

¹) Polit. 1300 a 37 τὸ δὲ ἀμφοῖν λέγω τὰς μὲν κλήρῳ τὰς δ᾽ αἱρέσει.

²) Die Darstellung der drakontischen Verfassung, welche

dung. Die Bule wird aus der ganzen πολιτεία erlost;
die Antwort, wer wählt, kann also nicht zweifelhaft
sein. Die Männer, welche an der πολιτεία Anteil
haben, die ὅπλα παρεχόμενοι, wählen ihre Beamten.
Hier ist die anscheinend fehlende Antwort in der
ganzen Darstellung der Verfassung gegeben. Aber
diese Verfassung gewährt nicht den Wählern der Beamten auch die εὔθυνα; weil man dies erwarten müfste,
wird das Gegenteil ausdrücklich angegeben. Das
Wählen ist eine Ausübung eines verfassungsmäfsigen

Aristoteles giebt, enthält die wesentlichen Elemente der späteren demokratischen Staatsordnung. Wenn in ihr neben Ekklesie und Bule Prytanen ohne jeden weiteren Zusatz genannt werden, so ist diese Behörde nach Art der späteren Prytanen zu erklären als Ausschufs der Bule (s. o.). Die Prytanen der Naukraren des Herodot mit diesen Prytanen zusammenzubringen, hat man nicht blofs nicht die Pflicht, sondern nicht einmal das Recht. Sie sind, falls die Angabe des Herodot richtig ist (V 71 οἱ πρυτάνιες τῶν ναυκράρων, οἵπερ ἔνεμον τότε τὰς Ἀθήνας), eine vordrakontische Behörde; die arist. Darstellung der drakontischen Verfassung zeigt aber einen solchen Abstand gegen die der vordrakontischen, dafs wir kein Recht haben, etwaige Institutionen dieser Verfassung auf die jüngere zu übertragen, selbst wenn diese Institutionen beim Aristoteles selbst berichtet würden. Aber Aristoteles sagt nichts vom Naukrarenrat, nichts von ihren Prytanen; die Prytanen treten erst mit der Bule und der sonstigen halbdemokratisch ausgestatteten Verfassung auf. — Ebensowenig wie die Prytanen der Naukraren mit den Prytanen der drakontischen Verfassung nach Aristoteles zusammenzuhalten sind, sind sie es auch mit dem Gerichtshof der Phylobasileis. Die Naukraren und ihre Prytanen könnten nur eine Verwaltungsbehörde unter dem Vorsitze des Basileus gewesen sein, die Phylobasileis bildeten einen Gerichtshof unter dem Vorsitze des Basileus. Die Institutionen werden ihrer Thätigkeit und ihrer Zusammensetzung nach verschiedene gewesen sein; sie hatten nur den Vorsitzenden und vielleicht das Sitzungslokal gemeinsam.

8. Kap.
p 8, 10 ff.
Rechtes; nur wer an der πολιτεία einer Verfassung teil hat, kann wählen. Wo von einem Wählen in einer Verfassung gesprochen wird, wählen also die μετέχοντες τῆς πολιτείας. Wenn vom Wählen in der vordrakontischen Periode die Rede ist, so wählen, wie auch ohne einen besonderen Zusatz verständlich ist, die Mitglieder der Geburts- und Geldaristokratie; sie wählen aus ihren Kreisen, denn nur diese haben die πολιτεία. Das wäre an sich schon sicher zu erschliefsen; aber Aristoteles giebt es auch selbst ausdrücklich an: ἡ γὰρ αἵρεσις τῶν ἀρχόντων ἀριστίνδην καὶ πλουτίνδην ἦν. Er giebt nur die Kreise an, aus denen gewählt wurde; da diese aber allein die πολιτεία in der Aristokratie hatten, so überläfst er dem denkenden Leser den notwendigen Schlufs auf die Wähler. Man kann eine εὔθυνα in solcher Verfassung gar nicht erwarten; fragt jemand aber doch danach, so ist in den Worten über den Areopag die Antwort gegeben.

Also Aristoteles lehrt: die Wahl der Beamten war ein Princip, welches schon die πολιτεία der ältesten Zeit kannte; Drakon übernahm es und fügte das κληροῦν hinzu. Was hat Solon also Neues gegeben? Wählen kann jeder, der an der πολιτεία Anteil hat. Mit der Ausdehnung der staatsbürgerlichen Rechte auf die ὅπλα παρεχόμενοι ging das aktive Wahlrecht auf alle, die diesen Census hatten, über; mit der Ausdehnung dieser Rechte auf alle Athener erhalten das aktive Wahlrecht eben alle Athener. Solon hat, indem er dem Volke die Wahl der Beamten gab, nichts anderes gethan, als was in der veränderten Verfassung lag. Das ist keine besondere Fürsorge für das Volk gewesen: es war die Konsequenz der neuen πολιτεία. So lehrt Aristoteles im Gegensatz zu der Tradition der Atthis, welche Aufhebens davon machte, dafs Solon dem Volke das aktive Wahlrecht gegeben habe. Und

die εὔϑυνα? Es galt als Grundsatz der demokratischen
Staatsauffassung, dafs wer wählt auch Rechenschaft
von dem Gewählten zu verlangen hat. In ältester Zeit
wählte der Geld- und Geburtsadel: wenn die εὔϑυνα
abgenommen wurde, so geschah dies, nach Aristoteles,
nicht von den damaligen Wählern, sondern vom Areopag. Unter der drakontischen Verfassung wählten
die ὅπλα παρεχόμενοι, aber die εὔϑυνα wurde vor dem
Areopag abgelegt. Also es galt nicht immer in Athen
jener Grundsatz οὗ τὸ αἱρεῖσϑαι, τούτου καὶ τὸ εὐϑύνειν. Solon gab dem Volke die πολιτεία und damit
das aktive Wahlrecht: gab er ihm auch die εὔϑυνα?
Antwort: τὴν δὲ τῶν Ἀρεοπαγιτῶν (βουλὴν) ἔταξεν
ἐπὶ τὸ νομοφυλακεῖν, ὥσπερ ὑπῆρχεν καὶ πρότερον
ἐπίσκοπος οὖσα τῆς πολιτείας, καὶ τά τε ἄλλα τὰ
πλεῖστα καὶ τὰ μέγιστα τῶν πολιτικῶν διετήρει καὶ τοὺς
ἁμαρτάνοντας ηὔϑυνεν κυρία οὖσα τοῦ ζημιοῦν καὶ
κολάζειν. Das soll an φύλαξ ἦν τῶν νόμων in der drakontischen Verfassung, soll an das διῴκει δὲ τὰ πλεῖστα
καὶ τὰ μέγιστα τῶν ἐν τῇ πόλει καὶ κολάζουσα καὶ ζη-
μιοῦσα πάντας τοὺς ἀκοσμοῦντας κυρίως schon im Wortlaut erinnern. Und in Drakons Verfassung hatte der
Areopag die Beamtencensur, in der ältesten Verfassung,
falls die εὔϑυνα bestand, auch. Was soll man anderes
schliefsen, als dafs der Areopag die εὔϑυνα auch nach
Solons Satzungen gehabt habe? Und nun fällt das
Wort εὐϑύνειν selbst. Das kann ja weitere Bedeutung
haben, aber in diesem Zusammenhange, der auf die
εὔϑυνα nach Drakon schon hinweist, wie kann man es
anders fassen als auch im technischen Sinne der εὔϑυνα?
Ich kann nicht anders, ich mufs schliefsen, dafs Aristoteles dem Areopag und nicht dem Volke die εὔϑυνα
in der solonischen Verfassung vindicierte. Mit derselben Absichtlichkeit, mit der in der drakontischen

Verfassung die Beamtenkontrolle durch den Areopag berichtet wurde, wird hier das technische εὐθύνειν gesetzt; also gerade der Mann, welcher die Volksgerichte einsetzte, gab ihnen die εὔθυνα nicht. Wieder steht Aristoteles im Gegensatz zur Atthis. Aber nicht nur zu dieser; was viel bedeutsamer und bedenklicher ist, er widerspricht sich selbst[1]).

Es sind zwei oft citierte Stellen der Politik, die der Darstellung in der πολ. Ἀθην. Gegenpart halten: ἐπεὶ Σόλων γε ἔοικε τὴν ἀναγκαιοτάτην ἀποδιδόναι τῷ δήμῳ δύναμιν, τὸ τὰς ἀρχὰς αἱρεῖσθαι καὶ εὐθύνειν

---

[1]) Zwischen den Berichten über den Sturz des Areopags in der Politik 1274 a 7 und πολ. Ἀθην. besteht kein Widerspruch. In dieser ist Ephialtes derjenige, der ihn ·stürzt, Themistokles nur συναίτιος, Kap. 25: ἔπραξε δὲ ταῦτα (Ἐφιάλτης) συναιτίου γενομένου Θεμιστοκλέους. Kap. 27 (Περικλῆς) τῶν Ἀρεοπαγιτῶν ἔνια περιείλετο . . . ἐποίησε δὲ καὶ τὰ δικαστήρια μισθοφόρα Περικλῆς πρῶτος. Dem entspricht genau in der Politik: τὴν μὲν ἐν Ἀρείῳ πάγῳ βουλὴν Ἐφιάλτης ἐκόλουσε καὶ Περικλῆς, τὰ δὲ δικαστήρια μισθοφόρα κατέστησε Περικλῆς. Themistokles hat als συναίτιος keinen Platz, wo nur die Männer der Initiative genannt werden. Im übrigen ist es m. E. nicht richtig, aus der bedenklichen Hereinziehung des Themistokles in diese Affaire die ganze Darstellung des Aristoteles zu verdächtigen. An sich ist es wahrscheinlich, dafs die Beschränkung der Kompetenzen des Areopags nicht durch einen Akt vollzogen wurde, sondern im Laufe eines längeren politischen Kampfes erfolgte. Wenn Perikles zu wirklicher Bedeutung erst zu der Zeit gelangte, welche Aristoteles andeutet — und ich sehe keinen Grund gegen die Richtigkeit dieser Chronologie, nur manchen dafür —, dann ist es sehr wahrscheinlich, dafs er nicht mit, sondern nach Ephialtes gegen den Areopag gekämpft hat. Ich glaube, dafs Aristoteles recht hat, wenn er Ephialtes' und Perikles' Thätigkeit in dieser Beziehung zeitlich sondert, und dafs die Recepta, verleitet durch die Gleichheit der Tendenz und der Erfolge beider Männer, hier fälschlicherweise eine Coincidenz geschaffen hat.

(1274 a 15) und τὸ μὲν γὰρ μετέχειν αὐτοῖς (d. h. die
Menge) τῶν ἀρχῶν τῶν μεγίστων οὐκ ἀσφαλές . . . τὸ
δὲ μὴ μεταδιδόναι μηδὲ μετέχειν αὐτούς . . . διόπερ καὶ
Σόλων καὶ τῶν ἄλλων τινὲς νομοθετῶν τάττουσιν ἐπί τε
τὰς ἀρχαιρεσίας καὶ τὰς εὐθύνας τῶν ἀρχόντων, ἄρχειν
δὲ κατὰ μόνας οὐκ ἐῶσιν (1281 b 25 ff.). Nun könnte
ich mir die Sache mit der ersten Stelle sehr leicht
machen; ich brauchte mich nur denen anzuschliefsen,
welche das ganze Kapitel, dem sie angehört, athetieren.
Allein dieses Kapitel enthält so viele handgreifliche
Übereinstimmungen im einzelnen wie im ganzen Ge-
dankeninhalt mit der πολ. Ἀθην., deckt sich an unserer
Stelle so vollkommen mit dem zweiten Zeugnis aus
der Politik, dafs ich mit dem Pater Hardouin zu riva-
lisieren glauben würde, wollte ich an seiner Echtheit
zweifeln. Ich könnte mir auch bei der zweiten Stelle
helfen, nachdem ich die erste athetiert hätte, aber
nicht durch Athetese, sondern durch Interpretation.
Die Worte Polit. 1319 b 19 ἔτι δὲ καὶ τὰ τοιαῦτα κατα-
σκευάσματα χρήσιμα πρὸς τὴν δημοκρατίαν . . . οἷς Κλεισθένης τε Ἀθήνῃσιν ἐχρήσατο . . καὶ περὶ Κυρήνην οἱ
τὸν δῆμον καθιστάντες. φυλαί τε γὰρ ἕτεραι ποιητέαι
πλείους καὶ φρατρίαι, καὶ τὰ τῶν ἰδίων ἱερῶν συνα-
κτέον εἰς ὀλίγα καὶ κοινά, καὶ πάντα σοφιστέον, ὅπως
ἂν ὅτι μάλιστα ἀναμιχθῶσι ἀλλήλοις πάντες (p. 23, 8
ἀναμίσγεσθαι τὸ πλῆθος) hat man bisher so verstanden,
dafs auch das von den Heiligtümern Gesagte auf Kleisthenes zu beziehen sei; jetzt ersehen wir aus der
πολ. Ἀθην. (23, 24 τὰς ἱερωσύνας εἴασεν ἔχειν ἑκάστους
κατὰ τὰ πάτρια), dafs die Beziehung zu weit war.
Könnten nicht ebenso oben p. 1281 b 25 die ἀρχαιρεσίαι
nur auf Solon, die εὔθυναι auf τῶν ἄλλων τινὲς νομοθετῶν gehen? Die erste Stelle athetieren, die zweite
durch eine gar nicht zu beanstandende Interpretation

erledigen, und der Widerspruch mit der πολ. Ἀθην. existierte nicht mehr. Allein ich halte beide Stellen für aristotelisch, ich halte auch die πολ. Ἀθην. für aristotelisch und nehme einen Widerspruch zwischen der Politik und der Politeia hin. Er ist zu erklären, aber nicht er allein. Es existieren ja noch andere Differenzen zwischen den beiden Werken des Aristoteles, so die Berechnung der Regierungszeit der Peisistratiden (πολ. Ἀθην. p. 18, 1 f., 21, 19 f. Polit. 1315 b 30 ff.) und das vollständige Ignorieren des Kritias neben Charikles in der Politik (1305 b 25) gegenüber der Bedeutung, welche Kritias in der πολ. Ἀθην. eingeräumt wird.

Ab-
fassungs-
zeit der
Politik

Aristoteles hat an der Politik noch nach dem Sommer 336 gearbeitet, denn die Ermordung Philipps wird erwähnt (Polit. 1311 b 2)[1]. Susemihl hält für möglich, dafs die Schrift selbst im Jahre 333 noch nicht abgeschlossen war[2], denn die Worte 1272 b 20 νεωστί (τε) πόλεμος ξενικὸς διαβέβηκεν εἰς τὴν νῆσον (Kreta), ὃς πεποίηκε φανερὰν τὴν ἀσθένειαν τῶν ἐκεῖ νόμων könnten sowohl auf den Abzug des Phalaikos mit seinen Söldnern nach Kreta im Jahre 346 wie auf den Feldzug des Agis mit einem Söldnerheere gegen Kreta im Jahre 333 gehen. Allein die letztere Beziehung verbietet sich durch den Ausdruck der aristotelischen Worte von selbst. Erstens war der Feldzug des Agis kein ξενικὸς πόλεμος, denn ein König führte ihn; zweitens besagt διαβέβηκεν, dafs der Söldnerkrieg aus einem anderen Lande nach Kreta hinübergetragen wurde, drittens rechtfertigt, was wir über die Erfolge des Agis wissen, in keiner Weise den Inhalt des

[1] Oncken, Staatslehre des Aristoteles II 241.
[2] Susemihl, Aristoteles' Politik, griech. und deutsch (Leipzig 1879) II 94 Anm. 375.

aristotelischen Schlufswortes¹). Die Worte gehen allein
auf den Söldnerführer Phalaikos, der von Phokis nach
Kreta abzog und dort an den inneren Wirren teilnahm.
Man hat bisher keinen terminus ante quem für die
Politik gefunden; ich glaube aber, es giebt einen.
Aristoteles sagt (1321 a 26) τὴν δὲ μετάδοσιν γίνεσθαι
τῷ πλήθει τοῦ πολιτεύματος ἤτοι, καθάπερ εἴρηται
πρότερον, τοῖς τὸ τίμημα κτωμένοις, ἢ καθάπερ Θη-
βαίοις, ἀποσχομένοις χρόνον τινὰ τῶν βαναύσων ἔργων,
ἢ καθάπερ ἐν Μασσαλίᾳ κτἑ. So kann von Theben,
namentlich neben dem noch bestehenden Massalia, ohne
Restringierung nur gesprochen werden vor dem Sommer
des Jahres 335; nach dieser Zeit mufs es heifsen Θη-
βαίοις ποτέ, denn es gab kein Theben mehr; die Institution wird aber als eine noch bestehende dargestellt.
Ich halte also dafür, dafs zwischen den Sommern von
336 und 335 der Abschlufs der Politik oder vielmehr
der verschiedenen Entwürfe und Überarbeitungen der
Politik erfolgt ist; mich bestärkt darin die Beobachtung, dafs vom Perserreich immer so gesprochen ist,
dafs nirgends ein Zweifel an seinem Bestehen auf-
steigen kann. Es führt nichts über das Jahr 335 hin-

¹) Hauptbericht bei Curtius IV 1, 39: *magnitudo belli . . .
Graeciae quoque et Cretae arma commoverat. Agis Lacedaemonio-
rum rex, octo milibus Graecorum, qui ex Cilicia profugi domos
repetierant, contractis bellum Antipatro Macedoniae praefecto moli-
ebatur. Cretenses has aut illas partes secuti nunc Spartanorum
nunc Macedonum praesidiis occupabantur. Sed leviora inter
illos fuere discrimina, unum certamen, ex quo cetera pende-
bant, intuente fortuna.* — Arrian. Anab. II 13, 6 hat nichts
und verwechselt Agis mit Agesilaos. — Schäfer, *Demosthenes
und seine Zeit*² II 362, 1 und Droysen, *Hellenismus*² I 1. 389, 1,
letzterer in ausgesprochenem Gegensatz gegen Niebuhr, *Vor-
lesungen* II 474, halten die Beziehung der aristotelischen Worte
auf Phalaikos auch für allein zulässig.

aus. Umgekehrt führen fast alle sonstigen datierbaren Anspielungen in frühere Zeit, vor die Mitte der vierziger Jahre. Phalaikos' Zug ist oben besprochen. Hinzu kommt 1312 b 10 ff.: (φϑείρεται δὲ τυραννὶς ἕνα μὲν τρόπον . . .) ἕνα δ᾽ ἐξ αὑτῆς, ὅταν οἱ μετέχοντες στασιάζωσιν, ὥσπερ ἡ τῶν περὶ Γέλωνα καὶ νῦν ἡ τῶν περὶ Διονύσιον .... Διονύσιον δὲ Δίων στρατεύσας ... ἐκεῖνον ἐκβαλὼν διεφϑάρη. Die Vertreibung des jüngeren Dionysios fällt in die zweite Hälfte des Jahres 356; Dion stirbt im Anfang 353. Das νῦν rückt die Zeit der Niederschrift dieses Teiles der Politik in die Nähe des letzten Datums. Am Schlusse der Ethik spielt Aristoteles deutlich auf die Politik als auf ein demnächst von ihm zu erwartendes Werk an. Die Arbeitsart des Aristoteles läfst mit Sicherheit annehmen, dafs er damals schon das Buch in Angriff genommen hatte. Nun enthält dieser Schlufs der Ethik zugleich eine Polemik gegen Isokrates' Antidosis (s. u. S. 146) von solcher Heftigkeit, dafs die isokrateische Schrift vor nicht allzu langer Zeit erst erschienen sein kann. Die Antidosis ist aber 353 herausgekommen; der Schlufs der Ethik, welcher den Beginn der Arbeit an der Politik bezeugt, ist also in derselben Zeit geschrieben wie jener Passus über Dionysios. Mithin arbeitet Aristoteles um 350 an diesem Buche; der terminus ante quem war 335. Fünfzehn Jahre sind eine so lange Arbeitszeit, dafs kein innerer Grund vorliegt, die Herausgabe noch weiter hinauszuschieben, wenn ein äufserer sie vor die Mitte des Jahres 335 verweist. Die Politik ist nicht in Athen vollendet, sondern in Kleinasien und Makedonien wesentlich wol auf Grund der Materialien, welche Aristoteles bis zum Jahre 347 in Athen gesammelt hatte. Die πολ. Ἀθην. ist zwischen 329 und 325, also in Athen geschrieben. Es ist nicht

zu bezweifeln, dafs Aristoteles von den athenischen
litterarischen Erscheinungen auch während seiner Ab-
wesenheit von Athen Kenntnis nahm; dafs er aber so
folgen konnte, wie wenn er in Athen gewesen wäre,
ist unwahrscheinlich. Konnten die zwanzig Jahre,
von 350 bis c. 330, nicht Darstellungen der solonischen
Verfassung gebracht haben mit einem Material, welches
ihm bei der Niederschrift der Politik nicht bekannt
war? Doch wir brauchen diese Möglichkeit gar nicht.
Zwischen c. 335 und c. 329 liegt schon Zeit genug für das
Auftauchen neuen Materials; und wenn es andere dem
Aristoteles nicht geliefert hatten, konnte er es nicht
selbst sich verschafft haben? In dem Frühjahr nach dem
zweiten Frieden des Demades, als das Meer wieder offen
war, wird Aristoteles nach Athen, in das Quellgebiet
für die πολ. Ἀθην., zurückgekehrt sein. Sollte der fer-
tige Mann mit 50 Jahren nicht anders haben sehen und
suchen können als der junge Akademiker im Anfang
der dreifsiger? Ich denke, der Zeitunterschied erklärt
die Differenz. Seine wissenschaftlichen Ansichten zu
ändern, sei es durch eine andere Auffassung älterer
Kenntnisse, sei es durch Hinzugewinnen neuen Wissens,
kann dem Aristoteles so wenig zum Vorwurf ange-
rechnet werden, wie es heutzutage jemandem vorgerückt
werden sollte. Leider ist einem heutigen Gelehrten in
der neuesten Litteratur über die πολ. Ἀθην. die
Tugend des Umlernens vom Gegner ironisiert worden;
wir aber wollen Menschen sein und am Aristoteles die
Wahrheit des alten solonischen Spruches vom Altern
und Zulernen nicht zum Gespötte machen. Der Chronologie der Peisistratiden hat Aristoteles in der πολ.
Ἀθην. eine andere Bearbeitung der Atthis zu Grunde
gelegt als der in der Politik gegebenen, sei es, weil
diese Bearbeitung während der Niederschrift der Politik

noch nicht existierte, sei es, weil der Forscher im
Jahre 327 eine andere Chronologie für richtiger hielt
als im Jahre 347. Ebenso erklärt sich die Differenz
in der Auffassung der Geschichte der Dreifsig und die
Differenz betreffs der Zuteilung der εὔθυνα in der
solonischen Verfassung. Was er von der solonischen
Verfassung wufste, und wie er über sie dachte, als
er die Politik schrieb, kann nicht zum Mafsstab genommen werden für spätere Schriften. Wie steht's doch
mit dem Staat und den Gesetzen des Platon? und sie
liegen doch auch höchstens fünfzehn Jahre auseinander.
Aber die erwähnten Unterschiede zwischen der πολ.
Ἀθην. und der Politik sind Einzelheiten; die Gesamt-
auffassung der solonischen Verfassung ist in beiden
Werken genau dieselbe. Nur fügen sich die Angaben
des jüngeren Werkes dem Gesamtbilde von Solons
Thätigkeit als der eines μέσος besser als die des älteren:
die Änderung ist mit Absicht vorgenommen. Doch
davon später im Zusammenhange mit anderen Beobachtungen. Ich kehre zum Texte des Kapitels zurück.

p. 8, 18 ff. Der letzte Satz ist hinsichtlich seiner inneren Zu-
gehörigkeit zum Vorhergehenden schon erörtert (S. 105).
Das in ihm enthaltene Gesetz gegen den politischen Indifferentismus wird auch von Plutarch (c. 20) citiert
mit einer Bemerkung, die äufserlich merkwürdig im Ausdruck an Aristoteles' νόμον ἔθηκε πρὸς αὐτοὺς ἴδιον
erinnert: τῶν δ' ἄλλων αὐτοῦ νόμων ἴδιος μὲν μάλιστα καὶ παράδοξος; allein die Übereinstimmung beweist nichts, da ἴδιος bei Aristoteles *peculiaris*, bei
Plutarch *singularis* bedeutet. Plutarch erwähnt das
Gesetz im Zusammenhange mit anderen Gesetzen des
Solon [1]), welche bei ihm fünf Kapitel füllen (20—25).

---

[1]) Begemann a. a. O. p. 20 macht darauf aufmerksam,
dafs das in ἴδιος und παράδοξος enthaltene Urteil auch bei

Aristoteles erwähnt sonst kein solonisches Gesetz aus 8. Kap.
den Axones. Das stimmt zu der von ihm in der P. 8, 18 ff.
Politik ausgesprochenen Grundanschauung, welche
R. Schöll so glänzend als echt griechisch illustriert
hat: πολιτεία μὲν γάρ ἐστι τάξις ταῖς πόλεσιν ἡ
περὶ τὰς ἀρχάς, τίνα τρόπον νενέμηνται καὶ τί τὸ κύριον τῆς πολιτείας καὶ τί τὸ τέλος ἑκάστοις τῆς κοινωνίας ἐστίν· νόμοι δὲ κεχωρισμένοι τῶν δη-
λούντων τὴν πολιτείαν, καθ᾽ οὓς δεῖ τοὺς ἄρχοντας ἄρχειν καὶ φυλάττειν τοὺς παραβαίνοντας αὐτοὺς¹).
Darum fehlen die Nomoi des Solon in der πολ. Ἀθην.
Eine einzige solche Übereinstimmung wiegt mehr als
ein ganzer Haufe vermeintlicher Differenzen in den
Citaten zwei- bis dreimal verwässerter Lexikographen-
artikel.

*   *   *

Excurs.

Ein Teil der Darlegungen des vorstehenden Kapitels (S. 124 f.) steht im Widerspruche mit der von
Nissen im *Rhein. Mus.* 1892, 161 ff. vorgetragenen
Hypothese, dafs die aristotelischen πολιτεῖαι als eine
Vorarbeit zu einer Reichsgesetzgebung für die Alexander-
monarchie und weiterhin als eine Sammlung von Hand-
büchern für den praktischen Gebrauch der makedoni-
schen Diplomaten zu betrachten seien. Eine Polemik

anderen Gesetzen des Solon von Plutarch gefällt wird: ἴδιοι
auch Kap. 24, ἄτοποι 20. 23, γελοῖοι 20. Ob diese Urteile
schon auf Didymos zurückgehen, wie Begemann will, ist mir
aber fraglich.
¹) Es liegt hier der Ansatz zu einer Teilung nach Rechts-
materien vor; das Staatsrecht ist geschieden. Weiter haben
es die Griechen nicht gebracht; Inder und Germanen ja auch
nicht oder noch nicht einmal soweit.

meinen Ausführungen selbst einzufügen, war ich aus äufseren Gründen nicht mehr imstande; andererseits schien es mir bei der Autorität, welche dieser Hypothese aus dem Namen ihres Urhebers erwächst, und bei der glänzenden Art, mit der sie vorgetragen ist, in Rücksicht auf meine eigene hier vorzutragende völlig abweichende Ansicht über das aristotelische Buch unerläfslich, zu begründen, weshalb ich mir die Nissenschen Ausführungen weder im ganzen noch im einzelnen aneignen kann. Ich habe daher die Form eines Excurses wählen müssen. Nur Nissens Aufsatz habe ich begegnen zu müssen geglaubt; über Rühls Hypothese (*Der Staat der Athener und kein Ende*, Jahrb. f. kl. Ph. XVIII 701 ff.), die πολ. Ἀθην. gehöre dem Herakleides, wird man erst verhandeln können, wenn sie mit Gründen begründet sein wird.

Nissen geht bei dem eigentlichen Beweise aus von dem durch Lippert [1]) jüngst publizierten arabisch erhaltenen Briefe περὶ βασιλείας, welchen die Überlieferung dem Aristoteles zuschreibt. Der Herausgeber hat das Schriftstück durch den Titel als unecht erklärt; Nissen hält es für echt. Beweist er die Echtheit? Ich finde nichts, womit er es thäte; denn dafs sich einige Parallelstellen aus der Politik zu einer Schrift περὶ βασιλείας auftreiben lassen, ist durchaus natürlich. Solche Parallelstellen in geringer Anzahl beweisen nach keiner Seite hin — das ist eine alte Lehre der wissenschaftlichen Forschung —, und herzlich wenig sind nur vorgebracht. Die beweisendste hat schon Lippert angeführt § 10 *regnum autem in liberos homines praestantius est regno in servos* = Polit. 1254 a 25 ἀεὶ βελ-

---

[1]) *De epistula pseudaristotelica* περὶ βασιλείας *commentatio.* Diss. Hall. Sax. 1891.

τίων ἡ ἀρχὴ ἡ τῶν βελτιόνων ἀρχομένων¹); nur schade, dafs Lippert und auch Nissen das griechische Citat hier endigen lassen: hätten sie die vier nächsten Worte οἷον ἀνϑρώπου ἢ ϑηρίου hinzugezogen, würde ihnen nicht entgangen sein, dafs der nächste Satz des Briefes eine Paraphrase dieser aristotelischen Worte bildet: *talis igitur tyrannus eiusmodi est, ut malit pecora pascere quam regere homines.* Glaubt man, dafs Aristoteles sich selbst so paraphrasiere? und in welches Licht rückt damit jene fast wörtliche Entlehnung? — Das Eingangsmotiv, dafs für den Frieden Gesetze notwendiger seien als für Kriegszeiten (§ 2. 3), wird allerdings auch von Aristoteles Pol. 1333 a 30 ff. ausgeführt; man vergleiche aber selbst das Gerede in dem Briefe mit der philosophischen Darlegung der sicher echten Schrift. Im übrigen ist der Grundgedanke nicht blofs aristotelisch — das allein wäre doch nur wirklich beweisend —, schon Thuk. III 39, 4 sagt καὶ κακοπραγίαν ὡς εἰπεῖν ῥᾷον ἀπωϑοῦνται ἢ εὐδαιμονίαν διασώζονται²). — 'Dafs der König Gesetzgeber sein müsse', lesen wir allerdings in der Politik 1286 a 8 ff., aber nicht in dem Sinne wie in der Briefstelle, zu der Nissen diesen Passus der Politik citiert. Die Stelle ist, wie der erste Blick lehrt, in Anlehnung an Platons

Excurs Echtheit nicht erwiesen

---

¹) Vgl. auch 1333 b 27 τοῦ γὰρ δεσποτικῶς ἄρχειν ἡ τῶν ἐλευϑέρων ἀρχὴ καλλίων καὶ μᾶλλον μετ' ἀρετῆς.

²) Mir fällt gerade eine Anwendung dieses Gedankens in der Praxis in die Hände. Cod. Gregor. XIV 4 De maleficis et Manichaeis (p. 44 Hänel): Impp. Maximianus Diocletianus et Maximinus Nobilissimi A. A. A. Juliano Proconsuli Africae. *Otia maxima interdum homines in communionem (? in communi omnem Hänel) conditionis naturae humanae modum excedere hortantur et quaedam genera inanissima ac turpissima doctrinae superstitionis inducere suadent, ut sui erroris arbitrio pertrahere et alios videantur q. s.* Undatiert, nach Hänel vermutlich aus dem J. 287.

Politikos geschrieben — selbst die ägyptischen Ärzte stehen da —, also der Briefschreiber muſs nicht Aristoteles sein. Aber wie faſst doch Aristoteles an der herangezogenen Stelle den König als Gesetzgeber? Er will ihn für richtendes Entscheiden über die Sachen, welche das Gesetz nicht bestimmen kann, haben; also so allgemein ist das νομοθέτης nicht gefaſst, wie es für eine Parallelisierung mit dem Briefe notwendig wäre. Doch Aristoteles fährt in seiner Deduktion fort: ὅσα δὲ μὴ δυνατὸν τὸν νόμον κρίνειν ἢ ὅλως ἢ εὖ, πότερον ἕνα τὸν ἄριστον δεῖ ἄρχειν ἢ πάντας; die Antwort ist ja bekannt: κρίνει ἄμεινον ὄχλος πολλὰ ἢ εἷς ὁστισοῦν. Die aristotelische Stelle behandelt eben das oft traktierte Problem der ἄγραφοι νόμοι. Nur wenn man die Worte ὅτι μὲν τοίνυν ἀνάγκη νομοθέτην αὐτὸν εἶναι δῆλον aus ihrem Zusammenhange reiſst und die drei Wörtchen, welche zu demselben Satze gehören, καὶ κεῖσθαι νόμους, übersieht, kann man sie für den Brief vergleichen, der sagt, Alexander solle 'vacare contemplationi . . . imprimis ferendarum legum'. Es ist hier von einem ganz anderen νομοθέτης die Rede. — 'Das entsprechende Urteil über Lykurg VII 13 (14), 1 f.' kann ich nicht finden, verstehe überhaupt nicht, weshalb Nissen hier Lykurg betont; denn die Worte 'nam haud ignoras quid sit assecutus Lycurgus institutione legum suae civitatis' begründen den Satz, daſs man durch gesetzgeberische Thätigkeit berühmt wird. Es trifft sich recht unglücklich für die Heranziehung dieser Aristotelesstelle zu dem Paragraphen des Briefes, welcher unmittelbar auf das Lob des Lykurgos folgt, daſs sie dem Anfange eines Abschnittes mit den folgenden Eingangsworten angehört: οἱ δὲ νῦν ἄριστα δοκοῦντες πολιτεύεσθαι τῶν Ἑλλήνων καὶ τῶν νομοθετῶν οἱ ταύτας καταστήσαντες τὰς πολιτείας οὔτε πρὸς τὸ βέλτιστον

τέλος φαίνονται συντάξαντες τὰ περὶ τὰς πολιτείας οὔτε   Excurs
πρὸς πάσας τὰς ἀρετὰς τοὺς νόμους καὶ τὴν παιδείαν
κτέ., woran sich eine recht abfällige Kritik der Tendenz der spartanischen Verfassung schliefst. Mit dieser
Parallele ist es also nichts. § 5 ferner, der besagt, dafs
das Königtum sich auf Liebe und Bewunderung der
Unterthanen stützen müsse, wird durch Hinweis auf
Pol. III 9 (14), 7; 10, 7 nicht als aristotelisch erwiesen; das könnte ebensogut aus der kyprischen Trilogie des Isokrates stammen. — Lehrreich ist für die
Beweisführung durch Parallelen, was zu § 4 bemerkt
wird. Ich gehe von der dazu citierten Stelle Polit.
VII 6 (7) aus. Aristoteles setzt 1327 b 23 ff. auseinander,
dafs die Bewohner des nördlichen, aufsergriechischen
Europa — Εὐρώπη in dem besonders im 5. Jahrh. ge-
bräuchlichen Sinne — wohl Energie, aber nicht ge-
nügende geistige Fähigkeiten besäfsen, um zu herrschen; umgekehrt bei den Asiaten; sie besäfsen diese.
es fehle aber jene. 'Das Volk des eigentlichen Griechen-
land dagegen (τὸ δὲ τῶν Ἑλλήνων γένος) hat, wie es ört-
lich zwischen beiden angesessen ist, so an beider Eigenschaften Anteil. Denn es besitzt Energie und geistige
Fähigkeiten. Daher hat es sich bis auf den heutigen
Tag seine Freiheit bewahrt, seine vorzüglichen Staatsverfassungen und die Fähigkeit, über alle zu herrschen,
wenn es zur Bildung eines (Gesamt-)Staates gelangte.'
Nissen zu § 4: „nach Nöldeke ganz wörtlich: 'so ist
unentbehrlich ein zusammenfassender Leiter, der die
Regierung (oder 'die Sache') des Volkes, das wie
diese (hi) ist, zusammenfafst, besonders in Hellas und
dessen Staaten (πόλεις); denn sie sind (jetzt) alle zu
einem Staate (πόλις) verbunden'; vgl. Pol. VII 6 (7)
τὸ δὲ τῶν Ἑλλήνων γένος ... μιᾶς τυγχάνον πολιτείας.‟
Wer diese acht citierten griechischen Worte in ihrem Zu-

9*

sammenhange verstanden hat, muſs sich fragen, ob man in unglücklicherer Weise parallelisieren kann. Die Politik spricht von der einheitlichen Ordnung des Griechenvolkes als der Bedingung, unter welcher es herrschen könne, der Schreiber des Briefes will eine einheitliche Ordnung, damit es nicht im weichlichen Frieden unter der Herrschaft Alexanders verkomme. Welcher Gedanke aristotelisch ist, wird sich jeder selbst beantworten. — Aus § 3 wird ausgehoben: 'der Fürst darf nicht Tyrann sein, sondern vermag nur durch gute Gesetze und Zucht seiner Herrschaft Dauer zu verleihen, vgl. Pol. V 8 (10).' Im Zusammenhange stellt sich die Sache so. Der Verfasser geht § 3 davon aus, daſs die Menschen nach Gesetzen nur leben, wenn sie ein 'legitimer' [1]) Herrscher, d. h. ein Herrscher, 'der solcher nicht durch Bürgerzwist oder durch Tyrannis wurde', dazu hinführt. Der Verfasser fällt danach sofort in den Gedanken von § 2 zurück, daſs für den Frieden Gesetze weit notwendiger seien als für Kriegszeit. Zum Schlusse heiſst es: ohne Gesetze geben die Menschen sich *vanis rebus* hin, und das *regnum* zerfällt; also muſs es zunächst gute Gesetze und zweitens einen Herrscher geben, der die schlechten Elemente *per timorem*, die guten *per pudorem* zu guten Sitten führt (*ad bonos mores adducat*). Mit welchem Nutzen man hierzu jenes Kapitel aus der Politik vergleichen soll, ist nicht abzusehen. Ich komme sogleich noch einmal darauf zurück. Es sind alle Parallelstellen geprüft, die Nissen anführt, bis auf eine. Die Worte des Schluſsparagraphen '*sciasque in eas civitates*

---

[1]) *is cuius principatus est legitimus, non discordia civilis vel iniusta tyrannis.* Vgl. § 4 *opus est principe legitimo.* Wie unklar die Vorstellungen des Verfassers sind, folgt aus § 5 *legitime occupat imperium*, worüber u. S. 140.

quas intraverit fragilitas et corruptio, hasce pervenisse
principum et rectorum pravitate, quippe qui arreptionem
commodorum praetulerint curae reipublicae et ordinationi
legum civitatum et curas converterint in accelerandis
voluptatibus libidinibusque et civitatis regimen negle-
xerint, cuius vestigia manent in terra per omne aevum'
sollen dem Gedanken, welcher in dem historischen Teil
des Staates der Athener ausgesprochen wird, entsprechen. Die Sache sieht im Zusammenhange so aus.
Die Worte des Schlusses greifen zurück auf § 4, in
welchem das Thema gestellt wird. *Neque venit civita-*
tum bona conditio nisi a bona conditione principum et
rectorum, sicut vidimus in urbibus Lacedaemone et
Athenis. Regnabant enim in altera reges (tyranni) et
instituebant leges, praetores (ἄρχοντες) in altera. Ita
aedificatae hae urbes amplamque famam nactae sunt.
Ex altera vero parte discordia quoque et nequitia et
corruptio, quae in civitates ingruerunt, principum et
rectorum pravo regimine orta sunt, cum ei in vanis libi-
dinibus curas consumpserint neglexerintque civitatis
gubernationem, ex qua gloria paritur, quae manet in
terra usque in aeternitatem. Ich denke, die Identität
der in § 4 und § 13 gekennzeichneten *principes* und
rectores ist klar; sie ruinieren den Staat. Den Gegensatz bilden Athen und Sparta, welche durch die guten
Leiter zu hohem Ruhme gelangt sind. Es ist nicht
von Gesetzgebern die Rede, sondern von ἄρχοντες,
also leitenden Staatsmännern; was gesagt ist, bezieht
sich auf die athenische Geschichte überhaupt. Athen
wird hier gerade von dem Grundgedanken des historischen Teiles der πολ. Ἀθην. ausgenommen. Und
das soll Aristoteles geschrieben haben; die Stelle beweist
gerade das Gegenteil von dem, was sie beweisen sollte.
Es ist merkwürdig, daſs Nissens Parallelen so un-

Excurs
Ps.-
Aristot.
π. βασιλ.
aus
Aristot. glücklich gewählt sind, während es doch viel treffendere gab. Warum ist zu § 1 *cum institutio legum sit salus populi (et perpetuitas incolumitatis et concordia subditorum)* nicht citiert Rhet. 1360 a 19 εἰς δ᾽ ἀσφάλειαν ἅπαντα μὲν ταῦτα ἀναγκαῖον δύνασθαι ·θεωρεῖν, οὐκ ἐλάχιστον δὲ περὶ νομοθεσίας ἐπαΐειν· ἐν γὰρ τοῖς νόμοις ἐστὶν ἡ σωτηρία τῆς πόλεως? Ich denke, diese Parallele ist nicht schlechter als die einzig treffende, welche bisher angeführt ist. Warum fehlt zu den Worten § 4 *Oportet vero hunc virum esse intelligentem et probum, qui non solum strenuitate et iustitia et virtutibus excellat, verum etiam potentia et belli apparatu, ut coercere populum et ad leges adducere possit* der Hinweis auf die Stelle der Polit. 1286 b 27 ff., wo erörtert wird, πότερον ἔχειν δεῖ τὸν μέλλοντα βασιλεύειν ἰσχύν τινα περὶ αὐτόν, ᾗ δυνήσεται βιάζεσθαι τοὺς μὴ βουλομένους πειθαρχεῖν, ἢ πῶς ἐνδέχεται τὴν ἀρχὴν διοικεῖν; und der Schluſs lautet ἀναγκαῖον ὑπάρχειν αὐτῷ δύναμιν ᾗ φυλάξει τοὺς νόμους? Eine Hauptstelle haben ferner Lippert und Nissen übersehen: Ethik VIII p. 1160 b 1 — 1161 b 10. Daraus folgende Coincidenzen: ἡ μὲν γὰρ πατρὸς πρὸς υἱεῖς κοινωνία βασιλείας ἔχει σχῆμα (... πατρικὴ γὰρ ἀρχὴ βούλεται ἡ βασιλεία εἶναι)· ἐν Πέρσαις δ᾽ ἡ τοῦ πατρὸς τυραννική (χρῶνται γὰρ ὡς δούλοις τοῖς υἱέσι), τυραννικὴ δὲ καὶ ἡ δεσπότου πρὸς δούλους = c. 10 *Nihil enim a regimine (= βασιλείᾳ) remotius est quam tyrannis, quia tyrannus in conditione domini est, rex vero in conditione patris. Sic rex Persarum unumquemque appellabat servum et incipiebat a filiis.* Auch in diesem Passus der Ethik der in der Politik sich ja ebenfalls findende Gedanke: ὁ μὲν γὰρ τύραννος τὸ ἑαυτῷ συμφέρον σκοπεῖ, ὁ δὲ βασιλεὺς τὸ

τῶν ἀρχομένων , . . ἡ δὲ τυραννὶς . . . τὸ γὰρ ἑαυτῷ Excurs ἀγαθὸν διώκει, wozu: § 5 *incidunt . . in magnum odium et contemptionem, quippe qui velint ut sibi solis vindicent commoda solique utantur bona vitae conditione* q. s. § 10 *Plerique . . qui ante hoc tempus regnabant, id tantum agebant, ut commodis principatus et imperii fruerentur.* § 13 *qui arreptionem commodorum* q. s. (s. S. 133). § 11 ist ganz aus dem Gedankenkreise des zweiten Teiles der angeführten Ethikpartie (Kap. 11) geschrieben; er steht in dem Abschnitte, in welchem der Verfasser über die Liebe der Unterthanen handelt und Gerechtigkeit und Nachsicht *(iustus et clemens* d. h. δίκαιος καὶ ἐπιεικής) vom Fürsten verlangt: καθ᾽ ἑκάστην δὲ τῶν πολιτειῶν φιλία φαίνεται, ἐφ᾽ ὅσον καὶ τὸ δίκαιον. Vgl. ferner: *Non vero decet principem viros claros et obscuros uno eodemque modo tractare, sed reddere quod cuique conveniat* mit den Worten, welche auf die βασιλικὴ — πατρική gehen: καὶ τὸ δίκαιον δὴ ἐν τούτοις οὐ ταὐτὸ ἀλλὰ τὸ κατ᾽ ἀξίαν. Der Gedanke der Ethik ἐν δὲ ταῖς παρεκβάσεσιν, ὥσπερ καὶ τὸ δίκαιον ἐπὶ μικρόν ἐστιν, οὕτω καὶ ἡ φιλία ἐστί, καὶ ἥκιστα ἐν τῇ χειρίστῃ· ἐν τυραννίδι γὰρ οὐδὲν ἢ μικρὸν φιλίας kehrt in konkreterer Fassung so wieder: *rex enim si non iustus est, non rex est immo invisus* (d. h. ἄνευ φιλίας) *tyrannus.* Der Abschnitt des § 11 über die *clementia* ist eine nicht ganz klare Reminiscenz an die Ausführung in der Ethik V 1137 a 31, wo von der ἐπιείκεια und dem ἐπιεικές im Verhältnis zu der δικαιοσύνη und dem δίκαιον gehandelt wird; schon die Zusammenstellung des δίκαιον und ἐπιεικές in dem Briefe ist aristotelisch (Eth. 1137 b 10 ff.; vgl. Rhet. 1374 a 26 τὸ γὰρ ἐπιεικὲς δοκεῖ δίκαιον εἶναι, ἔστι δὲ ἐπιεικὲς τὸ παρὰ τὸν γεγραμμένον νόμον δίκαιον). In diesem Sinne wird das horazische *iacentem lenis in hostem,* das

Excurs ἐπιεικές, hier im Anschluſs an das δίκαιον behandelt
(*contra si rebellionem repressisti .... violentiae loco
misericordem, asperitatis loco clementem adversus eos te
praebeas*).

Gründe gegen die Echtheit Ich stelle diese Parallelen, welche wohl etwas beweisender als die bisher angebrachten wären, denen für
ihre Beweisführung zur Verfügung, welche den Brief
für echt halten: echt ist er darum doch nicht. Um
mit einer Einzelheit anzufangen: § 11 *Scias porro nobiles
dignitatis iniuriam aegrius ferre quam opum et cor-
porum iacturam; libenter enim et bona sua et corpora
largiuntur, dummodo dignitatis et auctoritatis iniuria ne
afficiantur.* Aristoteles sagt Polit. 1312 a 30 von den
διὰ φιλοτιμίαν gegen die Tyrannis Vorgehenden: οἱ
μὲν ἐλάχιστοί γε τὸν ἀριθμόν εἰσιν οἱ διὰ ταύτην τὴν
αἰτίαν ὁρμῶντες· ὑποκεῖσθαι γὰρ δεῖ τὸ τοῦ σωθῆναι
μηδὲν φροντίζειν, ἐὰν μὴ μέλλῃ κατασχήσειν τὴν πρᾶξιν
und etwas später, 1315 a 14, ἔτι δὲ πάσης μὲν ὕβρεως
εἴργεσθαι, παρὰ πάσας δὲ δυεῖν, τῆς τε εἰς τὸ σῶμα
[κολάσεως] καὶ τῆς εἰς τὴν ἡλικίαν. μάλιστα δὲ ταύτην
ποιητέον τὴν εὐλάβειαν περὶ τοὺς φιλοτίμους· τὴν μὲν
γὰρ εἰς τὰ χρήματα ὀλιγωρίαν οἱ φιλοχρήματοι φέρουσι
βαρέως, τὴν δ᾽ [εἰς] ἀτιμίαν οἵ τε φιλότιμοι
καὶ οἱ ἐπιεικεῖς τῶν ἀνθρώπων.

Doch was will solche Einzelheit? Man mutet
dem Aristoteles den Gedanken zu: *Iustitia enim est
laudata et magni aestimata non solum apud sapientes
universos verum etiam apud stultos* (§ 12). Man
glaubt, daſs Aristoteles habe schreiben können, daſs die
Staaten von Hellas 'jetzt alle zu einem Staat verbunden seien', und das in dem Augenblicke, wo er
über hundert hellenischer Politieen monographisch behandelt. Aristoteles konnte die thörichte Auffassung
der späteren Zeit gar nicht teilen, daſs Philipps und

Alexanders Regierung einen Einschnitt in der inneren Entwicklung der hellenischen Politieen gemacht habe, denn er lebte in ihnen. Die Diadochen und Römer haben gethan, was athenische und hellenistische Rhetorik den Folgen von Chaironeia in späterer Zeit zuschrieb. — Aristoteles, dem die Menschheit immer in Hellenen und Barbaren zerfiel, soll ein einheitliches Recht verlangt haben für die Völker von der Donau und dem Kaukasus bis zu den Nilkatarakten, vom Ambrakischen Golfe und den Syrten bis Alexandreia eschate und den Indusmündungen? Aristoteles, der die ἀρίστη πολιτεία in der Politik geschildert hat, soll den Satz haben schreiben können: *Sed sicut nullo modo fieri potest, ut tradant* (patres) *bona sua pueris, ita fieri minime potest, ut tradatur civitatis regimen populo, cum sint populi mores similes puerorum moribus, quorum utrumque genus desiderat custodes et rectores* (§ 3)?

Doch betrachten wir einmal den Brief als Ganzes. Was soll er? Der Verfasser geht von der ihm zugekommenen Nachricht aus, dafs Alexander nach den Kriegszügen anderen wichtigen Reichsangelegenheiten sich widmen wolle. Wenn er das wolle, solle er vor allem der Gesetzgebung seine Aufmerksamkeit zuwenden; denn das bringe Ruhm, wie das Beispiel des Lykurgos beweise (§ 1). Gerade nach dem Kriege sei eine Gesetzgebung nötig, denn der Frieden berge Gefahren für die innere Wohlfahrt (§ 2). Aber Gesetz sei Gesetz nur dadurch, dafs danach gelebt werde; es werde danach gelebt, wenn ein Fürst, dessen *principatus* ein *legitimus* ist, die Völker wie Kinder dazu anhalte (§ 3). Dieser Fürst mufs Macht haben, die Widerstrebenden zum Gehorsam zu bringen. er selbst mufs aber ein Mann unsträflicher Gesinnung sein; denn wie der Fürst, so das Volk. Die Blüte Athens und Spartas resultiere aus der Trefflichkeit der Leiter; schlechte Leiter haben dagegen ihre Staaten zu Grunde gerichtet (§ 4). Der Fürst soll sich die Bewunderung und die Liebe der Unterthanen durch seine Eigenschaften erwerben. Der Verfasser führt nun zunächst aus, wie der Fürst sich benehmen müsse, damit er die **Bewunderung** gewinne: § 5-7. In § 8 erfolgt scheinbar ein Excurs, in welchem Alexander wegen seines energischen Vorgehens gegen die rebellischen Perser (?) belobt wird; innerer Friede sei notwendig, er werde aber nur erreicht durch längere Gewöhnung an Zucht und Ordnung, *pulchra civitatum conditione instituenda.* Dadurch werde erreicht, worauf alles Staatswohl (*salus et recta conditio civitatum*) beruhe: die *pulchritudo status et integritas vitae* (= εὐταξία καὶ ἀσφάλεια βίου). Man sieht, der erste Eindruck, welchen § 8 macht, täuscht. Wir haben keinen Excurs in ihm, sondern eine Ausführung, welche sich an § 1 anschliefst: die Gesetzgebung wird verlangt. Auch § 9 gehört in diesen Zusammenhang; der Verfasser erklärt, Alexander habe nun genug erworben, jetzt solle er das Erworbene geniefsen und ordnen (*comparatio — usurpatio:* κτῆσις — χρῆσις): *Restat ergo tibi altera, usurpatio rerum earum quas consecutus es rectaque earum institutio.* — Mit § 10 setzt der Teil ein, welcher die Eigenschaften vom Alexander verlangt, durch welche er sich die **Liebe** der Unterthanen erwerben könne: er solle ein König, kein Tyrann sein, über Freie und Gute, nicht über Sklaven herrschen wollen (§ 10); dazu müsse er gerecht und milde sein (§ 11) und auf falsche Ratgeber nicht hören, welche ihn seinem Volke entfremdeten und bei ihren Beratungen nicht die Billigkeit, sondern den eigenen Vorteil im Auge hätten *(qui miscent apud te negotia teque adversus populum incitant.*

Non enim aequitatem efferunt inter hanc rem q. s.) Schlufs
§ 12: Darum erwirb dir Bewunderung (*id quod homines
admirantur*) und Liebe (*ne igitur abstinueris ab
amore populi, ut tibi ipsi amor et honor ab iis con-
tingat*); denke daran, dafs, wie der Fürst ist, so das
Volk. Strebe danach, dafs dein Name durch die
Liebe des Volkes unsterblich und deine Regierung
segensreich werde.

So dispositionslos also, wie er auf den ersten Blick
erscheint, ist der Brief nicht; es lassen sich gröfsere
unter sich zusammenhängende Teile nachweisen; in
diesen Teilen selbst könnte ja manches geordneter sein,
im ganzen bildet aber auch in ihnen der jedesmalige
Grundgedanke das leitende Motiv. Der Inhalt der
gröfseren Teile lehrt nun, dafs dem Verfasser zwei
Themata durcheinander gingen: 'Gieb Gesetze, denn
sie sind für den Staat notwendig' und 'Sei selbst ein
guter Fürst'. Es ist wohl ein Ansatz dazu vorhanden,
die beiden Gedanken in inneren Zusammenhang zu
setzen, aber es ist bei dem Ansatze geblieben. Der
Brief beginnt mit dem Satze: 'gieb Gesetze, damit du
unsterblich wirst', und endigt mit der Aufforderung:
'erwirb dir die Liebe deiner Unterthanen, damit du
unsterblich wirst'. Die beiden Motive zu dem Gedanken zu vereinigen: 'erwirb dir die Liebe der Unterthanen durch eine weise Gesetzgebung und persönliche
Trefflichkeit, damit du unsterblich wirst', war doch
wahrlich nicht schwer; und ein Aristoteles wäre nicht
imstande gewesen, eine derartige inhaltliche Einheit
zu schaffen? Diese Unfähigkeit wetteifert nur mit der
Exilität des Hirnes, welchem es unmöglich war, über
die trivialsten Gedanken — denn andere enthält der
Brief nicht — hinauszukommen. -- Weiter: Aristoteles
soll dem Alexander des Jahres 324 in dieser Weise

Excurs zu raten gewagt haben, *πῶς δεῖ βασιλεύειν?* Es heifst
§ 5: *hisce* (Liebe und Bewunderung) *legitime occupat
et imperium et eius dignitatem, ut regi se ab eo patiatur
populus et libenter oboediat ... spero autem tibi praesto
esse hasce ambas virtutes* q. s. Das dem Despoten in
Babylon, der kraft seines Schwertes herrschte? soll
man denn den Philosophen absolut für unzurechnungs-
fähig halten? Gedacht mag Aristoteles sich manches bei
dem haben, was er vom Hofe hörte, aber wie er sich zur
Praxis stellte, beweist seine Kritik des Verhaltens des
Kallisthenes. Und was soll Alexander dazu antreiben,
die Gesetze zu geben und recht brav zu sein? Die
Hoffnung auf Unsterblichkeit; in §§ 1. 4. 8. 10. 13
ist sie das Stimulans; daneben tritt durch die Art der
Betonung ein anderes, die *diuturnitas regni,* welche die
Gesetzgebung gewährleiste, zurück: §§ 2. 3. 7. 11,
entsprechend dem Verhältnisse, in welchem die beiden
Themata des Schriftstückes zu einander stehen. Das
Hervortreten der *aeternitas gloriae* erinnert nun an die
oft citierte Stelle aus Cic. ad Att. XIII 28 *quae sunt ad
Alexandrum hominum eloquentium et doctorum suasiones*
(d. h. *συμβουλευτικοί*) *vides quibus in rebus versentur: ado-
lescentem incensum cupiditate verissimae gloriae cupientem
sibi aliquid consilii dari, quod ad laudem sempiter-
nam valeret, cohortantur.* Unser Brief ist, wenn er
auch nicht die Form der Rede hat, im Grunde solch
eine *suasio.* Die Fiktion der Verhältnisse, unter denen
er geschrieben ist, läfst natürlich den *adolescens* nicht
zu; der Kriegsheld hat schon Ruhm: den schöneren,
unsterblichen soll der Friedensfürst Alexander erwerben.

Wir haben in dem Briefe ein Rhetorenstück vor
uns, welches das seit Isokrates übliche Thema von den
Eigenschaften des guten, für die Unterthanen vor-

bildlichen Herrschers in der gleichfalls überkommenen Form des beratenden Briefes behandelt. Dies alte Thema ist zu variieren versucht durch Einführung eines neuen Motivs, der Aufforderung zur Gesetzgebung; aber mit Ungeschick. Im einzelnen sind Gedanken und Wendungen in Gestalt von Reminiscenzen, Anregungen und direkten Entlehnungen aus der aristotelischen Politik und Ethik geflossen. — Wann das Machwerk entstanden ist, weifs ich nicht; ich möchte aber darauf aufmerksam machen, dafs seine früheste Erwähnung, was Lippert nicht angemerkt hat, im Fihrist des Muhammed ibn Ishâq, um 1000 n. Chr., sich findet, und zwar in dem 'Berichte über Aristoteles' des von A. Müller[1]) herausgegebenen Abschnittes über die griechischen Philosophen. Es werden hierin zwei Stellen aus dem erhaltenen Briefe citiert, welche dann auch Ibn Abi Oseibia (c. 1300) hat (Lippert p. 27). — Dieser 'Bericht über Aristoteles' zerfällt in Vita und Schriftenkatalog. Die Vita ist aus Ptolemaeus 'dem Fremden', d. i. Ptolemaios Chennos[2]), geflossen. Zwar wird er gerade vor und nach den Citaten aus unserem Briefe genannt; es wäre also denkbar, dafs auch die Citate selbst aus ihm entlehnt seien, womit wir den terminus ante quem hätten. Allein aufser den zwei Citaten, welche in unserem Texte enthalten sind, findet sich daselbst ein drittes, welches seiner Diktion nach nie griechisch gewesen sein kann (Müller a. a. O. p. 46 n. 20; Lippert p. 26). Wenn dieses Citat nicht aus Ptolemaios stammen kann,

Excurs

---

¹) *Die griechischen Philosophen in der arabischen Über-lieferung* (Halle 1873) S. 9 ff.

²) Littig, *Andronikos von Rhodos* (München 1890) S. 19 A. 4 nach Christs Vermutung, die von keinem von beiden mit inneren Gründen bewiesen ist, obwohl es sehr leicht und kurz hätte geschehen können.

Excurs wird man über die zunächst zu vermutende Provenienz
der beiden anderen wieder zweifelhaft. — Daſs der überlieferte Brief selbst aus dem Griechischen (direkt oder
indirekt über das Syrische) übersetzt ist, beweisen die
aristotelischen Entlehnungen und Anlehnungen, und
wird niemand bezweifeln, der einmal die übrigens
recht schwierige und aussichts- wie zwecklose Rück-
übersetzung versucht hat.

Den Brief kann man also nicht zum Ausgangs-
punkte und zum ersten Beweisgliede in der Begründung
einer Hypothese über den Zweck einer echten aristotelischen Schrift nehmen. Aber gesetzt auch, der Brief
wäre echt, was bewiese er weiter, als daſs Aristoteles
zu einer Reichsgesetzgebung r i e t? Ist denn das Wollen
Alexanders identisch mit dem Rat des Aristoteles?
Also selbst der echte Brief bewiese die thatsächlich
intendierte Reichsgesetzgebung nicht. — Es folgen nun
historische Erörterungen bei Nissen, welche darthun,
daſs ein Reichsgesetz in Rücksicht auf die Admini-
stration und Rechtspflege des groſsen Reiches nützlich
gewesen wäre. Wie nützlich den Athenern der Friedens-
schluſs nach der Arginusenschlacht gewesen wäre, mag
man mit schönen Erörterungen darthun, dazu entschlossen
haben sich die Athener darum doch damals nicht. Aber
Nissen zieht nun (S. 183) den Schluſs der Ethik heran, um
aus einem Passus desselben zu folgern — und so seine
Hypothese durch das Zeugnis des Aristoteles selbst zu
belegen —, daſs Aristoteles in ihm wie in jenem Briefe
den Alexander beschwöre, ein Reichsgesetz zu geben,
und zugleich erkläre, 'daſs die Politik die allgemeinen
Principien für die Reichsgesetzgebung entwickelt, während die Sammlung der Gesetze und Verfassungen für
die Behandlung der einzelnen Fälle dienen sollen'. Da
der Schluſs der Ethik von Nissen an einer späteren

Stelle noch einmal herangezogen wird, verspare ich ein
Eingehen auf die Nissensche Interpretation der Worte
der Ethik auf nachher (u. S. 146, vgl. o. S. 124). — Weiter:
obwohl die συναγωγὴ τῶν νόμων unter Theophrasts Namen
geht, ist sie, wie von Usener schon bemerkt, auf Initiative
und unter Mitwirkung des Aristoteles entstanden. Da
Aristoteles also an der συναγωγὴ τῶν νόμων Anteil hat,
so sind wir zu der Annahme 'genötigt', dafs diese
συναγωγή die Sammlung der 158 πολιτεῖαι zur Voraussetzung habe. Wo ist auch nur eine Spur von
einer solchen 'Nötigung' vorhanden? — 'Ferner ist klar,
dafs Aristoteles die Veröffentlichung der Politieen erlebt
hat, aber vor der Herausgabe der Gesetze gestorben
ist'; die gemeinsame Arbeit trage den Namen des
wirklichen Herausgebers. Ich kann in diesen letzten
Sätzen nur eine Kette von Behauptungen ohne jeden
Beweis sehen, wie ich bis zu diesem Punkte der Ausführungen Nissens überhaupt keinen wirklichen Beweis
für seine Hypothese gefunden habe. Aber mit Vermutungen und Behauptungen allein wird doch nicht
argumentiert.

Ein neues Argument haben wir in der Vermutung zu sehen, dafs Aristoteles das Material zu
den πολιτεῖαι sich nicht habe selbst beschaffen können,
namentlich nicht für die fast 100 zählenden 'Duodezstaaten', für die es schwerlich Aufzeichnungen gegeben habe.
Das makedonische Archiv sei hier helfend eingetreten,
und wo dieses im Stiche liefs, würden die makedoni-
schen Agenten oder die Stadtregierungen selbst an-
gehalten worden sein, die nötigen Angaben zu liefern.
Kann die genialste Vermutung ohne die Stütze anderer
sicherer, zuerst beweisender Argumente für sich allein
beweisen? Was rechtfertigt die Annahme, dafs Aristoteles sich das Material nicht habe selbst beschaffen

können? Können wir auch nur annähernd bestimmen, welches Material für die πολιτεῖαι damals die κτίσεις, ἱστορίαι, περιηγήσεις, περίπλοι, περίοδοι [1]), die Geschichtswerke und die eigentliche politische Litteratur boten? Haben wir auch nur eine Vorstellung von der bei dieser Frage nicht belanglosen Masse der in Betracht kommenden Werke? Und wer sagt uns, dafs in den anderen Politieen dasselbe Verhältnis zwischen dem historischen und systematischen Teil bestanden habe, wie es die πολ. Ἀθην. zeigt? Der von Nissen selbst angeführte Thatbestand, dafs von den 118 von Rose den übrigen πολιτεῖαι zugewiesenen Fragmenten 99 den historischen Teilen der Bücher angehört haben müssen, giebt doch, wenn er überhaupt etwas in dieser Richtung zu folgern erlaubt, zunächst den Schlufs an die Hand, dafs eben in diesen Politieen je der historische Teil den systematischen überwog. Die von Nissen herangezogene Plutarchstelle [2]), in welcher κτίσεις καὶ πολιτεῖαι Ἀριστοτέλους genannt werden, wird man schwerlich geneigt sein, mit ihm dahin zu erklären, dafs Plutarch mit diesen beiden Worten die beiden Teile der πολιτεῖαι, den historischen und systemati-

---

[1]) Vgl. Rhet. 1360 a 33 . . δῆλον ὅτι πρὸς μὲν τὴν νομοθεσίαν αἱ τῆς γῆς περίοδοι χρήσιμοι· ἐντεῦθεν γὰρ λαβεῖν ἐστιν τοὺς τῶν ἐθνῶν νόμους, πρὸς δὲ τὰς πολιτικὰς συμβουλὰς τὰς τῶν περὶ τὰς πράξεις γραφόντων ἱστορίας· ἅπαντα δὲ ταῦτα πολιτικῆς ἀλλ' οὐ ῥητορικῆς ἔργον ἐστίν; gegen Isokr. vgl. u. S. 146.

[2]) Plut. Non posse suaviter vivi c. 10 ὅταν δὲ μηδὲν ἔχουσα λυπηρὸν ἢ βλαβερὸν ἱστορία καὶ διήγησις ἐπὶ πράξεσι καλαῖς καὶ μεγάλαις προσλάβῃ λόγον ἔχοντα δύναμιν καὶ χάριν, ὡς τὸν Ἡροδότου τὰ Ἑλληνικὰ καὶ ⟨τὰ?⟩ Περσικὰ τὸν Ξενοφῶντος, ὅσσα δὲ Ὅμηρος ἐθέσπισε θέσκελα εἰδώς, ἢ γῆς περιόδους Εὔδοξος, ἢ κτίσεις καὶ πολιτείας Ἀριστοτέλης, ἢ βίους ἀνδρῶν Ἀριστόξενος ἔγραψεν, οὐ μόνον μέγα καὶ πολὺ τὸ εὐφραῖνον ἀλλὰ καὶ καθαρὸν καὶ ἀμεταμέλητόν ἐστιν.

schen, habe bezeichnen wollen. Plutarch führt doch
hier nur ganze Buchtitel an. Wenn beide Worte auf
die πολιτεῖαι gehen, was ich für nichts weniger als
sicher halte, so folgte daraus, dafs in einigen Politieen
der historische Teil so sehr überwog, dafs sie Plutarch
mit den Namen κτίσεις bezeichnen konnte. Das würde
zu dem Verhältnis von 118 : 99 stimmen. Aber für
Nissens Hypothese müssen die zweiten Teile be-
deutend gewesen sein. Da die aus den Fragmenten
zu entnehmende Beobachtung diesem Erfordernis ent-
gegensteht, behauptet Nissen, von diesen Politieen seien
im Altertum nur die historischen Teile gelesen worden.
Wie man sich das zu denken hat bei 157 πολιτεῖαι, d. h.
157 μονόβιβλοι, wird bei dieser Behauptung nicht gesagt.
Näher lag m. E. der Gedanke, dafs die Verfassung
von solchen 'Duodezstaaten' natürlicherweise später kein
Interesse mehr fand, die sie darstellenden Teile also weniger excerpiert wurden, während jenes den historischen
Teilen begreiflicherweise länger bewahrt blieb. — Und
nun das Hauptargument über den Zweck der πολιτεῖαι ;
es steht an jener Stelle der Ethik (X 1181 a 13 — b 12;
s. o. S. 142): ἴσως οὖν καὶ τῶν νόμων καὶ τῶν πολιτειῶν
αἱ συναγωγαὶ τοῖς μὲν δυναμένοις θεωρῆσαι καὶ κρῖναι
τί καλῶς ἢ τοὐναντίον ἢ ποῖα ποίοις ἁρμόττει εὔχρηστ᾽
ἂν εἴη· τοῖς δ᾽ ἄνευ ἕξεως τα τοιαῦτα διεξιοῦσιν τὸ μὲν
κρίνειν καλῶς οὐκ ἂν ὑπάρχοι, εἰ μὴ ἄρα αὐτόματον,
εὐσυνετώτεροι δ᾽ εἰς ταῦτα τάχ᾽ ἂν γένοιντο. Nissen:
'Also dient die Sammlung zum Gebrauch praktischer
Staatsmänner, weiterhin zur Heranbildung solcher.
Wie willkommen, wie notwendig mufste ein derartiges
Handbuch für die von allen hellenischen Parteien be-
stürmte Reichsregierung sein.' 'Also?' Ich begreife
das 'Also' nicht, nicht wenn ich die Worte hier aufser
Zusammenhang betrachte, nicht wenn ich sie in ihrem

Zusammenhange nachlese. Aristoteles sagt am Schlufs
der Ethik: Die Ethik mufs ins Praktische umgesetzt werden. Die Menschen bestehen aber nicht blofs aus Geist,
sondern auch aus Fleisch und Bein; diejenigen werden
also die Menschen nie zur Tugend bringen, welche
glauben, man solle sie auffordern, τοῦ καλοῦ χάριν nach
den Gesetzen der Moral zu leben, anderenfalls sie be-
strafen oder Landes verweisen. Die Menschen müssen
zur Tugend erzogen werden; der Staat erzieht durch
Gesetze, Gesetze giebt der πολιτικός. Wie wird man
nun ein πολιτικός? Durch ἐμπειρία. τ ῶ ν δ ὲ σ ο φ ι -
σ τ ῶ ν οἱ ἐπαγγελλόμενοι λίαν φαίνονται πόρρω εἶναι
τοῦ διδάξαι· ὅλως γὰρ οὐδὲ ποῖόν τι ἐστιν ἢ περὶ
ποῖα ἴσασιν· οὐ γὰρ ἂν τ ὴ ν α ὐ τ ὴ ν τ ῇ ῥ η τ ο ρ ι κ ῇ
ο ὐ δ ὲ χ ε ί ρ ω ἐ τ ί θ ε σ α ν, οὐδ᾽ ἂν ᾤοντο ῥᾴδιον
εἶναι τὸ νομοθετῆσαι σ υ ν α γ α γ ό ν τ ι τ ο ὺ ς ε ὐ δ ο κ ι -
μ ο ῦ ν τ α ς τ ῶ ν ν ό μ ω ν· ἐκλέξασθαι γὰρ εἶναι τοὺς
ἀρίστους, ὥσπερ οὐδὲ τὴν ἐκλογὴν οὖσαν συνέσεως καὶ
το κρῖναι ὀρθῶς μέγιστον, ὥσπερ ἐν τοῖς κατὰ μουσι-
κήν. Nissen S. 183: 'Scharfe Worte werden hier gegen
die u n w i s s e n d e n S o p h i s t e n, d. h. gegen d i e
N e b e n b u h l e r u m d i e k ö n i g l i c h e G u n s t ge-
schleudert, welche die Kunst der Gesetzgebung wie
die Rhetorik zu lehren versprechen.' Ich war sehr
erstaunt, diese Interpretation der Worte der Ethik zu
lesen, wo schon vor mehr als 50 Jahren die Aristotelesstelle von Spengel als Replik auf Isokrates' Antidosis
81 ff. erkannt war (*Comment. ad Arist. art. rhet.* p. 48)
und oft in Sachen der litterarischen Fehden des
4. Jahrhunderts citiert ist; mir sind gerade Blafs,
Att. Bereds. II 61, 1 [²65, 3], Dümmler, *Rh. Mus.*
1887, 179 und *Chronolog. Beiträge* p. 15 zur Hand.
Isokrates sagt a. a. O., es sei schwerer, Redner als
Gesetzgeber zu sein (§ 83): τοῖς μὲν τοὺς νόμους τι-

ϑέναι προαιρουμένοις προύργου γέγονε τὸ πλῆϑος τῶν
κειμένων, οὐδὲν γὰρ αὐτοὺς δεῖ ζητεῖν ἑτέρους, ἀλλὰ
τοὺς παρὰ τοῖς ἄλλοις εὐδοκιμοῦντας πειρα-
ϑῆναι συναγαγεῖν, ὃ ῥᾳδίως ὅστις ἂν οὖν βουληϑεὶς
ποιήσειε. Man sieht, die unwissenden Sophisten, die
Nebenbuhler in der königlichen Gunst, entpuppen sich
als Isokrates, der 338 im August gestorben ist. Auch
die Worte οὐ γὰρ ἂν τὴν αὐτὴν τῇ ῥητορικῇ χείρω sind
gegen Isokrates' Antidosis gerichtet; denn sie treffen
den Kern der §§ 254 f. und 256 ff. Die Beziehung von
§§ 79—83 auf den platonischen Staat ist ja ohne weiteres klar; da Aristoteles die Πολιτικά schreiben wollte,
ist es leicht begreiflich, warum er die Gelegenheit er-
greift, die Bemerkung, welche man dann auch gegen
ihn wenden konnte, abzufertigen. 'Wie wird man ein
πολιτικός? Durch ἐμπειρία. Aber die Sophisten, wie
Isokrates, glauben ja die νομοϑετική durch das λέγειν
lehren zu können. Sie können das nicht. Sie wissen
ja nicht einmal, was die νομοϑετική ist, und halten
Gesetzgeben für leichte Auslesearbeit aus anerkannt
guten Verfassungen. Aber zu diesem Auslesen gehört
Urteil, welches auch wieder nur die ἐμπειρία geben
kann. Und selbst die Benutzung von συναγωγαὶ τῶν
νόμων καὶ πολιτειῶν erfordert Urteil; wer dies hat,
für den mögen sie nützlich sein, wem es fehlt, der
kann bei der Benutzung der Sammlungen ein richtiges
Urteil nicht — oder höchstens durch Zufall — haben;
nur an Verständnis für diese Fragen könnte er vielleicht gewinnen.' In diesem Abschnitte, in diesem
Zusammenhange hat Nissen die Hauptbeweisstellen für
seine Hypothesen zu finden gewußt, daß die aristotelischen πολιτεῖαι im Zusammenhange mit den Vorarbeiten
zu einer Reichsgesetzgebung stünden und als 'eine

Excurs Sammlung zum Gebrauch praktischer Staatsmänner, weiterhin zur Heranbildung solcher' dienten.

Ich will nicht davon reden, dafs im Handumdrehen aus der Vorarbeit für die Politik und weiterhin für die Reichsgesetzgebung eine Sammlung mit selb· ständigem Zwecke wird; nur bemerken möchte ich, dafs die πολιτεία Ἀθηναίων jedenfalls nur zum Gebrauche un praktischer Staatsmänner bestimmt gewesen sein kann. Wer konnte sich denn aus diesem Buche über athenische Verhältnisse, wie sie die Diplomatie zu behandeln hat, orientieren? Gerade was ein Staatsmann der Alexanderzeit darin zunächst suchen mufste, fehlt: die äufseren politischen Beziehungen Athens, und zwar die des 4. Jahrhunderts. Nur die innere Geschichte ist behandelt und das 4. Jahrhundert gänzlich ausgeschlossen. Und für welchen praktischen Staatsmann waren denn die ‘wissenschaftlichen Auseinandersetzungen des Verfassers mit Herodot, Thukydides, Androtion bestimmt?

Datierung der Ποÿ. Ἀθην. Endlich hat Nissen auch die Schrift anders, als bisher geschehen, zu datieren versucht (S. 197 f.); er setzt sie in die Zeit vom Oktober 324 bis Juli 323. Er statuiert: die Athener haben nur probeweise im Jahre 325/4 sieben Penteren hergestellt (CIA. II 2, 809 d 90), denn dafs die Herstellung nicht fortgesetzt wurde, weil das Kaliber keinen dauernden Beifall gefunden habe, beweise Diod. XVIII 10. Die Stelle wird nicht ausgeschrieben; es ist aber gut zu wissen, dafs Diodor hier nicht eine Angabe über den Bestand des athenischen Marinearsenals im Jahre 323/2 macht, sondern erzählt, dafs die Athener in den letzten Seekrieg 40 Tetreren und 200 Trieren hinausschickten. Dürfte ein Historiker der Zukunft schliefsen: zum Armeebestand Preufsens gehörten nach amtlicher Quelle

1868 die Gardes du Corps; in keiner Schlacht des deutsch-
französischen Feldzuges wird die Truppe erwähnt, also
ist sie 1870 abgeschafft gewesen? — Es 'wird die
Paralia und zwar als Tetrere erwähnt 326,5, 323 2;
die Salaminia dagegen ist als Triere vor 325,4 zu
Grunde gegangen und begegnet 322/1 wie ihr Schwester-
schiff als Tetrere'. Zunächst liegt hier ein Versehen
vor, wodurch die ganze Schlußfolgerung hinfällig wird.
Das Staatsschiff heißt nicht Paralia, sondern Paralos;
so bei Thukydides, Aristophanes, Aristoteles, Philochoros; zweitens ist das Schiff eine Triere. Also ist
die Identifikation der Tetrere Paralia mit der Triere
Paralos eine methodische Unmöglichkeit. Die Salaminia heißt bei Aristoteles um das Jahr 325 Ammonias,
Ammonias heißt sie um 305 bei Philochoros. Wie
kann man nun diese Überlieferung folgendermaßen ver-
werten? Aristoteles und Philochoros geben allerdings den
Namen der Ammonias statt den der Salaminia, auch war
das Schiff sonst eine Triere, aber in den Seeurkunden
kommt 322/1 eine Tetrere Salaminia vor: diese Tetrere
Salaminia ist mit der sonst in diesem Zeitraum Ammonias genannten Triere identisch. Das ist eine bloße
Behauptung. Und welche anderen Behauptungen sind
für sie notwendig? Erstens der Name des Schiffes hat
zwischen 325 und 305 wieder gewechselt, und zweitens
das Schiff ist als Triere untergegangen und taucht als
Tetrere wieder auf, zwei Behauptungen, die nicht bloß
nicht bewiesen, sondern auch unwahrscheinlich sind.
Die erste Identifikation, die der Paralos, ist unbeweis-
bar, die zweite unbewiesen, die Diodorstelle nicht beweisend. Thatsächlichen Halt hat Nissens Datierung
nicht. Denn in dem Syllogismus, welcher die Datierung schließt, daß nämlich die Salaminia e r s t n a c h
dem Aufrücken des Ammon zum Vater Alexanders den

Namen Ammonias hätte empfangen können, in Wirklichkeit diese Umtaufe wegen des Verhältnisses der Athener zu Alexander nicht vor der Zeit möglich war und nur während der Zeit Bestand hatte, wo die Athener dem Könige göttliche Ehren erwiesen, mithin die Salaminia nur zwischen dem Oktober 324 und Juli 323 Ammonias geheißen haben könne — in diesem Syllogismus, sage ich, enthielte der Untersatz eine treffende Beobachtung, wenn sie nicht durch den Obersatz an Halt verlöre. Denn wo ist der Beweis für den Obersatz? Auf die Geschichte des Namens der Salaminia-Ammonias, welche Nissen konstruiert, brauche ich hiernach nicht mehr einzugehen.

Neuntes Kapitel.

Das neunte Kapitel ist eines der wichtigsten für die Charakteristik der πολ. Ἀθην. Was sein eigentliches Thema sein soll, ist klar: die Einführung der Volksgerichte. Man hätte demnach zunächst die Angabe der einfachen Thatsache zu erwarten, daß Solon die Volksgerichte und die Berufung an sie einsetzte. Allein Aristoteles fand diese Institution im Urteil der Athener mit der Ansicht verbunden vor, daß sie die volkstümlichste Maßregel Solons sei, weil im 4. Jahrhundert die Souveränität des Volkes in der Rechtsprechung zum deutlichsten Ausdruck kam. Das hielt er für unrichtig, dagegen galt es zu kämpfen. Und so stark ist der polemische Trieb, daß er den Schriftsteller die einfachen thatsächlichen Angaben gar nicht erst machen läßt; vielmehr, ehe er ihn überhaupt zu

den das Thema des Kapitels enthaltenden Worten 9. Kap.
kommen, ehe er das Streitobjekt ihn nennen läfst,
zwingt er ihm schon Kampfesworte in die Feder und
läfst ihn die eigene abweichende Ansicht in den Vordergrund stellen: *πρῶτον μὲν καὶ μέγιστον τὸ μὴ
δανείζειν ἐπὶ τοῖς σώμασιν*, ein Urteil, welches im Anfang des 6. Kapitels begründet war. Einfach registriert
wird *τὸ ἐξεῖναι τῷ βουλομένῳ τιμωρεῖν ὑπὲρ τῶν ἀδικουμένων*, und nun erst die bekämpfte Ansicht *τρίτον
δὲ ⟨ᾧ⟩ μάλιστά φασιν ἰσχυκέναι τὸ πλῆθος, ἡ εἰς τὸ
δικαστήριον ἔφεσις*, aber auch hier noch nicht ohne
einen Zusatz, der der Polemik Ausdruck verleiht; denn
der Relativsatz weist mit der Bemerkung, dafs diese
Institution nach allgemeiner Ansicht die demokratischste
aller solonischen sei, ausdrücklich auf des Verfassers in
den Anfang gestellte abweichende Auffassung hin.
Nun würdigt er die Gründe der Gegner ohne jede
Polemik, soweit sie Thatsachen betreffen; aber die un-
historische Auslegung der Thatsachen bekämpft er:
*οὐ γὰρ δίκαιον ἐκ τῶν νῦν γινομένων ἀλλ' ἐκ τῆς ἄλλης
πολιτείας θεωρεῖν τὴν ἐκείνου βούλησιν*, wozu ja die
Parallele aus der Politik (1274 a 11) bekannt ist: *φαίνεται δὲ οὐ κατὰ τὴν Σόλωνος γενέσθαι τοῦτο προαίρεσιν* (die Überhandnahme des Demos), *ἀλλὰ μᾶλλον
ἀπὸ συμπτώματος* . . *ἐπεὶ Σόλων γε ἔοικε τὴν ἀναγκαιοτάτην ἀποδιδόναι τῷ δήμῳ δύναμιν κτὲ.* (s. oben
S. 120).

Und woher gerade hier die Stärke des polemischen
Triebes? Solon ist für Aristoteles, worauf ich weiter
unten genauer eingehe, ein *μέσος*, seine Verfassung ist
die eines *μέσος*, der stets die *μεσότης* wahrt, von Extremen sich fernhält. Gab aber Solon dem Volke die
Gerichtsbarkeit, welche die demokratische Tradition
ihm zuschrieb, dann war er kein *μέσος*. Die ganze

solonische Verfassung hatte Aristoteles als die eines
μέσος dargestellt. Bei der Seisachtheia giebt Solon
dem kommunistischen Begehren des Volkes nicht durch
Aufteilung des Landes nach, in der Verteilung der
Staatsrechte enttäuscht er das herrschsüchtige Verlangen der Adligen durch die timokratische Ordnung
der Dinge. Er läfst dem Adel Vorrechte, aber giebt
auch dem Volke Rechte. Die Ämterbesetzung gestaltet
Solon nicht aristokratisch-oligarchisch durch das reine
Wahlprincip, auch nicht demokratisch durch blofses
Losen: die Mitte hält er, indem er eine Besetzungs-
art festsetzt, welche Wahl und Los vereinigt. Mit
dem προκρίνειν und dem Losen war die Ämterbesetzung,
wenn auch mit Mafsen, so doch immerhin nach demo-
kratischem Principe ausgestaltet; aber die εὔϑυνα,
welche nach Aristoteles der Areopag hatte, brachte in
das Beamtentum das aristokratische Gegengewicht
hinein. Die demokratische Wahl konnte die Beamten
nicht zu allzu demokratischer Amtsführung bewegen,
denn die εὔϑυνα auf dem Areopag stand ihnen immer
bevor. Aus diesem Zusammenhange erklärt sich die
merkwürdige Angabe, dafs die εὔϑυνα nach der Ordnung Solons vor den Areopag gehört habe. Aber alles
dieses sind doch im Grunde Einzelheiten, bei denen
nur ein Mehr oder Weniger an demokratischer Tendenz in den gegensätzlichen Darstellungen des Aristoteles und der Atthis in Rechnung kommt. Hier, bei der
Erteilung einer Gerichtsbarkeit, welche nach der Ansicht
der Demokraten die extreme Demokratie hatte fördern
sollen, handelt es sich um die Gesammtauffassung von
Solons Gesetzgebung. Entweder gab Solon die Ge-
richtsverfassung in dieser Absicht, dann war Aristoteles' Auffassung von dem Manne und dem Werke des
Mannes falsch, oder er gab sie nicht mit dieser Ab-

sicht, und die demokratische Tradition ist gerichtet.
Dafs er aber diese Absicht nicht gehabt haben könne,
ergiebt, so sagt Aristoteles, ein Blick auf die ganze
Verfassung. Man sieht, auf die Darstellung der solonischen Verfassung, wie sie in den ersten Kapiteln
gegeben ist, weist Aristoteles hier zum Beweise einfach hin. Er hat im einzelnen vorgebaut, damit, wo
der Kampf ums Ganze geht, er nur auf das Einzelne
zu verweisen braucht. Überlegen ist zwar die Abfertigung der gegnerischen Ansicht, aber dafs hier
alles auf dem Spiele steht, verrät sich an der Stärke
der Polemik im Eingang und auch im Ausgang. Man
beachte, wie mild und vorsichtig seine ausgesprochene
Polemik in fast stereotypem Ausdrucke da ist, wo es
sich um Differenzen handelt, welche dem blofsen Urteile unterliegen und Ansichtssache sind; so sagt er
(p. 5, 25) οὐ μὴν ἀλλὰ πιϑανώτερος ὁ τῶν δημοτικῶν
λόγος und (p. 7, 11) οὐ μὴν ἀλλὰ εὐλογώτερον κτέ. Um
die Achtung vor der Meinung des Anderen, welche
sich in dieser Mäfsigung ausdrückt, richtig zu würdigen,
vergleiche man, welchen Ton er anschlägt, wo es sich
nicht um Ansichten, sondern um beweisbare Thatsachen handelt: p. 19, 18 ὁ λεγόμενος λόγος . . . οὐκ
ἀληϑής ἐστιν· οὐ γὰρ ἔπεμπον τό⟨τε⟩ μεϑ' ὅπλων
und gar 18, 3 διὸ καὶ φανερῶς ληροῦσιν ⟨οἱ⟩ φά-
σκοντες ἐρώμενον εἶναι Πεισίστρατον Σόλωνος, denn da
brauchte man nur die Archontenliste nachzuschlagen.
Auch an unserer Stelle handelt es sich um eine Ansichtssache, daher Aristoteles wieder ruhig οὐ μὴν
εἰκός sagt; aber die polemische Erregtheit, welche das
ganze Kapitel charakterisiert, tritt an der Begründung
οὐ γὰρ δίκαιον zu Tage; das ist bei allem Ethos,
welches darin liegt, hart gesprochen. Und indem
Aristoteles die Einsetzung der Volksgerichte seitens

9. Kap. Solons mit ausgesprochener demokratischer Tendenz leugnet, widerspricht er der allgemein geltenden Ansicht, daſs Solon mit den Gerichten der demokratischen Ordnung die bedeutendste Stütze habe geben wollen. Am Schlusse des 8. Kapitels hatte er die Maſsregeln angeführt, durch welche Solon die neue Verfassung nach seiner — des Aristoteles — Meinung zu festigen suchte, die Eisangelie ἐπὶ καταλύσει τοῦ δήμου an den Areopag und das Gesetz gegen den politischen Indifferentismus. Das ist sein positiver Nachweis; den negativen, daſs nämlich die Ansicht, nach welcher Solon mit der Volksgerichtsbarkeit seine Verfassung hätte festigen wollen, falsch sei, erbringt er in diesem Kapitel, indem er überhaupt das Vorhandensein der Tendenz in dem Gesetzgeber leugnet, welche allein zu dem Versuch einer Stützung der Verfassung durch so demokratische Institutionen hätte führen können. So legt das 9. Kapitel negativ dasselbe dar wie der Schluſs des achten positiv; dieses bereitet jenes vor. Wie sich also die Kapitel 6—8 im ganzen zum 9. Kapitel verhalten, so verhält sich im besonderen der Schluſs des 8. Kapitels zu dem folgenden. Auf diese Weise wird zugleich der innere Zusammenhang festgehalten. Es ist eben alles Absicht, alles Beweis in diesem Abschnitte. Die ganze Darstellung der solonischen Verfassung ist ein groſses Nein, nicht gegenüber der Überlieferung der einzelnen Thatsachen der solonischen Verfassung, sondern gegenüber der allgemein geltenden demokratischen Auffassung des Mannes und seines Werkes. Aristoteles rühmt den Solon nicht weniger als die Demokraten, aber er sucht und sieht die Bedeutung seiner Gesetzgebung in etwas Anderem als diese. Er erblickt in demselben Manne, in welchem jene den Archegetes der extrem demokratischen Anschauung des 4. und 5. Jahr-

hunderts sahen, den Feind alles Extremen; er macht
den Begründer und Helfer der extremen Demokratie
zu ihrem Feinde. Durch die ganze Darstellung der
solonischen Verfassung zieht sich dieser Gegensatz, und
das neunte Kapitel steht im Brennpunkte des Streites.
So ist es das wichtigste aller Kapitel, welche wir hier
betrachten, ja es ist vielleicht eines der wichtigsten
der ganzen πολιτεία Ἀθηναίων überhaupt.

Aristoteles führt die Gründe der Gegner für die
wachsende Macht der Gerichte an; sie finden sich
auch bei Plutarch (Kap. 18): ὃ (sc. τὸ δικάζειν) κατ᾽
ἀρχὰς μὲν οὐδὲν, ὕστερον δὲ παμμέγεθες ἐφάνη· τὰ
γὰρ πλεῖστα τῶν διαφόρων ἐνέπιπτεν εἰς τοὺς δικα-
στάς. Die Thatsache, daſs zu Solons Zeit die Gerichtsbarkeit des Volkes noch keinen bedeutenden Einfluſs im Staatsleben ausübte, ist auch hier anerkannt;
aber das ganze Plutarchkapitel zeigt, daſs sein Verfasser oder dessen Quelle die spätere Entwicklung der
Volksgerichte sich als von Solon beabsichtigt dachten; es
fehlt also gerade das wesentlich Aristotelische, der Satz,
daſs diese Entwicklung infolge historischer Zufällig-
keiten sich so, wie sie es gethan, gestaltet habe. Mithin kann Aristoteles hier nicht vorliegen. Das wird
sich auch aus dem Folgenden ergeben. — Plutarch:
καὶ γὰρ ὅσα ταῖς ἀρχαῖς ἔταξε κρίνειν, ὁμοίως καὶ
περὶ ἐκείνων εἰς τὸ δικαστήριον ἐφέσεις ἔδωκε τοῖς
βουλομένοις; philosophischer bei Aristoteles: κύριος γὰρ
ὢν ὁ δῆμος τῆς ψήφου κύριος γίνεται τῆς πολιτείας.
Es folgt nun auch bei Plutarch der Topos über die beabsichtigte Unklarheit der solonischen Gesetze. Dafür
der Beleg: Ἐπισημαίνεται δ᾽ αὐτὸς αἰτῷ τὴν ἀξίωσιν
οὕτως· Δήμῳ μὲν γὰρ ἔδωκα τόσον κράτος ὅσον ἐπαρκεῖ κτὲ. Ἔτι μέντοι καὶ μᾶλλον οἰόμενος δεῖν ἐπαρκεῖν τῇ τῶν πολλῶν ἀσθενείᾳ, παντὶ λαβεῖν δίκην

9. Kap. ὑπὲρ τοῦ κακῶς πεπονθότος ἔδωκε. Aristoteles führt die Verse Δήμῳ μὲν γὰρ κτέ. ebenfalls an, aber nicht als Beleg für die Bevorzugung des Volkes durch Solon, sondern dafür, dafs Solon, wie er sagt, ἀμφοτέροις ἠναντιώθη καὶ . . . εἵλετο πρὸς ἀμφοτέρους ἀπεχθέσθαι. Und niemand wird leugnen, dafs Aristoteles die Verse richtig verstanden und gebraucht hat, Mifsbrauch mit ihnen bei Plutarch getrieben ist. Allein wie konnte der Mifsbrauch möglich sein? Weil man den ersten Vers anders las, als wir ihn im Aristoteles lesen. Dieser giebt δήμῳ μὲν γὰρ ἔδωκα τόσον γέρας ὅσσον ἐπαρκ⟨εῖ⟩, Plut. δήμῳ μὲν γὰρ ἔδωκα τόσον κράτος ὅσσον ἐπαρκεῖ. Er will dabei, wie das sich daran anschliefsende ἔτι μᾶλλον οἰόμενος δεῖν ἐπαρκεῖν τῇ τῶν πολλῶν ἀσθενείᾳ zeigt, ἐπαρκεῖ als 'helfen, schützen' verstanden wissen; da er nun statt γέρας das starke κράτος liest, so ergiebt sich der Sinn für die erste Zeile: 'dem Volke habe ich eine solche Macht gegeben, dafs sie es schützt.' Wem nun die übrigen Verse gleichgiltig waren, der konnte die 3 Distichen in der That als Beleg in der Weise verwenden, wie es bei Plutarch geschehen ist. Das wichtigste Ergebnis dieser Beobachtung ist, dafs Hermippos, den man ja hier gerade einfach für Plutarch einsetzen darf[1]), an dieser Stelle nicht die πολ. Ἀθην. benutzt haben kann; das beweist die verschiedene Verwendung des Epigrammes und vor allem der Umstand, dafs diese verschiedene Verwendung auf einem verschiedenen Texte beruht. Nun besteht aber zwischen Aristoteles und Hermippos an dieser Stelle zugleich eine mehr als zufällige Übereinstimmung; andererseits können Aristoteles und Hermippos die Solonverse nicht aus derselben Quelle

---

[1]) Begemann a. a. O. S. 20.

haben. Aristoteles schöpfte aus den Gedichten selbst, 9. Kap.
auch Hermippos wird sie selbst benutzt haben; aber
auch in der ihnen beiden gemeinsamen Quelle, der
Atthis, sind sie vorauszusetzen. Da Hermippos die
Verse im Sinne einer demokratischen Auffassung verwendet, wird man annehmen, dafs er, wie das auch
zu erwarten ist, die Quelle genauer ausschrieb, Aristoteles diese Quelle berücksichtigte, zum Teil ihre
Worte gebrauchte, aber sein eigenes Urteil sowohl den
Thatsachen wie den Belegen gegenüber sich wahrte.

Ich möchte noch, wie auch vorher, um den Gegen- und Isokr.
satz zwischen den von Hermippos benutzten Quellen VII 39 ff.
und Aristoteles zu illustrieren, Isokrates' Areopagitikos
heranziehen. Es heifst darin: (§ 39) τὴν δὴ τοιαύτην
(sc. βουλήν, Areopag) . . . κυρίαν ἐποίησαν ἐπιμελεῖσθαι τῆς εὐταξίας, ἧ (sc. βουλὴ) τοὺς μὲν οἰομένους
ἐνταῦθα ('da') βελτίστους ἄνδρας γίγνεσθαι, παρ' οἷς
('wo') οἱ νόμοι μετὰ πλείστης ἀκριβείας κείμενοι
τυγχάνουσιν, ἀγνοεῖν ('desipere') ἐνόμιζεν . . . (§ 40) ἐπεὶ
τά γε πλήθη καὶ τὰς ἀκριβείας τῶν νόμων σημεῖον εἶναι
τοῦ κακῶς οἰκεῖσθαι τὴν πόλιν ταύτην . . . . (§ 41) τοὺς δὲ
καλῶς πεπαιδευμένους καὶ τοῖς ἁπλῶς κειμένοις
ἐθελήσειν ἐμμένειν. Diese Worte, welche auf die ver-
meintliche solonische Verfassung gehen, werden jetzt
klar in ihrer Tendenz verstanden. Die darin stehende
Behauptung, dafs die ἀκρίβεια τῶν νόμων, welche eben
den solonischen Gesetzen fehlte, nicht nötig sei, ergiebt
sich als eine Verteidigung des demokratischen Satzes
ἐπίτηδες ἀσαφεῖς αὐτὸν ποιῆσαι τοὺς νόμους, allerdings eine Verteidigung des ἐπίτηδες in anderem Sinne
als dem der Demokraten. Die Thatsache der ἀσάφεια
der solonischen Gesetze war allgemein anerkannt und
fiel für den Philosophen unter das allgemeine

9. Kap.
p. 9, 7 f.

Axiom [1]), dafs ein Gesetz überhaupt nicht für alles Bestimmungen treffen könne. Von allgemeinerem Gesichtspunkt aus erklärt also Aristoteles die Mängel der solonischen Gesetze: Solon war es unmöglich, alles genau durch Gesetze zu regeln, weil dies überhaupt unmöglich ist. Die Atthis kehrte jene Mängel zur Glorie des demokratischen Heros: die ἀσάφεια war beabsichtigt von Solon, ὅπως περὶ τῆς κρίσεω[ς ὁ δῆμος ᾖ κ]ύριος [2]), wozu der Satz κύριος γὰρ ὢν ὁ δῆμος τῆς ψήφου κύριος γίνεται τῆς πολιτείας den Syllogismus schliefst. Und Isokrates? Auch nach ihm lag die ἀσάφεια in der Absicht des Gesetzgebers, und auch die auf Solon folgenden Generationen hiefsen diese ἀσάφεια gut. Aber der Solon des Isokrates und die Geschlechter, welche nach der Darstellung des Redners gleichen Geistes mit dem alten Gesetzgeber waren, konnten bei der Zulassung und Belassung der ἀσάφεια unmöglich die Absicht gehabt haben, welche die demokratische

---

[1]) Z. B. Plato Politikos 1294 a ὅτι νόμος οὐκ ἄν ποτε δύναιτο τό τε ἄριστον καὶ τὸ δικαιότατον ἀκριβῶς πᾶσιν ἅμα περιλαβὼν τὸ βέλτιστον ἐπιτάττειν (vgl. πολ. Ἀθην. p. 9, 9 διὰ τὸ μὴ δύνασθαι καθόλου περιλαβεῖν τὸ βέλτιστον). αἱ γὰρ ἀνομοιότητες τῶν τε ἀνθρώπων καὶ τῶν πράξεων καὶ τὸ μηδέποτε μηδὲν ὡς ἔπος εἰπεῖν ἡσυχίαν ἄγειν τῶν ἀνθρωπίνων οὐδὲν ἐῶσιν ἁπλοῦν ἐν οὐδενὶ περὶ ἁπάντων καὶ ἐπὶ πάντα τὸν χρόνον ἀποφαίνεσθαι τέχνην οὐδ᾽ ἡντινοῦν. Aristoteles selbst Polit. 1282 b 4, wo von den Beamten die Rede ist: περὶ τούτων εἶναι κυρίους περὶ ὅσων ἐξαδυνατοῦσιν οἱ νόμοι λέγειν ἀκριβῶς διὰ τὸ μὴ ῥᾴδιον εἶναι καθόλου διορίσαι περὶ πάντων vgl. 1287 b 17: die Beamten müssen das κρίνειν haben, περὶ ὧν ὁ νόμος ἀδυνατεῖ διορίζειν .... τὰ μὲν ἐνδέχεται περιληφθῆναι τοῖς νόμοις, τὰ δὲ ἀδύνατα κτέ. vgl. 1286 a 24, Ethik 1137 b 27 ff., Rhet. 1374 a 28 ff.

[2]) Das Paläographische zu der Lesung s. o. S. 9 z. d. St.; für den Ausdruck vgl. die in der vorhergehenden Anm. citierte Stelle: περὶ τούτων εἶναι κυρίους (Pol. 1282 b 4).

Auffassung der ἀσάφεια unterschob; denn damit würde
sich der Zweck der ganzen Schrift nicht vertragen.
Sein Solon kann dem Volke nicht die Macht gegeben
haben, welche zu der Verwilderung führte, die gerade
im Areopagitikos bekämpft und der die solonische Verfassung als wieder zu erstrebendes Paradies vorgehalten
wird. Er konnte aber auch die aristotelische, philosophische Auffassung nicht annehmen, weil er damit
dem Urheber der gepriesenen Verfassung einen Mangel
hätte anhängen müssen, den seine idealisierende Darstellung nicht vertrug, und welche in seine Beweisführung nicht pafste. So durfte die ἀσάφεια nicht ab-
sichtslos sein, sie durfte aber auch nicht mit der Absicht belassen sein, welche die demokratische Tradition
annahm. Wie hilft er sich? Er greift zu dem so häu-
figen Mittel sophistischer Beweisführung, zum utopisti-
schen Ethos, und erklärt den Mangel der Schärfe der
solonischen Gesetze mit dem Gemeinplatz, dafs nach
der Auffassung der Altvorderen die in Stein geschriebenen Gesetze keinen Wert gehabt hätten; das
Volk sollte nach dem Willen der Vorfahren zur σω-
φροσύνη erzogen werden, so dafs die Gesetze in seinem
Herzen geschrieben stünden: die Erziehung des Volkes
aber gaben sie — und hier liegt der Kern der Schrift[1]) —
dem Areopag in die Hände: οὐκ ἐκ τούτων (den Ge-

---

[1]) Dümmler a. a. O. (s. o. S. 78, Anm. 1) S. 16 hat gemeint,
dies sei der richtigste Gedanke des Areopagitikos, und den
habe Isokrates auch noch aus Platons Staat gestohlen (IV 425,
namentlich b οὔτε γάρ που γίγνεται οὔτ᾽ ἂν μείνειεν, λόγῳ τε
καὶ γράμμασι νομοθετηθέντα; Gegensatz ist ἐκ παιδείας). Ob
der Gedanke der richtigste ist, darüber will ich hier nicht
rechten; aber dafs er nicht aus Platons Staat stammt, das
verdient betont zu werden. Isokrates hat ihn schon im Panegyrikos (§ 78) in anderer Wendung τοῖς νόμοις ἐσκόπουν, ὅπως

9. Kap.
p. 9, 7 f.

setzen) τὴν ἐπίδοσιν εἶναι τῆς ἀρετῆς ἀλλ' ἐκ τῶν καθ'

ἀκριβῶς καὶ καλῶς ἔξουσιν, οὐχ οὕτω τοὺς περὶ τῶν ἰδίων συμβολαίων ὡς τοὺς περὶ τῶν καθ' ἑκάστην τὴν ἡμέραν ἐπιτηδευμάτων· ἠπίσταντο γάρ, ὅτι τοῖς καλοῖς κἀγαθοῖς τῶν ἀνθρώπων οὐδὲν δεήσει πολλῶν γραμμάτων, ἀλλ' ἀπ' ὀλίγων συνθημάτων ῥᾳδίως καὶ περὶ τῶν ἰδίων καὶ περὶ τῶν κοινῶν ὁμονοήσουσιν; ebenso kehrt er in der Parallel-darstellung des Panathenaikos (s. o. S. 86 ff.) zum Areopagitikos wieder, § 144. Vgl. Plato a. a. O. 425 c τί δέ ... τὰ ἀγοραῖα ξυμβολαίων τε πέρι κατ' ἀγορὰν ἕκαστοι ἃ πρὸς ἀλλήλους ξυμβάλλουσιν ..... τούτων τολμήσομέν τι νομοθετεῖν. ἀλλ' οὐκ ἄξιον ... ἀνδράσι καλοῖς κἀγαθοῖς ἐπιτάττειν; τὰ πολλὰ γὰρ αὐτῶν, ὅσα δεῖ νομοθετήσασθαι, ῥᾳδίως που εὑρήσουσιν. Die Übereinstimmung ist so grofs, dafs man, falls der Panegyrikos spät genug fiele, in der That auf Abhängigkeit des Isokrates schliefsen würde. So bleibt nichts übrig, als anzunehmen, dafs der Gedanke, wie ich ihn im Texte auch bezeichnet habe, ein philosophischer Topos war. Denn von Isokrates selbst stammt er sicher nicht. Woher dieser ihn aber hat, ist mir nicht klar. Isokrates pflügt auch im Ausdrucke mit fremdem Kalbe: die Gesetze ἐμφράγματα τῶν ἁμαρτημάτων zu nennen, ging über sein Können oder wenigstens gegen seine zimperliche Ausdrucksweise. Dasselbe Bild Lyk. Leokr. 124: ἁπάσας τὰς ὁδοὺς τῶν ἀδικημάτων ἐνέφραξαν, was in Bezug auf das Psephisma des Demophantos gesagt ist. Der Ausdruck ist lange nicht so kühn wie der bei Isokrates. An direkte Nachahmung des Areopag. seitens des Lykurgos vermag ich nicht zu glauben; das Bild wird älterer Prägung sein. Der Ausdruck klingt fast an die Tragödie an; doch giebt es noch eine andere Möglichkeit. Bei Stob. Flor. 43, 95 (II 103 M.) steht ein Fragment aus der Schrift περὶ ὁσιότητος des sonst nicht bekannten Diotogenes (Zeller, Phil. d. Gr., III 2³, 100, Anm. No. 12), welches beginnt: τως δὲ νόμως οὐκ ἐν οἰκήμασι καὶ θυρώμασιν ἐνῆμεν δεῖ, ἀλλ' ἐν τοῖς ἠθέεσι τῶν πολιτευομένων. τίς ὢν ἀρχὰ πολιτείας ἀπάσας; νέων τροφά. Ebenda 43, 134 heifst es aus einer dem Archytas fälschlich beigelegten Schrift (Zeller a. a. O. S. 106) περὶ νόμου καὶ δικαιοσύνης (II 139, 21 M.): τὸν νόμον ὢν ἐν τοῖς ἄθεσι (ich belasse den Dialekt, wie er bei Meineke steht, denn für die künstliche Doris fehlt mir das Regulativ) καὶ τοῖς ἐπιταδεύμασι τῶν πολιτᾶν ἐγγράψεσθαι δεῖ und direkt im Wortlaut mit Diotogenes übereinstimmend (II 138, 19 ff.), so

ἑκάστην τὴν ἡμέραν ἐπιτηδευμάτων· τοῖς γὰρ πολλοὺς 9. Kap.

dafs auf einer Seite ein Plagiat vorliegt, δεῖ τὸν νόμον ...
μὴ ἐν οἰκήμασι καὶ θυρώμασιν ἐνῆμεν ἀλλ' ἐν τοῖς ἄθεσι τῶν πολιτευομένων. οὐδὲ γὰρ ἐν Λακεδαίμονι τῇ εὐνομωτάτῃ πλάθει γραμμάτων ἡ πόλις διοικεῖται, πολὺ δὲ μᾶλλον τοῖς τρόποις τῶν πολιτευομένων. Die Stelle erinnert stark an Isokrates' τὰ πλήθη ... τῶν νόμων τὰς στοὰς ἐμπιμπλάνειν γραμμάτων ... τοῖς ψηφίσμασιν ἀλλὰ τοῖς ἤθεσιν καλῶς οἰκεῖσθαι κτέ., s. d. Text.
Dafs die Pythagoreer am Ende der christlichen Zeitrechnung
den Areopagitikos nicht ausgeschrieben haben, wird man ohne
weiteres zugeben. Nun ist dieser Gemeinplatz bei den Py-
thagoreern und bei Platon mit der Jugenderziehung verknüpft;
bei Isokrates erscheint er zunächst nicht bei der Erziehung
der Jugend, sondern der der ganzen Bürgerschaft zur σωφρο-
σύνη, unmittelbar darauf aber geht auch Isokrates auf die
Jugenderziehung über, so dafs man deutlich sieht, er hat den
Gedanken in demselben Zusammenhange vorgefunden, wie er
bei Platon und Diotogenes erscheint. Gerade so Aristoteles,
wie sich das versteht, am Schlusse der Ethik (X 1179 b 31): ἐκ
νέου δ' ἀγωγῆς ὀρθῆς τυχεῖν πρὸς ἀρετὴν χαλεπὸν μὴ ὑπὸ τοιού-
τοις τραφέντα νόμοις ... διὸ νόμοις δεῖ τετάχθαι τὴν τροφὴν
καὶ τὰ ἐπιτηδεύματα ... καὶ ἀνδρωθέντας δεῖ ἐπιτηδεύειν αὐτὰ
καὶ ἐθίζεσθαι ... εἰ δ' οὖν ... τὸν ἐσόμενον ἀγαθὸν τραφῆναι
καλῶς δεῖ καὶ ἐθισθῆναι, εἶθ' οὕτως ἐν ἐπιτηδεύμασιν ἐπιεικέσι
ζῆν καὶ μήτ' ἄκοντα μήθ' ἑκόντα πράττειν τὰ φαῦλα, ταῦτα δὲ
γίνοιτ' ἂν βιουμένοις κατά τινα νοῦν καὶ τάξιν ὀρθήν, ἔχουσαν
ἰσχύν ... ἐν μόνῃ δὲ τῇ Λακεδαιμονίων πόλει μετ' ὀλίγων ὁ
νομοθέτης ἐπιμέλειαν δοκεῖ πεποιῆσθαι τροφῆς τε καὶ ἐπιτη-
δευμάτων. Im Folgenden führt Aristoteles noch aus, dafs die
so erziehenden Gesetze γεγραμμένοι oder ἄγραφοι sein könnten;
darauf käme es nicht an (d. h. ἐν ἤθεσιν). Es ist erklärlich,
aber auch bemerkenswert, dafs wie bei Pseudo-Archytas so
hier die Gesetzgebung des Lykurgos als Beispiel angeführt
wird. In dem S. 130 f. berührten Abschnitt der Politik heifst es
im Zusammenhang mit der Verfassung des Lykurgos von dem
Gesetzgeber τόν⟨τε⟩ νομοθέτην ἐμποιεῖν δεῖ ταῦτα ταῖς ψυχαῖς τῶν ἀνθρώπων (1333 b 37). Namentlich an der Aristotelesstelle erkennt man, dafs auch Xenophon, memor. IV 4, 15, in

9. Kap. ὁμοίοις τοῖς ἤθεσιν ἀποβαίνειν, ἐν οἷς ἂν ἕκαστοι παι-
δευθῶσιν. ἐπεὶ τά γε πλήθη καὶ τὰς ἀκριβείας τῶν
νόμων σημεῖον εἶναι τοῦ κακῶς οἰκεῖσθαι τὴν πόλιν
ταύτην . . . δεῖν δὲ τοὺς ὀρθῶς πολιτευομένους οὐ τὰς
στοὰς ἐμπιμπλάναι γραμμάτων, ἀλλ᾽ ἐν ταῖς ψυχαῖς
ἔχειν τὸ δίκαιον· οὐ γὰρ τοῖς ψηφίσμασιν ἀλλὰ τοῖς
ἤθεσιν καλῶς οἰκεῖσθαι τὰς πόλεις, καὶ τοὺς μὲν κα-

---

diesen Zusammenhang gehören : Λυκοῦργον δὲ τὸν Λακεδαιμό-
νιον . . . καταμεμάθηκας, ὅτι οὐδὲν ἂν διάφορον τῶν ἄλλων
πόλεων τὴν Σπάρτην ἐποίησεν, εἰ μὴ τὸ πείθεσθαι τοῖς νόμοις
μάλιστα ἐνειργάσατο αὐτῇ. Was er ἐνειργάσατο, ist ἐν ἤθεσιν.
Um den Kreis zu vollenden, muſs ich noch eine Stelle aus-
schreiben. Plut. Lyk. 13: νόμους δὲ γεγραμμένους ὁ Λυκοῦργος οὐκ ἔθηκεν, ἀλλὰ μία τῶν καλουμένων ῥητρῶν ἐστὶν αὕτη.
τὰ μὲν γὰρ κυριώτατα καὶ μέγιστα πρὸς εὐδαιμονίαν πόλεως
καὶ ἀρετὴν ἐν τοῖς ἤθεσιν ᾤετο καὶ ταῖς ἀγωγαῖς τῶν πολιτῶν
ἐγκατεστοιχειωμένα μένειν ἀκίνητα καὶ βέβαια, ἔχοντα τὴν
προαίρεσιν δεσμὸν ἰσχυρότερον τῆς ἀνάγκης, ἢν ἡ παίδευσις
ἐμποιεῖ τοῖς νέοις νομοθέτου διάθεσιν ἀπεργαζομένη περὶ
ἕκαστον αὐτῶν. τὰ δὲ μικρὰ καὶ χρηματικὰ συμβόλαια καὶ
μεταπίπτοντα ταῖς χρείαις ἄλλοτε ἄλλως βέλτιον ἦν μὴ κατα-
λαμβάνειν ἐγγράφοις ἀνάγκαις μηδὲ ἀκινήτοις ἔθεσιν,
ἀλλ᾽ ἐᾶν ἐπὶ τῶν καιρῶν προσθέσεις λαμβάνοντα καὶ ἀφαι-
ρέσεις, ἃς ἂν οἱ πεπαιδευμένοι δοκιμάσωσι (vgl. Isokr. IV 78).
τὸ γὰρ ὅλον καὶ πᾶν τῆς νομοθεσίας ἔργον εἰς τὴν παιδείαν
ἀνῆψε. Es ist mir aus dem Zusammenhange aller dieser Stellen
sicher, dafs der von Isokrates benutzte Gedanke aus social-
politischen Erörterungen — mündlichen wie schriftlichen —
stammt, welche um das Jahr 400 oder früher die Philosophie
oder Sophistik über die Erziehung zum Staatsbürger anstellte;
in ihnen war die spartanische Verfassung typisches Beispiel.
Es ist bezeichnend für den Rhetor Isokrates, wie er aus diesem
antiathenischen Gedankenkreise das Motiv der Erziehung durch
und für den Staat auf die athenischen Verhältnisse überträgt.
Manche Merkwürdigkeit seiner Ausführungen, namentlich die
Unklarheit, wie er sich die Erziehung denkt, wird hierdurch
verständlich.

κῶς τεϑραμμένους καὶ τοὺς ἀκριβῶς τῶν νόμων ἀναγε- 9. Kap.
γραμμένους τολμήσειν παραβαίνειν, τοὺς δὲ καλῶς πεπαιδευμένους καὶ τοῖς ἁπλῶς κειμένοις ἐϑελήσειν ἐμμένειν (§ 40 ff.). Man sieht, es ist das ein Versuch, sich
mit der Thatsache der ἀσάφεια der solonischen Gesetze abzufinden. So machen der Philosoph und der
Rhetor, jeder von seinem Standpunkte aus, Front
gegen die demokratische Tradition der Atthiden.

Zehntes Kapitel.

Mit den Worten διατάξας δὲ τὴν πολιτείαν ὅνπερ
εἴρηται τρόπον schliefst sich das 11. Kapitel unmittelbar an p. 6, 16 διέταξε τὴν πολιτείαν τόνδε ⟨τὸν⟩
τρόπον an, so dafs man anzunehmen geneigt sein könnte,
das zehnte Kapitel gehöre auch noch zur Darstellung
der πολιτεία; allein der Schein trügt. Zwei Aufgaben
hat Solon nach Aristoteles, die Hebung des socialen
Notstandes und die Einführung einer neuen Verfassung;
dafs und wie diese beiden Aufgaben gelöst wurden,
ist in den vorhergehenden Kapiteln erzählt; was Solon
sonst noch that, kann nur als πάρεργον berichtet werden.
Dem entspricht der Inhalt des zehnten Kapitels. Er besteht aus einer nachträglichen chronologischen Bemerkung über die Abfolge der solonischen Mafsregeln mit der
schon besprochenen (S. 45 f.) Pointe gegen des Androtion
Auffassung der Seisachtheia als einer Zinsermäfsigung
nebst Münzreform. Die hierbei nötige Erwähnung
der solonischen Münz- und Mafsreform veranlafst den
Schriftsteller, eine kurze erläuternde Bemerkung über
diese Reform anhangsweise beizugeben (ἐπ' ἐκείνου γαρ

11*

ἐγένετο). Die Form der nebensächlichen Behandlung der solonischen Münz- und Mafsordnung ist an sich eine Polemik gegen die Bedeutung, welche Androtion ihr in seiner Darstellung der solonischen Verfassung eingeräumt hatte. Aristoteles hält sie für keine politische Mafsnahme, gesteht ihr keinen Zusammenhang mit der πολιτεία zu. Dafs sie keinen gehabt habe, will er durch die Angaben über sie selbst darlegen. Um dies zu verstehen, müssen wir den Parallelbericht des Plutarch heranziehen, welcher, wie ausdrücklich von diesem bezeugt wird, aus Androtion geflossen ist.

Aristot. Kap. 10.

ποιήσας ... τήν τε τῶν μέτρων καὶ σταθμῶν καὶ τὴν τοῦ νομίσματος αὔξησιν. ἐπ' ἐκείνου γὰρ ἐγένετο καὶ τὰ μέτρα μείζω τῶν Φειδωνείων, καὶ ἡ μνᾶ πρότερον [ἕλκο]υσα παρ' ὀ[λί]γον ἑβδομήκοντα δραχμὰς ἀνεπληρώθη ταῖς ἑκατόν. ἦν δ' ὁ ἀρχαῖος χαρακτὴρ δίδραχμον. ἐποίησε δὲ καὶ σταθμὰ πρὸς τ[ὸ ν]όμισμα τ[ρ]εῖς καὶ ἑξήκοντα μνᾶς τὸ τάλαντον ἀγούσας, καὶ ἐπιδιενεμήθησαν [αἱ] μναῖ τῷ στατῆρι καὶ τοῖς ἄλλοις σταθμοῖς.

Plut. Sol. 15.

.. τὴν ἅμα τούτῳ γενομένην τῶν τε μέτρων ἐπαύξησιν καὶ τοῦ νομίσματος τιμήν. Ἑκατὸν γὰρ ἐποίησε δραχμῶν τὴν μνᾶν πρότερον ἑβδομήκοντα καὶ τριῶν οὖσαν, ὥστ' ἀριθμῷ μὲν ἴσον, δυνάμει δ' ἔλαττον ἀποδιδόντων, ὠφελεῖσθαι μὲν τοὺς ἐκτίνοντας μεγάλα, μηδὲν δὲ βλάπτεσθαι τοὺς κομιζομένους.

Die Verwandtschaft beider Berichte ist so in die Augen springend, dafs sie keiner weiteren Erörterung bedarf; die Differenzen erfordern sie um so mehr. Der

wichtigste Unterschied ist der, daſs Androtion nur von
μέτρα und νόμισμα spricht, Aristoteles von σταθμά,
μέτρα und νόμισμα, und daſs hierbei Androtion für
die μέτρα eine ἐπαύξησις berichtet, für das νόμισμα
eine τιμή, Aristoteles dagegen für alle drei gleichmäſsig
eine αὔξησις. Die weiteren Ausführungen beider
Autoren stehen mit dieser generellen Angabe in Übereinstimmung. Androtion läſst die μέτρα beiseite, weil
es ihm für seine Würdigung der Seisachtheia allein
auf die Münze ankommt; wie er die ἐπαύξησις τῶν
μέτρων verstand, bleibt also dahingestellt. Sein Ausdruck 'τιμή' ist sehr korrekt. Solon führte eine andere
'Wertung' ein, die in der Reduktion des Fuſses bestand, was wieder gut mit den Worten ἀριθμῷ μὲν
ἴσον, δυνάμει δ' ἔλαττον ausgedrückt ist. Aristoteles
läſst die αὔξησις auch des Geldes eintreten und berichtet konsequenterweise: 'die Mine, welche früher mit
Auſserachtlassung einer kleinen Differenz 70 Drachmen
wog, wurde durch die jetzt übliche Zahl (ταῖς) von
100 Drachmen voll gemacht.' Aristoteles also denkt
sich die Mine um ca. 30 % vergröſsert. Natürlich kann
seine Meinung nicht die gewesen sein, daſs einmal die
Mine ca. 70 Drachmen gehabt habe; er glaubte vielmehr, daſs 100 alte Drachmen ca. 70 Drachmen des
neuen Kurses entsprachen. Er berichtet also just das
Gegenteil vom Androtion. Ich nehme gleich seine An- p. 9, 20 f.
gaben über die Veränderung der Gewichte hinzu.
ἐποίησε δὲ καὶ ⟨τὰ⟩ σταθμὰ πρὸς τ[ὸ ν]όμισμα,
d. h. in demselben Verhältnis wie das Geld[1]),

---

[1] Diese für das Verständnis der Zahlenangaben des Aristoteles wichtigsten Worte werden von den Erklärern der Stelle
mit Stillschweigen übergangen. Da die Deutungen hierdurch
irrig werden muſsten, halte ich mich einer Polemik für über-
hoben.

wurde das Gewicht umgestaltet; den Artikel ⟨τὰ⟩ halte ich wegen Z. 16 für nötig. Geht man nun von der von Aristoteles selbst gegebenen Voraussetzung aus, dafs Geld und Gewicht in das gleiche Verhältnis zu einander gesetzt wurden, so bleiben die folgenden Worte (ἐποίησε) . . . τ[ϱ]εῖς καὶ ἑξήκοντα μνᾶς τὸ τάλαντον ἀγοίσας unverständlich; denn an sich sind sie kaum zu konstruieren; giebt man ihnen aber supplierend einen Sinn, so kann man nur eine αὔξησις des alten Talentes auf 63 Minen verstehen; d. h. das alte Talent stand zum neuen wie 60 : 63; beim Gelde aber war das Verhältnis wie c. 70 : 100: wo bleibt da die Übereinstimmung mit der Angabe ἐποίησε δὲ καὶ ⟨τὰ⟩ σταϑμὰ πρὸς τὸ νόμισμα? Es liegt also hier eine Textesverderbnis vor. An den überlieferten Worten herumzukurieren ist aussichtslos; ich stelle die Diagnose auf Wortausfall. Axiom mufs die Gleichheit der Behandlung des Geld- und Gewichtsfufses sein. Das neue Talent hat 60 Minen; also ergiebt sich die Gleichung 100 : 70 = 60 : x = 42. Nun ist das Verhältnis 100 : 70 ein ungenaues (παϱ᾽ ὀλίγον), und ist, da Aristoteles' Angabe sich zu der des Androtion einfach umgekehrt verhält, zu vergröfsern. Man rechne: 100 : 71 = 60 : x = 42, 6; 100 : 71, 5 = 60 : x = 43, 2. Ich vermute nun, dafs die Worte τϱεῖς καὶ in Verbindung mit diesem letzten Verhältnis zu bringen und der Rest oder richtiger der Anfang der Zahl τϱεῖς καὶ ⟨τετταϱάκοντα⟩ sind. Dann erhält man die Gleichung 100 : x = 60 : 43; x = 71, 66. Die Differenz von 1, 66 ist unter dem παϱ᾽ ὀλίγον zu verstehen. Ich halte also eine Herstellung des Satzes wie ἐποίησε δὲ καὶ ⟨τὰ⟩ σταϑμὰ πρὸς τ[ὸ] νόμισμα, τ[ϱ]εῖς καὶ ⟨τετταϱάκοντα ἐπαυξήσας εἰς τὰς⟩ ἑξήκοντα μνᾶς

τὸ τάλαντον ἀγοίσας sachlich für nicht unwahrscheinlich; für sicher halte ich, dafs hier eine Lücke im
Texte ist¹), und dafs diese Lücke durch die Gleichförmigkeit zweier nahe bei einander stehender Zahl-
wörter herbeigeführt wurde. — Zu dem Gebrauche
von χαρακτήρ in den Worten ἦν δ᾽ ὁ ἀρχαῖος χαρακτὴρ
δίδραχμον vgl. Polit. 1257 a 35 πρὸς τὰς ἀλλαγὰς τοι-
οῦτόν τι συνέθεντο πρὸς σφᾶς αὐτοὺς διδόναι καὶ λαμβάνειν, ὃ τῶν χρησίμων αὐτὸ ὂν εἶχε τὴν χρείαν εὐμε-
ταχείριστον πρὸς τὸ ζῆν . . . τὸ μὲν πρῶτον ἁπλῶς ὁρι-
σθὲν μεγέθει καὶ σταθμῷ, τὸ δὲ τελευταῖον καὶ χαρα-
κτῆρα ἐπιβαλόντων, ἵν᾽ ἀπολύσῃ τῆς μετρήσεως αὐτούς·
ὁ γὰρ χαρακτὴρ ἐτέθη τοῦ ποσοῦ σημεῖον. Ob man sagen
kann ὁ χαρακτήρ ἐστι δίδραχμον, ist mir fraglich; Sprache
und Gedanke verlangen ἦν δ᾽ ὁ ἀρχαῖος χαρακτὴρ διδράχμου. Auch gewinnt für mich die Stelle dann in ihrer
polemischen Natur an Deutlichkeit; denn sie soll die
von Pollux IX 60 überlieferte Tradition τὸ παλαιὸν
δὲ τοῦτ᾽ ἦν (sc. δίδραχμον) Ἀθηναίοις νόμισμα, καὶ
ἐκαλεῖτο βοῦς, ὅτι βοῦν εἶχεν ἐντετυπωμένον richtig stellen. Aristoteles führt, wie fast nirgends, auch
hier nicht die bestrittene Ansicht an; er sagt nicht:
'das Gepräge war nicht das Rind, sondern das des
(noch üblichen) Didrachmon'; er sagt einfach: 'das
Gepräge war das des Didrachmon'; mit diesem Lakonismus war zugleich auch der Wert bestimmt. Man

---

¹) Die Worte τρεῖς καὶ sind von H-L. getilgt worden mit
derselben Gewaltsamkeit, welche ihre Textkritik besonders
hier durchgehends zeigt. Hultsch's Aufsatz, *Jahrb. für klass.
Phil.* 1891 (CXLIII), 263 lasse ich ganz beiseite, weil er auf
methodisch unsicherer Grundlage, einem sich selbst widersprechenden Texte, Hypothesen errichtet. — Vgl. noch Rid-
geway, *Class. Rev.* V 108.

kann also Aristoteles an dieser Stelle nicht aus Pollux supplieren.

Wie soll man sich nun diese Gleichartigkeit und Verschiedenheit erklären? Soviel scheint mir aus dem ganzen Charakter des Abschnittes über Solon hervorzugehen, dafs Aristoteles die bei Androtion gegebene Darstellung der Münz- und Gewichtsreform korrigieren will, so gut wie er ihre Zusammengehörigkeit mit der Seisachtheia abgelehnt hatte. Aristoteles bestritt oben diese Zusammenstellung; er entreifst hier dem Gegner auch die Möglichkeit dazu, indem er der Reform d e n Charakter abspricht, der die Einreihung in die Seisachtheia überhaupt möglich machte. Nur unter der Annahme, dafs eine Reduktion des Fufses unter Solon stattfand, war die Münzreform als eine Erleichterung für die unteren Schichten zu betrachten und zu einem Teil der Seisachtheia zu machen. Aristoteles leugnet die Reduktion des Fufses; mehr noch, er behauptet, dafs eine Erhöhung desselben stattgefunden habe. Damit ist eine Verbindung von Münzreform und Seisachtheia, welche beide schon als zeitlich auseinanderfallend dargestellt wurden, auch aus einem inneren Grunde abgelehnt. Aristoteles hat seine Trennung der beiden Mafsregeln bewiesen.

Ob er recht hat? Mit der Münzreform ist er sicher im Unrecht; das beweist die Numismatik. Aber darf uns das Wunder nehmen? Aristoteles ist keine absolute Autorität in der Darstellung der älteren athenischen Geschichte; er hat sie auch nur aus schriftlichen Quellen geschöpft, und seine Angaben sind genau soviel wert, wie seine Quellen es waren. Er ist nur Mittelsmann wie andere Historiker auch. Allerdings d e n Vorzug wird man ihm bereitwillig zugestehen, dafs er seine Quellen nicht wie andere blindlings nahm

und blindlings ausschrieb, sondern mit verständigem
Urteil wählte und sichtend die Berichte weiter gab.
Allein auch in diesem liegt eine Gefahr für den Philosophen als Historiker; es ist nicht ausgemacht, dafs
sein Standpunkt beim Urteil über die Quellen und
Thatsachen immer der richtige war. Doch davon
später. Hier ein zweiter Punkt, welcher eine absolute
Autorität des Aristoteles nicht gelten läfst. Aristoteles
begründet die Realforschung auf dem Gebiete der
älteren griechischen Geschichte im Gegensatze zu der
die Thatsachen oft entstellenden oder vergewaltigenden
sophistischen und rhetorischen Behandlung der historisch-
antiquarischen Überlieferung[1]). Er weist der Methode
den Weg, indem er zugleich Quellen für historisches
Wissen kennen und aufsuchen lehrt, welche bis dahin
nicht herangezogen waren. Er lehrt aus bestehenden
Verhältnissen mit historischer Methode gewesene Verhältnisse erschliefsen, die Überlieferung nach ihrer
inneren Wahrscheinlichkeit und nach äufseren Indizien
prüfen, die Überlieferung ferner in ihren verschiedenen
Brechungen heranziehen und die als die echteste er-
scheinende auswählen. Er hat den Weg gezeigt und mit
intuitivem Blicke das Ziel geschaut, aber erreichen
konnte er das Ziel selbst nicht. Er mufste sich zuerst
die Überlieferung zusammensuchen; war Athen als
Centrale des Buchhandels auch der geeignetste Ort
dazu, und hatte er selbst auch eine Bibliothek, deren
Gröfse die spätere Zeit noch rühmte: solche Schätze
von Überlieferung, wie die alexandrinische und die
pergamenische Bibliothek nach ihm vereinigt haben,

---

[1]) Thukydides, mit welchem Bauer den Aristoteles hinsichtlich der Methode in eine sehr berechtigte Parallele gesetzt hat, ist ohne Nachfolge geblieben.

10. Kap. hatte er nicht zur Verfügung. Ein einzelner kann
nicht alles sehen; nach ihm sahen viele Augen, die
in reicherem Material suchen konnten. Reicheres
Material wirkt aber zurück auf die Methode. Mit der
Vermehrung jenes geht eine Verbesserung dieser notwendig Hand in Hand. Aristophanes von Byzanz
und Didymos arbeiteten methodischer, als Aristoteles
es konnte. Der Fortschritt der Methode tritt im Altertum am deutlichsten in den exakten Wissenschaften
hervor; ich denke an die Fortschritte, welche Astro-
nomie und Erdkunde in Alexandreia gemacht haben,
als königliche Munificenz neues Beobachtungsmaterial
ermöglichte. Mir hat hierfür das von Philologen oft
geschmähte Buch von Lewes die Augen geöffnet mit
seiner Grundidee, daſs Aristoteles auf naturwissen-
schaftlichem Gebiete methodische Forschung in moder-
nem Sinn nicht geübt hat und wegen der Mangelhaftigkeit des Beobachtungsmaterials und der durch das
Fehlen der Instrumente bedingten Mangelhaftigkeit
der Beobachtungen selbst nicht hat üben können. Ich
mache davon weiter unten auf seine Geschichts-
schreibung Anwendung. Die spätere Zeit hat also
auch auf antiquarischem Gebiete vieles besser wissen
können und müssen; Aristoteles gehört noch in das
4. Jahrhundert, er ist seiner Forschung nach noch
kein Alexandriner. Der Zustand der antiquarischen
Forschung von heute im Vergleich zu dem der Zeit,
welche die Inschriften noch nicht heranziehen konnte
oder heranzuziehen erst begann, bietet eine Parallele;
besser, weil wir damit in der Antike selbst bleiben,
ist vielleicht der Hinweis auf die Entwicklung der
antiquarischen Forschung in Rom. Der Unterschied
zwischen Attius und Varro — wobei ich den älteren
nicht mit Aristoteles auf eine Stufe stellen will — und

wieder der zwischen Varro und Sueton lehrt, wie die
Forschung durch erweitertes Material von Lächerlich-
keiten zu wissenschaftlichen Ergebnissen sich durch-
arbeitet. Aristoteles' Angaben sind keine Offenbarun-
gen: da nicht, wo die spätere Wissenschaft des Altertums ihnen nicht entgegengetreten ist, und besonders
da nicht, wo diese zu anderen Resultaten gelangt ist.
Aristoteles ist der erste Forscher des griechischen
Altertums gewesen, dem die Numismatik Interesse er-
weckt hat, und er ist fast der einzige geblieben. Was
er darüber sagt, verdient Beachtung; aber wenn das,
was er sagt, vor unseren von den Münzen selbst ab-
geleiteten Kenntnissen nicht Stich hält, so hat es nur
historischen Wert. So steht es mit seinen Angaben
über die solonische Münzreform. Aristoteles verliert
darum so wenig an Autorität, wie Böckh verliert, wenn
eine neue Inschrift Aufstellungen der Staatshaushaltung
als falsch erweist; denn wir verstehen, warum er nur
so urteilen konnte und darum so urteilen mufste.

Wir können also den Beweis, den Aristoteles aus
der Erhöhung des Münzfufses gegen Androtion ent-
nimmt, immerhin für falsch halten, es verbleibt doch
der Beobachtung das zur Würdigung, was ihr v o r ,
nicht neben dem antiquarischen Inhalte das Wichtigste
sein mufs, die A r t der aristotelischen Beweisführung.
Ich halte die Abfertigung des Gegners — natürlich
unter der Voraussetzung der Richtigkeit der numis-
matischen Angaben — für eine vollkommene. Die
Polemik über die Auffassung der Seisachtheia ist einer
der charakteristischsten und einer der glänzendsten
Abschnitte des ganzen Buches. Ob die Atthiden eine
feste Überlieferung über die Art der Münzreform hatten,
steht nicht fest; ob also Aristoteles oder Androtion in
diesem Punkte der Recepta folgten, mufs dahingestellt

bleiben; aber wol steht aus Plutarch fest, was die Atthiden[1]) über die Seisachtheia im ganzen, wozu die Münzreform nur als Teil gehörte, überlieferten: sie faſsten sie, wie Aristoteles sie darstellt; das ist also das Charakteristische an der Polemik über die Seisachtheia, daſs Aristoteles hier die Atthidenüberlieferung gegen Androtion vertritt. Nicht überall, nicht aus Princip, ist er ein Gegner der Recepta; von Fall zu Fall fällt er das Urteil.

Doch neben den Folgerungen für das Buch des Aristoteles selbst bleiben noch die für sein Verhältnis zu Plutarch-Hermipp. Plutarch schreibt Hermippos aus. Hermippos hält des Androtion Auffassung von der Seisachtheia nicht für richtig, weil der consensus omnium dagegen sei; in der Ablehnung jener Auffassung stimmt er also mit Aristoteles überein; allein diese Übereinstimmung beweist nichts, da Aristoteles hier die Recepta vertritt. Dagegen giebt Hermippos des Androtion Bericht über die Münzreform, ohne einen Widerspruch zu erheben; hier hatte aber Aristoteles widersprochen, und davon ist in dem Bericht des Plutarch-Hermipp keine Spur. Ferner muſs Hermippos den Androtion — selbst oder über Istros — verwendet haben; denn aus Aristoteles war des Androtion Ansicht nicht zu entnehmen. In dem Punkte also, in welchem eine Kontrolle möglich ist, ergiebt sich, daſs Hermippos die πολ. Ἀθην. nicht benutzt hat; was für Hermippos gilt, gilt in diesem Falle für Plutarch. Das Verhältnis zwischen Aristoteles und Hermippos gestaltet sich also folgendermaſsen. Jenem wie diesem lag die Recepta und des Androtion abweichende Dar-

---

[1]) Das liegt in οἱ δὲ πλεῖστοι (I 170, 1 Sint.); die Atthiden hatten naturgemäſs die meisten Abnehmer.

stellung vor. Jener bekämpft die letztere chronologisch
und besonders sachlich in der Kritik der Münzreform;
dieser bekämpft ebendieselbe mit Hinweis auf den
consensus omnium, recipiert aber die Münzreform vom
Gegner. Es ist klar, dafs hier Aristoteles und Hermippos, jeder für sich, und der letztere ohne Rücksicht auf den ersteren, geschrieben haben.

Elftes Kapitel.

Das elfte Kapitel bildet den Schlufs des Abschnittes über Solon: Solon krönt sein Werk, indem er
um der Durchführung der neuen Ordnung willen ent-
sagungsvoll sein Vaterland verläfst, welches er durch
seine Mäfsigung aus den Parteikämpfen gerettet, und
welchem er in seiner Mäfsigung die besten Gesetze
gegeben hatte.

Aristot. Kap. 11.

διατάξας δὲ τὴν πολιτείαν
ὅνπερ εἴρηται τρόπον,
ἐπειδὴ προσιόντες αὐτῷ
περὶ τῶν νόμων
ἐνώχλουν τὰ μὲν ἐπιτι-
μῶντες

τὰ δὲ ἀνακρίνοντες

Plut. Sol. 25 f.

ἐπεὶ δὲ τῶν νόμων εἰσε-
νεχθέντων ἔνιοι τῷ Σόλωνι
καθ' ἑκάστην προσῄε-
σαν ἡμέραν
ἐπαινοῦντες ἢ ψέγοντες
ἢ συμβουλεύοντες ἐμβάλλειν
τοῖς γεγραμμένοις ὅ τι τύ-
χοιεν ἢ ἀφαιρεῖν,
πλεῖστοι δ' ἦσαν οἱ
πυνθανόμενοι καὶ ἀνα-
κρίνοντες καὶ κελεύοντες
αὐτὸν ὅπως ἕκαστον ἔχει
καὶ πρὸς ἣν κεῖται διάνοιαν

βουλόμενος μήτε ταῦτα
κινεῖν μήτε ἀπεχϑάνε-
σϑαι παρὼν

ἐπεκδιδάσκειν καὶ σαφη-
νίζειν,

ὁρῶν ὅτι ταῦτα καὶ τὸ
πράττειν ἄτοπον καὶ τὸ
μὴ πράττειν ἐπίφϑονον,
ὅλως δὲ ταῖς ἀπορίαις
ὑπεκστῆναι βουλόμενος
καὶ διαφυγεῖν τὸ δυσά-
ρεστον καὶ φιλαίτιον
τῶν πολιτῶν,

ἀποδημίαν ἐποιήσατο
κατ᾽ ἐμπορίαν ἅμα

πρόσχημα τῆς πλάνης τὴν
ναυκληρίαν ποιησά-
μενος ἐξέπλευσε

καὶ ϑεωρίαν εἰς Αἴγυ-
πτον [εἰπὼ]ν ὡς οἴ[χ ἥξ]ει
δέκα ἐτῶν

δεκαετῆ παρὰ τῶν Ἀϑη-
ναίων ἀποδημίαν αἰτη-
σάμενος... 26 πρῶτον μὲν
οὖν εἰς Αἴγυπτον ἀφί-
κετο καὶ διέτριψεν ...
χρόνον δέ τινα καὶ τοῖς
περὶ Ψένωφιν ...., λο-
γιωτάτοις οὖσι τῶν ἱερέων,
συνεφιλοσόφησε (d h.
κατὰ ϑεωρίαν).

Man wird auf den ersten Blick die Darstellung
des Plutarch einfach als eine Paraphrase des Aristoteles
anzusehen geneigt sein, und an sich könnte man dagegen nichts einwenden; es müfste denn sein, dafs man
für Plutarch gleich Hermippos setzen wollte. Doch
es ist, bevor man über den ersten Teil urteilt, auch
der zweite Teil des Kapitels mit Plutarch zu kon-
frontieren. Aristoteles' Worte sind in ihm richtig
nur mit einiger Aufmerksamkeit zu verstehen. Er
unterscheidet zwei Gegnerschaften, eine von reichen
Privatleuten und eine von seiten der politischen
Parteien als solchen. Der Grund der Unzufrieden-

heit ist beidemal als Glied dem ganzen Satze angefügt,
der der Unzufriedenheit der Parteien aufserdem in
einem selbständigen Satze weiter ausgeführt. Also
gliedert sich dem Inhalte nach die Stelle so:

ἅμα δὲ καὶ συνέβαινεν αὐτῷ
τῶν τε γνωρίμων διαφόρους γεγενῆσθαι πολλοὺς (a)
διὰ τὰς τῶν χρεῶν ἀποκοπάς, (b)
καὶ τὰς στάσεις ἀμφοτέρας μεταθέσθαι (a¹)
διὰ τὸ παρὰ δόξαν αὐτοῖς γενέσθαι τὴν [νέαν]
τάξιν· (b¹)
ὁ μὲν γὰρ δῆμος ᾤετο πάντ᾽ ἀνάδαστα ποιήσειν αὐτόν, (c)
οἱ δὲ γνώριμοι πάλιν ἢ τὴν αὐτὴν τάξιν ἀποδώσειν ἢ̓ σ[χεδὸν ἀ]παράλλα[κτον] (c¹).

Ich habe die Worte so nach Kolen ausgeschrieben,
weil dadurch die Sinnteilung — woneben übrigens auch der
gleichmäfsige Aufbau der Periode Beachtung verdient —
klarer hervortritt. Denn sie ist einem Übersehen dadurch leichter ausgesetzt, dafs die erste Gruppe der
Unzufriedenen, die reichen Privatleute, im wesentlichen
mit der zweiten Partie der zweiten Hauptgruppe identisch und infolge des vom Schriftsteller an beiden Stellen
gleichmäfsig gebrauchten Wortes γνώριμοι etwas undeutlich bezeichnet ist. Deutlicher würde der Ausdruck gewesen sein. wenn an erster Stelle πλουσίων statt γνωρίμων
gesagt wäre. Diese Sinnteilung ist aber festzuhalten,
wenn man die Plutarchparallele vergleichen will; sie lautet (Kap. 16): ἤρεσε δ᾽ οὐδετέροις, ἀλλ᾽ ἐλύπησε καὶ τοὺς
πλουσίους ἀνελὼν τὰ συμβόλαια (= Aristot. διὰ τὰς τῶν
χρεῶν ἀποκοπάς) καὶ μᾶλλον ἔτι τοὺς πένητας, ὅτι γῆς
ἀναδασμὸν οὐκ ἐποίησεν ἐλπίσασιν αὐτοῖς, οὐδὲ παντά-
πασιν, ὥσπερ ὁ Λυκοῦργος, ὁμαλοὺς τοὺς βίους καὶ
ἴσους κατέστησεν. Um die letzten Worte οὐδὲ παντά-
πασιν κτέ. gleich abzuthun, so stehen sie im Gegen-

satz zu Aristoteles' Ansicht von der Tendenz der damaligen Volkspartei; sie drücken Unzufriedenheit über eine unerreichte po l i ti s ch e Gleichstellung mit dem Adel aus. Aristoteles läfst die Volkspartei nur über das Scheitern ihrer kommunistischen Hoffnungen erbittert sein und befindet sich dabei im Einklange mit Solons eigener Angabe, dafs das Volk an politischen Rechten mehr, als es sich hätte träumen lassen, erhalten habe: ἃ νῦν ἔχουσιν οὔποτ' ὀφθαλμοῖσιν ἂν εὔδοντες εἶδον. Die Schlufsworte des plutarchischen Satzes können also nicht einmal die rhetorische Erweiterung eines aristotelischen Gedankens sein. Sie gehören dem Sinne nach schon zu dem folgenden Satze, zu welchem sie überleiten. Dieser Satz aber ist, wie Begemann durch Vergleich mit der Lycurgvita des Plutarch nachgewiesen hat, aus Hermippos geflossen [1]). Wie wenig sie der Anschauung des Aristoteles entsprechen, beweist Polit. 1296 b 20, wo Lykurgos in Parallele zu Solon gestellt wird als μέσος mit dem Zusatze οὐ γὰρ ἦν βασιλεύς [2]). Hermippos macht ihn zu einem βεβασιλευκὼς ἔτη πολλά. Für Anleihe beim Aristoteles könnten nur die vorhergehenden Satzteile gelten. Aber die Sache hat ihre Schwierigkeiten. Hermippos oder Plutarch müfste das ganze erste aristotelische Glied (a b) mit einem Teile des zweiten (c) kompiliert haben; er müfste die Nachricht von der Unzufriedenheit beider Parteien und die Gründe dafür, welche e r a n d i e S e i s a c h t h e i a knüpft, kompiliert haben aus dem ganz anderen Zusammenhange bei Aristoteles, wo sie mittelbar a n d i e R e i s e S o l o n s geknüpft sind. Und

---

[1]) A. a. O. p. 17. Das entscheidende Citat mit Hermippos' Namen Plut. Lyk. 5.

[2]) Ich weifs, dafs die Worte οὐ γὰρ ἦν βασιλεύς von Congreve athetiert worden sind.

diese mir an sich höchst unwahrscheinlich dünkende
Flickarbeit wird dadurch noch unwahrscheinlicher, dafs
hier auch der oben (S. 41) berührte fundamentale Unterschied zwischen der Darstellung des Aristoteles und des
Plutarch mit hineinspielt, von denen dieser dem Solon
für Seisachtheia und Gesetzgebung zwei zeitlich ge-
sonderte Aufträge, jener ihm für beides nur einen
Auftrag werden läfst. Dadurch wird für den Kompilator das Intervall bei der Umsetzung des aristotelischen
Gutes, welche er behufs Verwendung desselben vollzogen haben müfste, erheblich vergröfsert und die
Wahrscheinlichkeit der Kompilation in gleichem Mafse
verringert. Wenn endlich Aristoteles im 16. Kapitel
des Plutarch ausgeschrieben wäre, so müfste auch das
vorher mit Aristoteles konfrontierte 25. Kapitel des
Plutarch nur eine Paraphrase des Aristoteles sein.
Und ein Kompilator sollte sich zu den anderen Um-
ständen, die er sich damit schon gemacht haben
müfste, auch noch den aufgebürdet haben, dafs er von
den beiden Hälften des elften Kapitels der πολ. Ἀθην.,
d. h. von den beiden getrennt erscheinenden Teilen
der Motivierung von Solons Reise, die eine fast wörtlich
als Motivierung zu demselben Zwecke, welchen dieser
Abschnitt bei Aristoteles hat, herübernahm, die andere
aus ihrem ursprünglichen Zusammenhange herausrifs und
durch Excerpierung für den Bericht über die Aufnahme
der Seisachtheia, also für einen ganz anderen Zweck und
für einen viel früheren Teil seines Buches, erst zurecht
stutzte? Das scheint mir ganz unannehmbar; Hermippos hat die Worte des 16. Plutarchkapitels nicht
aus Aristoteles.

Doch ich habe um der Darlegung willen bisher
eine Voraussetzung gemacht, welche ich in Wirklichkeit
nicht zugestehe: gehört die ganze zweite Hälfte

des 11. Kapitels der πολ. Ἀθην. wirklich zur Motivierung der solonischen Reise? Der Schlufssatz mufs
Zweifel erregen, während die Anknüpfung mit ἅμα δὲ
καὶ συνέβαινεν αἰτῷ darauf führt.

Eine der am meisten in die Augen springenden
Eigentümlichkeiten der πολ. Ἀθην. ist das stete Be-
streben des Schriftstellers, den Gang der Erzählung
als gleichmäfsig fortlaufend erscheinen zu lassen.
Regelmäfsig rekapituliert er den Inhalt des letzten
Abschnittes mit kurzen Worten, um daran die weitere
Erzählung anzuknüpfen. Wieder und wieder kehrt
das stereotype μὲν οὖν der Rekapitulation und das δέ der
Weiterführung mit einer ermüdenden, unkünstlerischen
Gleichförmigkeit. Dem Streben nach Deutlichkeit
ordnet der scharf Denkende die Rücksicht auf die
sonst doch oft befolgten ästhetischen Gesetze der Schön-
heit des Stiles unter. So wird auch nach längeren
Unterbrechungen die fortschreitende Erzählung
wieder aufgenommen, und wenn hierbei der Ausdruck auch nicht von einer durch sich selbst sprechenden
Stereotypie ist, so wird die Sache doch stets so klar angedeutet, dafs man nicht im Zweifel darüber sein kann,
wo eine Einlage beginnt, und wo sie endet. Mit
p. 6, 8 ταύτην μὲν οὖν χρὴ νομίζειν ψευδῆ τὴν αἰτίαν
εἶναι erweist Aristoteles die Zeilen 4—7, wie schon
bemerkt (oben S. 53), als eine Anmerkung, welche
die Erzählung unterbricht; sie dient der Begründung
des vorhergehenden Gedankens. Anders ist die Form
im 10. Kap., wo die erklärende Anmerkung mit γάρ
an die generelle Angabe von der Münz- und Gewichtsreform geknüpft ist, und die Erzählung in Kap. 11 mit
δέ fortgesetzt wird. Ebenfalls mit γάρ ist die Einlage
p. 16, 23—17, 4 eingeführt, welche den Beleg für
das p. 16, 17—23 Gesagte enthält; die Einlage grenzt

sich hier durch das Ende der Anekdote selbst ab, und
die Erzählung geht einfach mit δέ weiter. Recht lehrreich ist der Passus über Kimons Freigebigkeit
p. 29, 25-30,2. Kimon hatte besonders durch sein fürst-
liches Vermögen Einflufs, seine Liturgieen waren glänzend, und seinen engeren Landsleuten gab er zu leben;
folgt die Anmerkung ἐξῆν γὰρ . . . ἀπολαύειν. Die
Anmerkung ist zu Ende; die Erzählung knüpft mit
πρὸς δὴ ταύτην τὴν χορηγίαν wieder an das Vorhergehende an. Die Form der Eingänge dieser Anmerkungen ist natürlich durch den jedesmaligen Gedanken-
zusammenhang bestimmt. Die Form einer Folgerung hat
der Eingang 18, 3 διὸ καὶ φανερῶς κτὲ., worauf die Erzählung mit Rekapitulation (τελευτήσαντος δὲ Πεισιστράτου) fortgesetzt wird. Polemischer Natur ist die
Einfügung der Bemerkung τὸ γὰρ ἀρχαῖον 7, 26, wie
oben (S. 78. 90) bemerkt; der Fortgang der Darstellung
wird mit μὲν οὖν — δέ scharf markiert. Ebenfalls bei
Polemik mit gleichem Eingang 19, 17 οὐ γὰρ ἐδύναντο
παραχρῆμα λαβεῖν οὐδὲν ἴχνος, welche Anmerkung sich
bis 19, 22 erstreckt; den Faden der Erzählung nimmt
κατηγόρει δὲ auf, welches zum Rückblick auf κατηγό-
ρησεν δὲ Z. 15 zwingt. Es ist mir eine geläufige Anschauung, aber ich weifs nicht, wem ich sie verdanke,
dafs die griechischen und römischen Autoren deshalb
so häufig gröfsere und kleinere Abschweifungen vom
geraden Wege der Darstellung machen müssen, weil
die Antike die unkünstlerische Anmerkung moderner
wissenschaftlicher Darstellung nicht kennt. Auch die
Renaissance und die ältere Barockzeit ist ohne Anmerkungen ausgekommen; erst dem jedes künstlerischen
Empfindens baaren Zeitalter des greisenden Ludwig XIV.
war es vorbehalten, diese Sicherheitsventile modernen
stilistischen Unvermögens zu erfinden. Es hängt das

allerdings mit der Entwicklung der Wissenschaft selbst
zusammen. Die Wissenschaft verpflichtet heutzutage
den Autor, ein reicheres Material heranzuziehen, als
es der Antike und Renaissance zu Gebote stand, und
genauer, als man es in jenen Zeiten forderte, zu citieren.
In einer wissenschaftlichen Untersuchung wird man
die Anmerkung heute nicht mehr gut entbehren können,
für eine wissenschaftliche Darstellung ist die stil-
gewaltige Antike, welche die Anmerkung nicht kennt,
auch heute noch Muster. Da nun die Antike beim
Fehlen des Institutes der Anmerkungen oft durch
gröfsere Einschaltungen den gleichmäfsigen Fortgang
der Gedankenentwicklung unterbrechen mufste, so
konnten die Darstellungen leicht unschön und unklar
werden. Man suchte und fand das Mittel, diese Mängel zu vermeiden, in der Anwendung des für die antike Kunstschriftstellerei so charakteristischen Schatzes
an halbstereotypen Übergangsformeln und Perioden-
verbindungen. Es ist mir nicht zweifelhaft, dafs, wenn
auch zunächst einfach das Streben nach klarer und leicht zu
überschauender Darstellung jenen Formalismus schuf,
doch die Entwicklung dieser stilistischen Stereotypie auch durch die Zwangslage wesentlich gefördert
wurde, in welcher man sich oftmals befand, wenn man
mehr oder weniger Heterogenes dem geraden Gedanken-
wege einflechten wollte. Doch ich kehre zu Aristoteles
selbst zurück. Gerade an ihm bestätigt sich, was ich
soeben über den Unterschied bei der Behandlung der
Anmerkungen in Untersuchungen und Darstellungen
sagte. In der Metaphysik, der Physik, der Psycho-
logie, der Politik ist der Satzbau unzähligemal durch
Einschübe von gröfseren und kleineren Partieen zer-
rissen, vergewaltigt, für ästhetischen Genufs stellenweis
völlig unbrauchbar gemacht. Hier führt Aristoteles

11. Kap.
p. 10, 1—7.

grofse Abschnitte ein, um etwas nur kurz Angedeutetes
auszuführen, dort, um innere, der fortlaufenden Darstellung selbst nicht einzuverleibende Motivierungen
dem Leser für das richtige Verständnis zu geben,
anderwärts wieder, um gegenteilige, mit der vorgetragenen Auffassung streitende Meinungen zu widerlegen oder zu berichtigen. Der Faden der Darstellung
wird ja in der Regel festgehalten, aber nicht immer,
und recht oft vermag der Leser ihn selbst bei öfterem
Zusehen kaum zu erfassen. Den Gegensatz bietet die
πολ. Ἀθην. Die Zahl der Einschübe nach Art der
Anmerkungen ist eine mäfsige, und es ist deutlich das
Streben des Schriftstellers zu erkennen, die Erzählung
so ununterbrochen wie möglich fortzuführen. Jene
Schriften haben im ganzen einen Charakter, welcher
sie den modernen wissenschaftlichen Untersuchungen
nähert, die πολ. Ἀθην. ist eine wissenschaftliche Darstellung. In jenen ist die Komposition zum Teil infolge der geringen stilistischen Verarbeitung der Anmerkungen nur wenig künstlerisch; diese sollte die
Kunstperiodik erhalten und hat dieselbe, wo der Schriftsteller die Worte schon gefeilt hat. In der Mitte
stehen eine ganze Reihe von Schriften, vor allem das
goldene Buch von der Rednerkunst, dem zu seinen
anderen Vorzügen allen auch dieser sich gesellt, dafs
es in wirklich bewundernswerter Weise das Wesen
wissenschaftlicher Untersuchung mit der Form fast stil-
vollendeter Darstellung verbindet.

Eine Einlage nach Art unserer Anmerkungen ist
das ganze 12. Kapitel der πολ. Ἀθην.; es enthält die
Belege für etwas in der zweiten Hälfte des vorhergehenden Kapitels Gesagtes. Der Eingang lautet genau
wie in der oben (S. 178) zuerst angeführten Stelle
p. 6, 4: ταῦτα δ' ὅτι τοῦτον ⟨τὸν⟩ τρόπον εἶχεν;

Πολ. Ἀθην.
c. 12.

das Ende ergeben die Worte im Eingang des 13. Kapitels: τὴν μὲν οὖν ἀποδημίαν ἐποιήσατο διὰ ταύτας τὰς αἰτίας. Diese Worte beweisen zugleich, dafs der Schlufs des 11. Kapitels nach Aristoteles' Absicht zur Motivierung der Reise des Solon gehören sollte. Wie schon gesagt, führen auch die Eingangsworte ἅμα δὲ καὶ σννέβαινεν αὐτῷ darauf. Aber belegt denn der Inhalt des 12. Kapitels die Motivierung der Abreise Solons, welche Aristoteles gegeben hatte? Keineswegs. Was belegt er also? Dazu mufs man die zweite Hälfte des 11. Kapitels dem Inhalte nach mit der ersten vergleichen. Sie enthält zunächst, wie auch der Eingang anzeigt, jene Motivierung und zwar bis [ά]παράλλ[ακτον]. Die Probe ergiebt der Versuch, den Satz der ersten Hälfte einzuschieben; etwa so: διατάξαντι δὲ τὴν πολιτείαν ὅνπερ εἴρηται τρόπον σννέβαινεν αὐτῷ τῶν τε γνωρίμων ... ἀπαράλλακτον· ἐπειδὴ δὲ καὶ προσιόντες αὐτῷ περὶ τῶν νόμων ἐνώχλουν ... βουλόμενος μήτε ταῖτα κινεῖν μήτ' ἀπεχθάνεσθαι παρὼν ἀποδημίαν ἐποιήσατο κατ' ἐμπορίαν ἅμα καὶ θεωρίαν[1]) εἰς Αἴγυπτον ... τὰ γεγραμμένα ποιεῖν. Man würde dann leicht die Worte βουλόμενος ... μήτ' ἀπεχθάνεσθαι παρὼν aus dem Satze σννέβαινέν αὐτῷ — ἀπαράλλακτον verstehen. Also die Worte bis ἀπαράλλακτον werden dem Zwecke einer Motivierung der Reise Solons gerecht. Aber nun lese man weiter: ὁ δὲ ἀμφοτέροις ἠναντιώθη ... σώσας τὴν πατρίδα καὶ νομοθετήσας τὰ βέλτιστα. Das gehört nicht mit zu den Motiven der Abreise, sondern ist ein Gesamturteil über die Thätigkeit des Solon. Dieses, nicht die Motive zu jener Reise belegt das 12. Kapitel.

.[1]) Vgl. Isokr. XVII 4 ἐξέπεμψεν ἅμα καὶ κατ' ἐμπορίαν καὶ κατὰ θεωρίαν; einiges hierzu gesammelt von Kontos, Bull. de corr. hellén. III 286 f.

Äufserlich nur hat Aristoteles den Schlufssatz
des 11. Kapitels dem Vorhergehenden angeheftet;
innerlich gehört er nicht dazu. Dieser Schlufssatz
stammt nicht aus einer Atthis, sondern ist ganz des
Aristoteles eigenes Gut; denn er enthält des Aristoteles eigenstes Urteil über Solon. Die Atthis hatte
diesen zum fast extremen Demokraten gemacht, Aristoteles charakterisiert ihn hier als μέσος. Die Erzählung dagegen, welche vorhergeht, ist aus einer litterarischen Quelle entnommen. Wenn man nun den
Umstand im Auge behält, dafs hier Tradition und
aristotelisches Raisonnement aneinander gesetzt sind, und
dafs dieses Raisonnement äufserlich als Teil der Motivierung der Reise Solons erscheint und erscheinen soll,
so erklären sich einige Eigentümlichkeiten der Diktion
in unserem Kapitel. Man erkennt nämlich jetzt, dafs
Aristoteles im ersten Teile des Kapitels bereits der
Einfügung seines allgemein gehaltenen Endurteils vor-
baut: er sagt nicht einfach βουλόμενος . . . μήτ᾽
ἀπεχθάνεσθαι, sondern ἀπεχθάνεσθαι παρών, so dafs
dem Leser auch am Ende des Kapitels der Schlufs
überlassen bleibt: Solon zog es vor, die Gunst seiner Mit-
bürger durch die Mittelstellung zu verscherzen; da er
aber unter ihrer Ungunst nicht leben (ἀπεχθάνεσθαι
παρών) wollte, so reiste er ab. Aber diese Art des Vor-
bauens ist ganz ungenügend; so schreiben heifst Rätsel
aufgeben. Wenn dem Leser der Zusammenhang des
Schlufssatzes mit dem Hauptinhalte des ganzen Kapitels klar gemacht werden sollte, so wäre eine Darstellung am Platze gewesen wie etwa: εἵλετο μὲν πρὸς
ἀμφοτέρους ἀπεχθέσθαι· ἅμα δὲ καὶ τὸ ἔχθος διαφυγεῖν βουλόμενος ἀποδημεῖν ἠξίου, σώσας τὴν πατρίδα
καὶ τὰ βέλτιστα νομοθετήσας. Aber Aristoteles hätte
auch die Wiederholung eines ἀποδημεῖν am Schlusse

nicht nötig gehabt, hätte er den zweiten Teil, was er
eigentlich ist, als Exegese zu dem ἀπεχϑέσϑαι des
ersten erscheinen lassen. Denn der ganze Satz wäre
sofort als Interpretation dieses Wortes erschienen, sobald die Anknüpfung nicht mit ἅμα δὲ καὶ συνέβαινεν
αὐτῷ, sondern mit συνέβαινεν γὰρ αὐτῷ gemacht
worden wäre. So aber hat Aristoteles den zweiten
Teil dem ersten logisch nicht subjungiert, sondern co-
ordiniert, und dadurch ist die Unklarheit, d. h. die
Beziehungslosigkeit des Gesamturteils auf die Reise-
motive, hineingekommen. Aristoteles hat den mangel-
haften Zusammenhang wohl gefühlt und baut, um den
Schluſs noch deutlicher in dem Lichte der Abreise erscheinen zu lassen, ein zweites παρών vor: οἱ γὰρ
οἴεσϑαι δίκαιον εἶναι τοῖς νόμοις ἐξηγεῖσϑαι παρών.
Hier ist παρών eigentlich gänzlich überflüssig; denn
der Gegensatz ist einfach ἐξηγεῖσϑαι und ποιεῖν, und
von einem ἐξηγεῖσϑαι ἀπών kann füglich nicht die
Rede sein. Der Ausdruck ist auch hier unglücklich;
aber er ist nicht durch eine Athetese des παρών, wie
ich sie mir leider habe zu Schulden kommen lassen,
zu ändern. Aristoteles hat die Unverträglichkeit des
allgemein gehaltenen Schlusses mit der Begründung
der Reise Solons wohl gefühlt; wenn er trotzdem den
Kapitelausgang nicht so gestaltet hat, daſs dieser sich
ohne weiteres in den übrigen Inhalt des Kapitels fügte,
so muſs dem eine bestimmte Absicht zu Grunde gelegen
haben. Welche war diese? Er wollte für den Abschnitt über Solon einen Abschluſs gewinnen, in welchem er sein Gesamturteil allgemein, ohne Beziehung
auf ein einzelnes Ereignis, dem Leser einprägen konnte.
Indem er dies erstrebte, zugleich aber den Zusammenhang mit dem Vorhergehenden nicht aufgeben wollte,
setzte er sich in ein Dilemma, welches die erörterten

Eigentümlichkeiten der Diktion an dieser Stelle zur
Folge hatte.
Aristoteles hatte von vornherein beabsichtigt, ein
Endurteil über Solon und seine Verfassung zu geben·
Das folgt aus dem Schlusse des 6. Kapitels. Es finden
sich dort wörtliche Übereinstimmungen mit unserem
Abschnitte und dem Eingange des 12. Kapitels: οὐ
γὰρ εἰκὸς ἐν μὲν τοῖς ἄλλοις οὕτω μέτριον γενέσθαι καὶ
κοινόν, ὥστ᾽ ἐξὸν αὐτῷ τοὺς νόμους ὑποποιησάμενον
τυραννεῖν τῆς πόλεως, ἀμφοτέροις ἀπεχθέσθαι
καὶ περὶ πλείονος ποιήσασθαι τὸ καλὸν καὶ τὴν τῆς
πόλεως σωτηρίαν. . . . ὅτι δὲ ταύτην ἔσχε τὴν ἐξουσίαν, τά τε πράγματα νοσοῦντα μαρτυρεῖ. . . . καὶ ἐν τοῖς
ποιήμασιν αὐτὸς πολλαχοῦ μέμνηται καὶ οἱ ἄλλοι
συνομολογοῦσι πάντες. Hier widerlegt Aristoteles aus der Gesamtthätigkeit und dem ganzen Charakter des Solon den ihm bei der Seisachtheia an-
gehefteten Klatsch; er führt hier aber für dieses Gesamturteil keine Belege an; hätte er es gethan, so
würden es gröfstenteils dieselben haben sein müssen,
wie die im 12. Kapitel zur Begründung des Schlusses
des elften angeführten. Aristoteles giebt im 6. Kapitel
keine Belege, weil er sich nicht wiederholen will.
Hierin liegt ausgesprochen, dafs das Endurteil im
11. Kapitel von vornherein von Aristoteles beabsichtigt war.
Nach diesen Erörterungen wird das Verhältnis
zwischen Hermippos und Aristoteles in unserem Kapitel
noch deutlicher erkannt als vorher (S. 177). Das 11. Kapitel setzt sich aus drei verschiedenen Bestandteilen
zusammen: dem reinen Atthidenbericht über die Motive zur Abreise Solons (erste Hälfte des Kapitels),
dem Atthidenbericht über die Aufnahme der Seisachtheia seitens der Bürger vermischt mit aristotelischen

Zusätzen (erste Hälfte des zweiten Teiles) und dem rein aristotelischen Endurteil über Solon und sein Werk (Schlufs). Dafs ein Kompilator dies erkannt und darum den Aristoteles gerade nur bis zum Schlusse der eigentlichen Erzählung von der Reise ausgebeutet, dann aber aus dem sich daran anschliefsenden, schon halb aristotelischen Teile einige Züge excerpiert, anders gruppiert und an anderer Stelle zu anderem Zwecke verwendet, endlich das rein aristotelische Gut ganz beiseite gelassen habe, ist für mich eine an Unmöglichkeit grenzende Unwahrscheinlichkeit. Das müfste aber Hermippos gethan haben, wenn man annimmt, dafs sowohl das 25. wie 16. Kapitel des Plutarch von unserem Buche abhängig seien, wohl gemerkt jedoch, nicht g l e i c h a r t i g abhängig, sondern so, dafs das 25. Kapitel die paraphrastische E r w e i t e r u n g der ersten Hälfte, das 16. Kapitel die excerptenmäfsige Z u -
s a m m e n z i e h u n g der zweiten Hälfte wäre. Hermipp-Plutarch ist eben auch hier nicht von Aristoteles abhängig; vielmehr folgt aus diesem allen, dafs bei Hermippos die Züge der Atthis treuer gewahrt sind, und dafs Aristoteles, wie er Gesetzgebung und Seisachtheia überhaupt zusammenfafste, so auch den Bericht über ihre Aufnahme. Aristoteles entnahm daraus Gedanken für sein Raisonnement, aber formte sie nach seiner Auffassung der Dinge und verwendete sie seinen Zwecken entsprechend. Es ist das natürliche Verhältnis, dafs Hermippos an der Quelle hängt, Aristoteles frei über sie schaltet.

Hermippos und die *πολ. Ἀθην.* An keiner der Parallelstellen bei Aristoteles und Plutarch — und der entscheidenden Stellen sind fast ein Dutzend gewesen — hat sich ein Anzeichen dafür ergeben, dafs Hermippos die *πολ. Ἀθην.* bei der Abfassung seiner Biographie des Solon verwendet habe. Die aufserhalb der Solonpartie sich findenden Parallelen

unseres Buches zu Plutarchs Bericht enthalten, soweit
sie überhaupt eine Entscheidung zulassen, keine In-
stanzen gegen dieses Resultat.

Πολ. Ἀθην. c. 17 (p. 18, 3) bestreitet Aristoteles,
dafs Solon der ἐραστής des Peisistratos war, dagegen
wird dieser Klatsch Plut. Sol. 1, ohne eine Andeutung
davon, dafs Aristoteles ihn durch die Chronologie
widerlegt hatte, breit getreten. Die Übereinstimmung
des Restes der aristotelischen Darstellung des kylonischen Frevels mit Plut. Sol. 12 beweist bei dem Fehlen
signifikanter Angaben nichts. Dagegen fällt sehr die
Angabe des Plutarch (c. 13) auf, dafs schon vor Solon
die drei Parteien der Paraler, Diakrier und Pediaier
bestanden hätten, welche Aristoteles erst nach Solon
nennt; durch diese Differenz verliert die Übereinstimmung der πολ. Ἀθην. c. 13 mit Plut. Sol. 29 in den
Angaben über diese drei Parteien und ihre Führer
nach der solonischen Verfassung an Wert. An der
Angabe des Plutarch (c. 17) über die drakontische
Verfassung, von der er nur 'die mit Blut geschriebenen
Gesetze' kennt, tritt besonders klar hervor, dafs der
Quelle des Plutarch und natürlich ihm selbst auch bei
der Abfassung der Solonvita die πολ. Ἀθην. nicht vorlag. Denn auf die Ausrede lasse ich mich nicht mehr
ein, dafs das 4. Kapitel eben jungen Ursprungs sei
und zur Zeit des Hermippos noch nicht in der πολ.
Ἀθην. gestanden habe; die vorhergehenden Untersuchungen haben es als einen notwendigen organischen
Bestandteil der aristotelischen Darstellung aufgewiesen.
Nach keiner Seite hin beweist die Geschichte vom
Peisistratos als Angeklagten vor dem Areopag, welche
πολ. Ἀθην. c. 16 (p. 17, 14) und Plut. Sol. 31 gleich
erzählt wird, denn sie gehört in die Rubrik der Anekdoten, in welchen typischer Ausdruck eine ebenso ge-

11. Kap. wöhnliche Erscheinung ist, wie er bei Apophthegmen um der Erhaltung der Pointen willen geradezu als eine Forderung gilt; halb in die Anekdoten und halb in die Apophthegmen gehört die Geschichte von Solons Widerstand gegen die Bewilligung der κορυνηφόροι (πολ. Ἀθην. c. 14 = Plut. Sol. 30), so daſs hier selbst Identität des Ausdruckes nichts beweist.

Ich halte also auf Grund der Betrachtung der einzelnen Stellen — und ihrer waren, wie gesagt, etwa ein Dutzend — dafür, daſs Hermippos bei der Abfassung seiner Biographie des Solon die aristotelische Schrift vom Staate der Athener nicht als Quelle benutzt hat. Das ist sehr erklärlich. Der Bericht des Aristoteles ist ein viel zu knapper, viel zu wenig anekdotenhafter, entbehrt gar zu sehr jeder Piquanterie, als daſs er für einen Schriftsteller von Hermippos' Schlage hätte brauchbar sein können. Da gab's denn doch reichlichere und gewürztere Berichte über Solon. Zudem war die Tendenz der aristotelischen Darstellung des solonischen Werkes eine direkt antidemokratische und stand im Widerspruche zu der allgemein geltenden Auffassung; dieser hat sich aber Hermippos in seiner Biographie des Solon angeschlossen. Daſs Hermippos auch Peripatetiker heiſst, beweist doch nicht, daſs er darum Aristoteles bei jeder denkbaren Gelegenheit habe heranziehen müssen. Wir müssen es wohl thun, aber daraus folgt nichts für Hermippos; denn Forschungsart und Schriftstellerei sind ja glücklicherweise nicht zu allen Zeiten dieselben gewesen, und des Aristoteles' Name hatte in jenen Tagen schwerlich schon die Autorität, welche die spätere Philosophie ihren Archegeten zu errühmen pflegte, mochten diese sie, wie Aristoteles, verdienen oder nicht verdienen.

Plutarch und die πολ. Ἀθην. Aber zu Plutarchs Zeit war Aristoteles eine Autorität, mit deren Bericht man sich im Wider-

spruchsfalle auseinander setzen mufste; hätte Plutarch die πολ. Ἀθην. bei der Niederschrift der
Biographie Solons zur Hand gehabt, dann müfsten
sich Zeichen davon finden. Er citiert den Namen
des Aristoteles im Solon dreimal : Kap. 11 bei
der Πυθιονικῶν ἀναγραφή, Kap. 25 zu den κύρβεις,
welches Citat aber, wie bemerkt (S. 59), aus Didymos
stammt, endlich ganz am Schlusse, Kap. 32, mit einer
Bemerkung, welche zugleich beweist, dafs ich für Plutarch mit Recht das argumentum ex silentio angesichts
der Autorität des Aristoteles in Anwendung gebracht
habe: ἡ δὲ διασπορὰ κατακαυθέντος αὐτοῦ τῆς τέφρας
περὶ τὴν Σαλαμινίων νῆσον ἔστι μὲν διὰ τὴν ἀτοπίαν
ἀπίθανος παντάπασι καὶ μυθώδης, ἀναγέγραπται δ'
ὑπό τε ἄλλων ἀνδρῶν ἀξιολόγων καὶ Ἀριστοτέλους τοῦ φιλοσόφου. Da auch diese Nachricht nicht
aus der πολ. Ἀθην. stammt, so läfst sich aus den direkten Citaten eine Benutzung dieses Buches in Plutarchs Solon nicht nachweisen; von einer Benutzung
ohne namentliche Nennung findet sich keine Spur·
Die Darstellung Plutarchs — und das ist vielleicht
der beachtenswerteste Grund — feiert Solon als demokratischen Helden; es ist aber kein Zweifel, dafs
nach Plutarchs eigener philosophischer Anschauung der
Solon des Aristoteles vor dem der Demokratie den
Vorzug verdient hätte. Wenn Plutarch den Solon nun
doch mehr nach dem demokratischen Ideal schildert, so
beweist das eben, dafs er die πολ. Ἀθην. hier ebensowenig herangezogen hat, wie er sie in den Biogra-
phieen des Aristeides, Themistokles und Perikles[1] benutzt hat.

---

[1] Für Themistokles und Perikles beweist das zur Genüge
die Darstellung vom Sturze des Areopags, für Aristeides die

11. Kap. Die Ähnlichkeit zwischen Aristoteles und Her-
Aristoteles mippos beruht also auf gleichartigem Quellenmaterial
und
Androtion und an einzelnen Stellen auf der Benutzung einer und
derselben Quelle. Eine von diesen Stellen ist der
Bericht über die Münzreform; die Ähnlichkeit des
Ausdruckes in der Motivierung der Abreise Solons ist
eine so grofse, dafs auch hier eine und dieselbe Quelle
vorliegen mufs. In jenem Falle ist es Androtion gewesen, der beiden, Aristoteles und Hermippos, zur
Hand war. Dafs Androtion auch sonst vom Aristoteles
benutzt ist, hat man längst erkannt; besonders Kap. 22
(p. 24, 11) liegt er klar vor, wo sogar im Ausdrucke
Übereinstimmung herrscht [1]). Weitere Übereinstimmun-

abweichende Charakteristik in der πολ. Ἀθην. und die Angabe
p. 28, 29 ff., dafs 457'6 zuerst den Zeugiten das Archontat zugäng-
lich wurde, was mit Plut. Aristid. 22 im Widerspruch steht,
wo ein Psephisma des Aristeides erwähnt wird, welches allen
Athenern das Recht zur Archontenwahl gab. Vgl. Susemihl,
Alex. Litterat. II 678 (Nachträge). — Ich freue mich, dafs ich
in diesem Resultate mit Rühl, *Der Staat der Athener* u. s. w. S. 693,
annähernd zusammentreffe. Wright, *Harvard Studies* III (1892)
25, 3 nimmt an, dafs Plutarch nicht aus der πολ. Ἀθην. selbst,
sondern aus einer Quelle geschöpft habe, in welcher die πολ.
Ἀθην. in verkürzter Form enthalten war. Die auf diese Weise
benutzte πολ. Ἀθην. habe Plutarch durch fremdartige Zusätze
erweitert.

[1]) θαρροῦντος ἤδη τοῦ δήμου τότε πρῶτον ἐχρήσαντο τῷ
νόμῳ τῷ περὶ τοῦ ὀστρακισμοῦ, ὃς ἐτέθη διὰ τὴν ὑποψίαν τῶν
ἐν ταῖς δυνάμεσιν· ὁ γὰρ Πεισίστρατος δημαγωγὸς καὶ στρατηγὸς ὢν τύραννος κατέστη. καὶ πρῶτος ὠστρακίσθη τῶν ἐκείνου
συγγενῶν Ἵππαρχος Χάρμου Κολλυτεύς = Harpocr. v. Ἵππαρχος . . . περὶ δὲ τούτου Ἀνδροτίων ἐν τῇ δευτέρᾳ φησίν, ὅτι
συγγενὴς μὲν ἦν Πεισιστράτου τοῦ τυράννου καὶ πρῶτος ἐξωστρα-
κίσθη. τοῦ περὶ τὸν ὀστρακισμὸν νόμου τότε πρῶτον τεθέντος
(der falsche Ausdruck kommt auf Rechnung des Epitomators)
διὰ τὴν ὑποψίαν τῶν περὶ Πεισίστρατον, ὅτι δημαγωγὸς ὢν καὶ
στρατηγὸς ἐτυράννησεν (*FHG.* I 371 fr. 5 M.).

gen finden sich zwischen Androtion Fr. 10. 42. 43 und
πολ. Ἀθην. c. 29 (p. 32, 18 ff.), 15 (p. 15, 17), 28
(p. 31, 4). Ich glaube, dafs Aristoteles noch viel mehr,
als wir nachweisen können, der Atthis des Androtion
verdankt. Androtion hat nach dem Jahre 346 seine
Atthis herausgegeben; das ist längst ausgesprochen[1]);
aber es ist für meine folgende Darlegung gut, wenn
ich die Gründe dafür, zumal sie sich noch etwas prä-
ciser fassen lassen, als bisher geschehen, hier vorführe.
Im 6. Buche war vermutlich Philomelos' Tod (Ende 354),
im 7. Buche Onomarchos' letzter Zug nach Boiotien (Anfang 352) erwähnt; im 12. Buche ist von Amphipolis
die Rede gewesen (Frg. 27); bringt man bei der auf
das Jahr 352 folgenden Zeit denselben Zeitumfang für
die nächsten Bücher in Anrechnung, so kommt man mit
dem 12. Buche gerade in das Jahr 346, wo Amphipolis an Philipp abgetreten wurde, also eine Erwähnung
dieser Stadt besonders begreiflich ist. In dasselbe
Jahr, aber schon in die nächste Olympiade (108, 3),
gehört die von Androtion erwähnte διαψήφισις unter
dem Archon Archias (Philochoros Fr. 133, *FHG*.
I 406). In diesem Jahre war Androtion noch in
Athen; denn zur Zeit der 8. Prytanie ol. 108, 2 (Archon Themistokles) beantragt er noch den Volks-
beschlufs zu Ehren der Söhne Leukons (Dittenberger
Syll. 101). Nach Plutarch *de exilio* 14 (p. 605 c) hat
Androtion seine Atthis aber in Megara geschrieben;
also, da er noch 346 in Athen ist, nach diesem Jahre.
So stimmt das aus der Zusammenstellung der Inschrift
mit Plutarchs Angabe entnommene Ergebnis mit den

---

[1]) Schäfer, *Demosthenes und seine Zeit* I ² 390 vgl. II 29, 1.
Blafs, *Att. Bereds.* II 20, 1 [² 20,2]. Ich nehme natürlich die alte
von Jonsius vollzogene Identifikation des Historikers und
Rhetors Androtion an.

beiden Zeugnissen der Fragmente überein: die Atthis
des Androtion ist erst nach dem Jahre 346 vollendet
und herausgegeben. Andererseits beweist die Be-
kämpfung der androtioneischen Darstellung der Seisachtheia in der πολ. Ἀθην., dafs das Buch vor dem
Jahre 325 erschienen war. Das Buch war also ein
neues, als Aristoteles seine πολ. Ἀθην. schrieb. Es
mufste auch Autorität haben. Nicht blofs der Name
des im öffentlichen Leben sehr bekannten Mannes gab
sie ihm, sondern auch der Umstand, dafs Androtion
aus der Schule des Isokrates, der grofsen Schule der
Historiker des 4. Jahrhunderts, hervorgegangen war.
Aber wir haben nicht nötig, die Bedeutung der Atthis
des Androtion für seine Zeit zu vermuten: Philochoros
bezeugt sie direkt durch die vielen Entlehnungen [1]),
welche er gerade bei Androtion genommen hat; das
Buch mufs viel neues Material, namentlich über die
älteren Institutionen, gebracht haben, wie noch aus
den Fragmenten zu entnehmen ist (Androt. Frg. 4, vgl.
πολ. Ἀθην. p. 8, 7; 3; 5; 10; 40; 51; 44a, FHG. IV
645, vgl. v. Wilamowitz, de Rhesi scholiis p. 13; Philochor.
Frg. 59; 133) [2]). Die Neuheit des Buches und seine aus
der Persönlichkeit des Verfassers wie aus dem Inhalte
resultierende Bedeutsamkeit machen es erklärlich,
warum Aristoteles dagegen lebhaft polemisiert und
doch auch aus dem neuen darin gebotenen Materiale

---

[1]) Müller, FHG. I praef. LXXXIV; vgl. Schäfer a. a. O.
I 390; Busolt, Griech. Gesch. I 365. 366, 1, wo die Bemerkung
'diese Übereinstimmung ist um so bemerkenswerter, als sonst
die Atthidographen in vielen Punkten untereinander diffe-
rierten. Vgl. Strabo IX 392' wohl etwas zu allgemein spricht;
die hauptsächlichen Differenzen werden in den mythischen Partieen gelegen haben, wohin ja auch die Strabostelle gehört·
Will man dies bestreiten, so erhöht man nur die Autorität des
Androtion. [Wright, Americ. Journ. of Philol. XII 311.]

schöpfen mufs. Dieses Buch mit dem bedeutenden
Inhalte kann nun frühestens am Ende der vierziger
Jahre erschienen sein, d. h. zu einer Zeit, als Aristoteles schon einen grofsen Teil der Politik ausgearbeitet
hatte, in Kleinasien oder in Makedonien war und
wesentlich mit den in Athen gesammelten Materialien
arbeitete. Zwischen der Arbeit an der Politik und
der πολ. Ἀθην. liegt das Erscheinen der Atthis des
Androtion. Sie ist eines von jenen Werken (s. o.
S. 124 ff.) und vielleicht das bedeutendste von ihnen,
durch welche Aristoteles veranlafst wurde, Angaben
der Politik in der πολ. Ἀθην. abzuändern, da sie Material brachte, welches ihm bei der Niederschrift des
älteren Werkes noch nicht bekannt war. Und es scheint
mir recht bemerkenswert, dafs gerade in zwei Fällen
Aristoteles' Änderungen in Angaben bestehen, welche
bestimmt sind, die Macht des Areopags gröfser erscheinen
zu lassen, als sie in der Politik geschildert war. Androtion war Schüler des Mannes, der den Areopagitikos
geschrieben hatte, und Isokrates bezeugt selbst in
diesem Werke, dafs er seine Auffassung von der
Machtstellung des Areopags in seinen Kreisen schon
früher vorgetragen hatte (§ 56 ἤδη δέ τινες ἀκούσαντές
μου ταῦτα διεξιόντος): sollte der Schüler nicht etwas
unter dem Einflusse des Lehrers gestanden haben?
Eine Darstellung, in welcher der Areopag hervortrat,
mufste Aristoteles willkommen sein. Andererseits würde
die Polemik des Aristoteles in Bezug auf das Alter
des Areopags sich gut erklären, wenn Androtion ihn
eine Institution Solons sein liefs; Androtion folgte
dann auch hier seines Lehrers Auffassung. Doch dies
ist nur ein mehr oder minder zweifelhaftes Corollar;
das Hauptergebnis steht mir fest, dafs wir in Andro-
tions Buch ein Werk haben, welches uns die Diffe-

11. Kap. renzen zwischen der Politik und der πολ. Ἀθην. begreiflich machen kann. Doch die Untersuchung ist bereits in eine Darlegung hinüber geglitten, welche mit mehr Recht dem folgenden Schlußabschnitte angehören würde. In ihm will ich zusammenfassen, zu welcher Auffassung ich von der Kompositionsweise des Schriftstellers, der Komposition und dem Zwecke der Schrift vom Staatswesen der Athener gekommen bin, indem ich bei der Einzelinterpretation des Abschnittes über die solonische Verfassnng stets das Ganze im Auge zu behalten versuchte. Dafs fast sämtliche hier berührte Fragen noch einer Beantwortung auf Grund der Interpretation des ganzen Buches harren, ist mir bei keiner aus dem Bewufstsein gekommen. Ich habe sie aber, obwohl ich nur von einer Einzelpartie ausgegangen bin, aufgenommen und, soweit es mit meinem Material, Wissen und Vermögen anging, zu lösen versucht, um zu zeigen, dafs man von der Interpretation aus zu andern Ergebnissen gedrängt wird, als die bisherige historische oder litterarhistorische Betrachtung des Buches geliefert hat.

Schlufs.

Äussere Geschichte der πολ. Ἀθην. Nach der Vollendung der Politik ging Aristoteles an die monographische Ausarbeitung des für die einzelnen Staaten gesammelten Materials[1]. 158 Monographieen hat er entworfen und mehr oder weniger

---

[1] Dieses sachliche und zeitliche Verhältnis ergiebt sich aus dem S. 120 ff. und 148 ff. Beigebrachten, da so die zuerst von Torr, *Athenaeum* 3302 S. 185 gegebene Datierung bestehen bleibt.

ausgearbeitet. Zu ihnen gehört die πολιτεία Ἀϑηναίων.
Während der Jahre 329—325 wurde sie in Athen
niedergeschrieben. Sie war zur Veröffentlichung bestimmt. Das wird durch die stilistische Durcharbeitung
einzelner Teile, durch die Rücksichtnahme auf kunst-
gemäſsen Periodenschluſs, durch die Beobachtung des
Hiatgesetzes[1]), durch die Tendenz, den Plan und den
Aufbau des ganzen Buches, worüber im Folgenden gesprochen wird, zur Evidenz gebracht. Das Treffende der
Darstellungs- und Ausdrucksweise, den leichten Fluſs der
Sprache und den reichen Inhalt hat ein älterer alexan-
drinischer Gelehrter bekanntlich an den Werken des
Aristoteles gerühmt; ich glaube, es ist nicht zu günstig
über die πολ. Ἀϑην. geurteilt, wenn man jenes Urteil
als durch sie bestätigt erachtet. Darf ein subjektives
Empfinden hier Ausdruck erhalten, so möchte ich es
aussprechen, dafs mir die Lektüre der πολ. Ἀϑην.
wiederholt den Charakter der hyperideischen Diktion
in Erinnerung gerufen hat; ich habe den Eindruck,
als ob das Buch die Sprache des Hypereides in einer
für geschichtliche Darstellung gemäſsigten, herab-
gestimmten Form und Ausdrucksweise redete. Wenn
nun die eben angeführten Erscheinungen auch erkennen lassen, dafs das Buch nach der Absicht des

---

[1]) Vgl. Headlam, *Class. Rev.* 1891, 270 ff. und Blafs, *praef.*
p. XV sq. Für eine noch nicht völlig durchgearbeitete Schrift
enthält die πολ. Ἀϑην. ungemein wenig Hiate: man wird in
ihrer Beseitigung sehr vorsichtig sein müssen. Um den Grad
der Durcharbeitung auf die Hiate zu würdigen, mufs man Demosthenes' Timocratea heranziehen, deren Betrachtung auf
diesen Punkt hin übrigens besonders diejenigen anstellen
sollten, welche etwa die jüngst vorgetragene Ansicht billigen,
dafs die Meidung des Hiates kein Element gewollter kunst-
mäſsiger Schriftstellerei sei. Vor fast genau fünfzig Jahren
ist das Buch 'de hiatu' erschienen.

Verfassers zu den Denkmälern der kunstmäfsigen Litteratur gehören sollte, so finden sich daneben Anstöfse verschiedenster Art, mit welchen ein Autor ein Werk höheren Stiles nicht in die Öffentlichkeit hinausschickt: das Buch entbehrt der letzten Feile (s. o. S. 50 ff.). Der Verfasser hat es selbst nicht mehr veröffentlicht; es ist, wie andere aristotelische Schriften, mit den übrigen Monographieen derselben Art von dem Peripatos nach dem Tode des Aristoteles herausgegeben, so wie es im Manuskripte vorlag.

Noch im ersten Jahrhundert nach seinem Erscheinen hat es Einbufse an seinem Inhalte erlitten; denn die grofse von Kaibel-Wilamowitz aufgewiesene Lücke zwischen dem 60. und 61. Kapitel, in welcher nach Ausweis des 43. Kapitels die Abschnitte über die χειϱοτονητοί — den ταμίας στϱατιωτικῶν, die Behörde ἐπὶ τὸ θεωϱικόν und den ἐπιμελητὴς τῶν κϱηνῶν — gestanden haben, mufs vor der Zeit der grofsen alexandrinischen Lexikographie, vor Aristophanes von Byzanz und der Entstehung der Aristophanesscholien, in den Text hineingekommen sein, weil wir kein einziges Citat aus dem Altertume, weder bei Lexikographen noch in den Scholien, aus jenen Abschnitten überliefert erhalten haben[1]). Das Buch ist in den u n s e r h a l t e n e n Partieen während der zweiten Hälfte des 2. Jahrhunderts n. Chr. mehrfach benutzt worden, von Pollux, Harpokration und Aelius Aristides[2]); nach dieser Zeit ist

---

[1]) Nachträglich ist mir der Gedanke gekommen, ob die Lücke bei ihrem hohen Alter nicht schon gar auf die erste Herausgabe selbst zurückgeht. Die betreffenden Blätter könnten unter dem Nachlasse des Aristoteles nicht gefunden worden sein. Dafs Aristoteles den jetzt fehlenden Abschnitt geschrieben hatte, beweist das καὶ hinter χειϱοτονοῦσι δὲ p. 68, 12.

[2]) Aristides XLVI p. 360 Dd., welche Stelle jetzt auch

bisher keine sichere Spur selbständiger Benutzung
seitens der Antike nachgewiesen worden. Seine Exi-

Kenyon (3. Aufl.) anmerkt, schreibt unser Buch um 170 n. Chr.
— denn in diese Zeit fällt die Schrift ὑπὲρ τῶν τεττάρων —
fast wörtlich aus (vgl. πολ. Ἀθην. p. 10, 7 ff.): ἐκεῖνος (Solon).. παρὸν αὐτῷ στασιαζούσης τῆς πόλεως ὁποτέρων βούλοιτο προστάντι
τυραννεῖν, ἀπεχθάνεσθαι μᾶλλον ἀμφοτέροις εἵλετο ὑπὲρ τοῦ δι-
καίου· καὶ τῶν μὲν πλουσίων ὅσον καλῶς εἶχεν ἀφεῖλεν, τῷ δήμῳ
δ᾽ οὐκ ἔδωκεν ὅσον ἐβούλετο, ἔστη δ᾽ ἐν μεθορίῳ πάντων ἀν-
δρειότατα καὶ δικαιότατα, ὥσπερ τινὰς ὡς ἀληθῶς ἐκ γεωμετρίας
περιγραπτοὺς φυλάττων ὅρους. Die Worte paraphrasieren zugleich
den Eingang und den Schluſs von πολ. Ἀθην. c. 12: δήμῳ
μὲν γὰρ ἔδωκα τόσον γέρας ὅσον ἐπαρ⟨κεῖ⟩ und ἐγὼ δὲ τούτων
ὥσπερ ἐν μεταιχμίῳ ὅρος κατέστην. Die Geometrie bei Aristides
ist eine Spitze gegen Platon, welche etwa ein dutzendmal in
der Schrift wiederkehrt und auf Gorg. 508a geht λέληθέ σε
ὅτι ἡ ἰσότης ἡ γεωμετρικὴ καὶ ἐν θεοῖς καὶ ἐν ἀνθρώποις μέγα
δύναται· σὺ δὲ πλεονεξίαν οἴει δεῖν ἀσκεῖν· γεωμετρίας γὰρ ἀμε-
λεῖς. In der Schrift περὶ τοῦ παραφθέγματος (XLIX), welche
einige, aber nur wenige Jahre älter als die für die Viermänner ist,
hat Aristides nur Verse, welche auch in der πολ. Ἀθην. stehen;
sie sind also nicht aus Solon, sondern aus dieser geschöpft.
Übrigens ist die Konstruktion der Aristidesstelle (παρὸν αὐτῷ
.. τυραννεῖν, εἵλετο) nicht aus πολ. Ἀθην. c. 11, sondern aus
der Parallelstelle c. 6 entnommen: ὥστε, ἐξὸν αὐτῷ τοὺς νόμους
ὑποποιησάμενον τυραννεῖν τῆς πόλεως, ἀμφοτέροις ἀπεχθέσθαι
καὶ περὶ πλείονος ποιήσασθαι τὸ καλὸν ... ἢ τὴν αὐτοῦ πλεονεξίαν; die letztere Stelle hat Aristides in derselben Schrift
p. 161 noch einmal verarbeitet: οὐδαμοῦ (Perikles).. τὴν πλεονεξίαν ἀντὶ τῶν νόμων ἠγάπησεν, οὐδ᾽ ὅπως μείζων τῆς τάξεως ἔσται προυνοήθη, παρὸν αὐτῷ μᾶλλον παντὸς Πεισιστράτου·
ἀλλ᾽ ἦν παραπλήσιος κατέχοντι τὴν ἀκρόπολιν ἐπὶ τῷ σώζειν τοὺς νόμους (vgl. πολ. Ἀθην. p. 14, 5 κατέσχε τὴν ἀκρόπολιν;
17, 12 ἔν τε γὰρ τοῖς ἄλλοις προηρεῖτο πάντα διοικεῖν κατὰ
τοὺς νόμους, οὐδεμίαν ἑαυτῷ πλεονεξίαν διδούς) καὶ τῷ
πάντας εὖ ποιεῖν ἐκ μέσου. καίτοι εἰ τὸν Ἀρχέλαον κακίζεις ...,
ᾧ γε ἐξὸν ἐκείνῳ ὁμοίως τυραννεῖν, εἴπερ ἐβούλετο, οὐ
ταῦτα ἔδοξεν, ἀλλὰ τοὺς νόμους καὶ τὸ δίκαιον πλείονος
ἄξια τοῦ κέρδους ἐποιήσατο, πῶς οὐ τούτῳ συγχαίρειν εἰκὸς ἦν;

Schlufs stenz im 3. Jahrhundert bezeugt ein altes Bibliotheks-
verzeichnis (*Rhein. Mus.* 1866, 432)[1]). Aus den uns

Hier ist die Anlehnung wieder fast wörtlich; die Wiederholung,
welche in ἀντὶ τῶν νόμων (neben πλεονεξίαν) und τοὺς νόμους
(neben πλείονος ἄξια ποιήσασθαι) liegt, beweist, dafs p. 5, 27 τοὺς
νόμους das Richtige ist. — Möglich ist, dafs Aristid. p. 317, 14 ff.
Dd. δοκοῦσι γάρ μοι τὰς συμφορὰς ἐνθυμούμενοι τὰς ἐπὶ τῶν
Πεισιστρατιδῶν γενομένας ἑαυτοῖς μηδένα βούλεσθαι μεῖ-
ζον ἐὰν τῶν πολλῶν φρονεῖν, ἀλλ' ἐξ ἴσου εἰς δύναμιν εἶναι
aus πολ. Ἀθην. p. 24, 13 ὃς ἐτέθη διὰ τὴν ὑποψίαν τῶν ἐν ταῖς
δυνάμεσιν· ὁ γὰρ Πεισίστρατος κτέ. (vgl. 24, 29 εἴ τις δοκοίη
μείζων εἶναι) stammt. — Aristid. p. 250 f. Dd. (Flottengesetz
des Themistokles) stammt aus Plut. Them. 4 (vgl. Haas, *quibus fontibus Ael. Aristid. in or. pro IV viris q. s.* p. 39, diss.
Gryph. 1884), ebenso p. 315 (Tod des Theseus und Übertragung
seiner Gebeine nach Athen) aus Plut. Kimon 8, welcher selbst
wieder hier sicher aus Ion schöpft. Dessen Glaubwürdigkeit
ist in diesen Dichtergeschichten, zumal wenn sie in maiorem
Sophoclis gloriam gehen, so elend, dafs sie gegen die Chronik-
angabe bei Plut. Thes. 36 gar nicht in Betracht kommt. Die
10 Strategen als Richter richten die ganze Fabelei, richteten
aber nie über eine Tragödie. Das Archontat des Phaidon (476 5)
ist das sichere Datum, an dem gar nicht mehr herumzunörgeln
ist, seit wir aus der πολ. Ἀθην. c. 23 wissen, dafs der Seebund
schon 478/7 zu Stande gekommen ist. Die Kompromifskritik,
welche auch Bauer (*Litter. und histor. Forschungen zu Aristot.*
πολ. Ἀθην. S. 102) noch befolgt, indem er nach Holzapfel
(*Darst. d. griech. Gesch.* S. 85) im Plut. Thes. 36 Φαίδωνος in
Ἀψεφίωνος ἄρχοντος ändern will, bereitet sich hier wie überall
selbst Schwierigkeiten durch die Stellung der Fragen und
durch die Lösung, die sie suchen mufs.

[1]) Die Hypoth. zu Isokr. VII., in welcher der Sturz des
Areopags nach der πολ. Ἀθην. berichtet wird, gehört in der
jetzigen Fassung in das 5. Jahrh. n. Chr., aber das ganze Hy-
pothesenkorpus ist nach älterem Material, und zwar solchem
der Alexandrinerzeit, gearbeitet, wie die Citate beweisen. Genaueres führt hier zu weit. Ich halte es nicht für ausgeschlossen, dafs das Citat auf Hermippos zurückgeht, der
auch Hypoth. V mit Namen als Quelle genannt wird.

nicht erhaltenen Partieen fliefsen die Citate äufserst
spärlich; im ganzen sind ihrer vier erhalten. Davon
gehört eines der lexikographischen Tradition an (n. 3
K-W; 385 R³: Lex. Patmic. *Bull. de corr. hellén.*
1877, 152; s. o. S. 64,2), fällt also für die Frage, wie lange
der erste Teil des Buches gelesen wurde, fort. Ein anderes
steht Plut. Thes. c. 25 (n. 2 K-W; 384 R³), d. h. in einem
Kapitel, dessen · sonstiger Inhalt sicher unaristotelisch
ist; der auf die Worte ὅτι δὲ πρῶτος ἀπέκλινε πρὸς
τὸν ὄχλον, ὡς Ἀριστοτέλης φησί folgende Zusatz καὶ
ἀφῆκε τὸ μοναρχεῖν zeigt, dafs Plutarch hier die πολ.
Ἀθην. ebensowenig wie in seinem Solon, Themistokles,
Perikles und Aristeides eingesehen hat. Das dritte
Citat (n. 4 K-W.) steht im Scholion zu Euripid. Hipp.
11 (ed. Schwartz II p. 6), ist also für die Zeitfrage ebenfalls unbrauchbar. Nur das bei Harpokration s. v.
Ἀπόλλων πατρῷος stehende (n. 1 K-W., 381 R³) könnte,
da Harpokration die πολ. Ἀθην. sonst benutzt hat,
die Existenz des Einganges während des 2. Jahrh.
n. Chr. beweisen. Ich mufs mich aber als Skeptiker
bekennen. Sollte es wirklich ein Zufall sein, dafs
den Schriftstellern des 2. Jahrh. n. Chr. fast jede
Kenntnis der Abschnitte der πολ. Ἀθην. über die
Königszeit abgeht, und dafs in unserem schwerlich vor
dem Anfange des 2. Jahrh. n. Chr. geschriebenen Papyrus auch gerade der Abschnitt über die Königszeit
fehlt? Man wird sagen, der abrupte Anfang beweise,
dafs hier zufällige Verstümmelung vorliege. Gewifs.
Aber diese Verstümmelung ist, wie der vor der ersten
Kolumne freigelassene Raum beweist, schon aus der
Vorlage herübergenommen; sie reicht also in das
1. Jahrh. n. Chr. hinein. Sollten im 2. Jahrh. n. Chr.
vielleicht im wesentlichen nur noch Exemplare mit
dem fehlenden Eingange zu haben gewesen sein? Wie

Schlufs das Fehlen der Citate über jene drei durch Cheiro-
tonie gewählten Beamten sich aus einem frühzeitig ent-
standenen Defekte der Überlieferung erklärte, so würde
das Fehlen direkter Citate aus dem Eingange sich
ebenfalls gut aus einem frühzeitig eingetretenen Verlust des Einganges des Buches begreifen. Dafs der
Eingang im 2. Jahrh. v o r Chr. noch erhalten war,
bezeugen die Excerpte des Herakleides Lembos. — Von
den kleineren Lücken sind p. 6, 18; 22, 28; 26, 29;
28, 12; 40, 25; 49, 24; 65, 20. 21 ·augenscheinlich
erheblicherer Art, die übrigen laufen auf Ausfall weniger Worte hinaus. Glosseme sachlicher Art sind sehr
gering an Zahl; dafs die von K-W. im 59. Kapitel dafür erklärten Stellen richtig beurteilt sind, habe ich oben
(S. 52) in Frage stellen müssen. Das Buch ist uns
von den erwähnten Schäden abgesehen — die üblichen
Handschriftenfehler rechnen hier nicht — in der Form
erhalten, welche es bei der ·Veröffentlichung aus dem
Nachlasse des Aristoteles hatte.

Die
Quellen
und
Quellen-
benutzung

Zu Grunde liegt der aristotelischen Darstellung
der solonischen Verfassung die Atthidenüberlieferung
und zwar in mehreren Brechungen. In dem Atthidenbericht macht er aus anderweitiger, ihm zugänglicher
Litteratur, z. B. auch, wie die Erörterung des 6.
Kapitels ergab, aus politischer Litteratur, Einlagen.
In dem Abschnitte über Solon hat er Herodot völlig
beiseite gelassen. Dafs er ihn sonst benutzte, sagt er selbst
(p. 14, 27), und lehrt die Lektüre. Ebenso hat er Thukydides herangezogen und vielleicht auch Xenophon[1]). Wo

---

[1]) Die Übereinstimmung zwischen Hell. II 3, 19 und πολ.
Ἀθην. c. 36 p. 39, 23 ff. scheint mir eine so grofse, dafs ich
hier direkte Abhängigkeit des letzteren Buches für das wahrscheinlichste halte. Ausgeschlossen wäre die Benutzung einer
gemeinsamen Quelle allerdings nicht. Weshalb ich die Nach-

Aristoteles einer Quelle ganz folgt, kürzt er, der Natur
des vorliegenden Buches entsprechend, stark, hält sich
aber doch nach Möglichkeit an den Wortlaut der Vorlage; Beweis dafür ist sein Verhältnis zu Hermippos
und, da hier die Probe ganz sicher ist, vor allem der
Abschnitt über die Peisistratiden und die Antagonie
zwischen Isagoras und Kleisthenes, in welchem selbst
die Diktion stellenweis noch herodoteische Färbung
zeigt. Wo ihm aktenmäfsiges Material zur Verfügung
steht, teilt er es mit; mehr als er giebt, hatte er
schwerlich. Seine Darstellung beruht in erster Linie auf
litterarischen Quellen; aus dem Metroon hat er nicht
geschöpft, sonst müfsten sich davon Spuren finden.
Jene Quellen boten natürlich wenig urkundliches Material. Die Schrift, der er in der Geschichte von 411
bis 403 folgte, mufs eine aufsergewöhnlich kritische
Leistung der Geschichtschreibung gewesen sein. Sie
wird schwerlich weit vom Jahre 400 abliegen. Da die
Kompromifsakte vom Jahre 403 (Kap. 39) darin enthalten war, welche man doch derselben Quelle wie die
übrigen Urkunden zuschreiben mufs, so ist der terminus
post quem für diese Quelle gesichert.

Mit der Masse der überlieferten Thatsachen operiert
er frei. Er läfst einfach fort, was er nicht für richtig oder
nicht für wichtig hält; oft liegt so Polemik in seinem
Schweigen. Die Richtigkeit der litterarischen Überlieferung prüft er an Indicienbeweisen verschiedenster
Art; sie sind die Waffe im Kampfe gegen die unglaubwür-
dige Tradition. Darum baut sich seine ganze Darstellung
der ältesten Verfassungsperiode, mit Ausnahme eines

---

richt über die Zurückweisung des von Sparta nach der Schlacht
bei den Arginusen angebotenen Friedens nicht mehr als Ergänzung zu Xenophon fassen kann, ist S. 224 gesagt. [Über die
sonstigen Quellen vgl. Macan, *Journ. of. hell. stud.* XII 35 ff.]

Schlufs kurzen Abschnittes (p. 3, 2—9), auf Indicienbeweisen auf;
darum die Häufigkeit der Indicienbeweise in der Solonpartie: er geht an gegen die demokratische Auffassung
dieses Mannes in der Tradition. Scharf sticht dagegen
der Bericht über die drakontische Verfassung ab, denn
in ihm fehlt jeder Indicienbeweis. Daraus folgt aber
nichts gegen seine Echtheit. Das Andenken an die
Gesetze Drakons lebte in den Athenern des 4. Jahrhunderts, aber ein Grausen überkam den freien Mann,
wenn er ihrer gedachte: sie troffen ihm von Blut; das
hörte er von der Tribüne schreien. Hiergegen hätte
Aristoteles etwas sagen müssen, gehörten die νόμοι für
ihn zur πολιτεία. Da sie es nicht thun, hat er keine
Veranlassung zur Polemik. Das Andenken an die Verfassung Drakons lebte dagegen nicht im Athen des
4. Jahrhunderts; auch die Atthiden hatten nichts über
sie, wie unsere von den Atthiden gröfstenteils abhängige
Überlieferung mit ihrem Schweigen über diese Verfassung unumstöfslich beweist. Gegen wen sollte Aristoteles polemisieren? gegen welche Tradition die
Sprache der Indicien wecken? So stellte er einfach
dar, froh vielleicht, in seiner Zeit von der drakontischen Verfassung überhaupt noch eine Nachricht gefunden zu haben, welche ihn einfach darstellen liefs. —
Die Polemik ist stets mafsvoll; wo er sie nicht blofs andeutet, sondern offen ausspricht, beruhigt er sich meist
nicht bei der Negative, sondern weifs aus der Negative
positive Züge für seine Darstellung zu gewinnen. Die
ganze Schrift zeigt einen Schriftsteller, der nirgend
gedankenlos die Tradition tradiert, sondern nur giebt,
was durch sein Urteil hindurchgegangen ist. Dieses
Urteil mischt er in die Darstellung der Thatsachen
und in die Charakteristik von Persönlichkeiten mehrfach kurz andeutend, oft mit fühlbarer Betonung und

stets mit besonderer Absicht. Zwecklos ist wie in ʃchluʃs
dem ganzen Buche, so in dem Abschnitte über Solon
kein Satz. Alles ist in diesem Abschnitte nach einem
Gesichtspunkte abgewogen, alles dient nach Aristoteles'
Absicht dem einen Zwecke, s e i n e n Solon zu zeichnen,
der nicht der der Tradition war. Und woher hatte
er sein Bild vom Solon? Aus den Gedichten dieses
Mannes, aus der letzten Quelle, die es dafür geben
konnte. Indem nun Aristoteles ein in sich geschlossenes
Bild von Solon gewinnen will, geben ihm bei der Arbeit, wenn der consensus omnium auch etwas gilt
(p. 5, 1; 6, 7; 10, 12), diese Gedichte den eigentlichen
Prüfstein für jede Überlieferung ab. Aristoteles läfst
selbst erkennen, dafs er die Gedichte als letzte Kenntnis-
quelle über Solon gefafst hat. Um dem Leser von
vornherein eine auf die Gedichte sich stützende Ansicht
von dem Charakter des Mannes zu geben und ihn
für die folgende Darstellung empfänglich zu machen,
stehen im ersten Kapitel der Solonpartie zwei Citate;
dann folgt die ganze Darstellung von Solons Thätigkeit, ohne dafs ein Vers angeführt wird; am Schlusse
aber sind die Belege so wuchtig gehäuft und in so
unmittelbaren Zusammenhang mit dem Endurteil über
Solon gebracht, dafs man fühlt, wie der Schriftsteller
sagen will: mein Solon ist der, der gewesen zu sein
er selbst bezeugt[1]).

Aristoteles will nicht blofs den Staatsmann Solon
darstellen, er will gerade auch den Menschen richtig
fassen und würdigen lehren. Darum fügt er bei der
Usurpation des Peisistratos die Anekdote von Solons

---

[1]) Ganz deutlich sind die Gedichte als Quelle in der
Polit. 1296 a 19 genannt: Σόλων τε γὰρ ἦν τούτων (d. h. τῶν
μέσων) — δηλοῖ δ' ἐκ τῆς ποιήσεως.

Schluſs Widerstand ein: sie soll den Mann auch unter schwie-
rigen Verhältnissen als Vorkämpfer für sein Werk
zeigen[1]); darum wird der Klatsch über das Liebes-
verhältnis des Solon zu Peisistratos ausdrücklich und
mit hartem Worte (s. o. S. 153) zurückgewiesen; diese
Leidenschaft stimmt nicht zu dem Bilde des aristotelischen maſsvollen Solon. Es kommt Aristoteles eben
nicht weniger auf den Menschen als auf den Staatsmann Solon an. Aber was soll das Individuum in
einer Geschichte staatlicher Institutionen?

Die aristo-
telische
μεσότης
Es ist des Aristoteles staatsphilosophisches Axiom,
daſs der μέσος der beste Bürger sei[2]). Der Grundsatz, daſs die staatsbürgerliche μεσότης das Erhaltende
ist[3]), daſs alles Extreme zerstört[4]) und, um mit Aristoteles' eigenen Worten zu reden, ὅτι ἡ κοινωνία ἡ πο-
λιτικὴ ἀρίστη ἡ διὰ τῶν μέσων (Polit. 1295 b 35),
dieser Grundsatz hat bei jedem in unserem Buche sich
vorhanden findenden Urteile über einzelne Staatsmänner wie über
in ganze Verfassungsperioden als Kriterium gedient. Solon
Individuen wird gelobt; denn nach dem Zeugnis seiner eigenen
Gedichte konnte er fast als eine Verkörperung der
staatsbürgerlichen μεσότης gelten. In unserem Buche
schlieſst Aristoteles das Gesamturteil über ihn mit den
Worten νομοθετήσας τὰ βέλτιστα, und in der Politik
(1296 b 19) hatte er gesagt: τὸ τοὺς βελτίστους νομο-
θέτας εἶναι τῶν μέσων· Σόλων .. γὰρ ἦν τούτων (δηλοῖ δ' ἐκ τῆς ποιήσεως). Von diesem Standpunkte aus
ist das lobende Urteil gefällt über Nikias und Thuky-

---

[1]) Πολ. Ἀθην. p. 14, 13 αὐτὸς μὲν ἔφη βεβοηθηκέναι τῇ
πατρίδι; vgl. p. 10, 9 σώσας τὴν πατρίδα.
[2]) Die Hauptstelle Politik 1295 a 34 — 1296 b 2, wozu die
Erklärer die übrigen Stellen geben.
[3]) Polit. 1296 b 38 ff., vgl. 1308 b 30.
[4]) Polit. 1309 b 18—35.

dides, des Melesias Sohn (Kap. 28), im Gegensatz zu
den extremen Demokraten ihrer Zeit, ebenso das über
Peisistratos, weil er, obwohl Tyrann, doch nach den
Satzungen Solons (κατὰ τοὺς νόμους p. 17, 13) regierte,
und auch das über Archinos, weil er, wenn auch mit
ungesetzlichem Mittel (πείσας ἄκριτον ἀποκτεῖναι
p. 43, 23), eine gemäfsigte [1]) Demokratie nach den Tagen
der Dreifsig durchführte und die Bürgerschaft zur
Achtung der bestehenden Ordnung zwang. Besondere
Gnade hat aber Theramenes, neben welchem die Oligarchen Peisandros und Antiphon mit Lob genannt
werden (p. 36, 13), vor seinen Augen gefunden. Aristoteles nimmt sich des Vielgeschmähten in auffälligster
Weise an und sucht zu beweisen, dafs das allgemein
geltende Urteil über diesen Mann infolge der ver-
wickelten politischen Verhältnisse jener Zeit in die
Irre gegangen sei. Der Grund für diese Apologie
liegt auch hier in dem Umstande, dafs Aristoteles bei
genauer Betrachtung in der politischen Thätigkeit des
Mannes die Charakteristika für einen μέσος sehen zu
müssen glaubte: δοκεῖ μέντοι μὴ παρέργως ἀποφαινο-
μένοις [2]) οἰχ ὥσπερ αὐτὸν διαβάλλουσι πάσας τὰς πολιτείας καταλύειν, ἀλλὰ πάσας προάγειν ἕως μηδὲν
παρανομοῖεν, ὡς δυνάμενος πολιτεύεσθαι κατὰ πάσας,
ὅπερ ἐστὶν ἀγαθοῦ πολίτου ἔργον, παρανομούσαις δὲ οὐ

---

[1]) Das liegt ausgedrückt in dem Auftreten des Archinos
gegen Thrasybulos' Psephisma, ἐν ᾧ μετεδίδου τῆς πολιτείας
πᾶσι τοῖς ἐκ Πειραιέως συγκατελθοῦσιν, ὧν ἔνιοι φανερῶς ἦσαν
δοῦλοι p. 43, 19 ff.

[2]) Dieser Ausdruck beweist mir, dafs Aristoteles sein Urteil über Theramenes nicht durch eine für diesen Politiker
parteiische Quelle hat bestimmen lassen, sondern dafs er selbst
sich sein Urteil aus der Geschichte gebildet hat.

συγχωρῶν ἀλλ᾽ ἀπεχϑανόμενος (Kap. 28 a. E.). Die Geschichte der Jahre 411—404 kehrt bei Aristoteles
immer wieder auf Theramenes zurück. Zum Teil liegt
der Grund dafür in der bedeutenden politischen Thätigkeit des Mannes selbst, aber ganz wird man hieraus
doch nicht den Umstand erklären können, dafs die
Ereignisse jener Jahre mit so besonderer Rücksicht auf
Theramenes' Schicksal dargestellt werden; es ist, als
ob die Darstellung zeigen sollte, wie der gute Bürger
im Ringen mit den alles Recht und Gesetz vergewaltigenden Regierungen seiner Überzeugung zum Opfer
fällt.

Die solonische Verfassung war eine πολιτεία, ihre
ruinöse παρέκβασις also die δημοκρατία. Mithin verfällt, was auf eine Entwicklung von der solonischen
Verfassung hinweg und hin zu der extremen Demokratie des 4. Jahrhunderts geführt hat, dem verdammen-
den Urteile des Schriftstellers; dagegen verdiente, was
diese Entwicklung aufhielt oder hinderte, seine Anerkennung. Die Verfassungsperiode, welche der solonischen am nächsten kommt, ist natürlich die, in
welcher der Areopag die Prärogative der älteren Zeit
annähernd wieder gewonnen hatte, die siebzehn Jahre
nach der Schlacht bei Salamis. Damals hatte der
Areopag die ἐπίϑετα δι᾽ ὧν ἦν ἡ τῆς πολιτείας φυλακή,
wie es (p. 27, 24) mit deutlicher Rückbeziehung auf
die drakontische (φύλαξ ἦν τῶν νόμων p. 4, 10) und
solonische (νομοφυλακεῖν — ἐπίσκοπος οὖσα τῆς πολιτείας p. 8, 10) Ordnung heifst. Daher das Urteil καὶ
ἐπολιτεύϑησαν Ἀϑηναῖοι καλῶς καὶ κατὰ τούτους τοὺς
καιρούς (p. 25, 27). Athen befand sich, wie in alten
Tagen, so auch zu dieser Zeit in einer glücklichen Periode des politischen Lebens. Denn gerade zu dieser

Zeit[1]) war es, wo die Athener das Kriegshandwerk   Schlufs
übten, wo sie eine solche Politik trieben, dafs sie sich
des besten Leumundes bei den anderen Griechen er-
freuten, und wo sie so stark waren, dafs sie trotz des
Widerstandes von Sparta (ἀκόντων τῶν Λακεδαιμονίων
p. 26, 4) die Herrschaft zur See gewannen. Es kommt
Aristoteles, wie auch die prägnante Stellung der eben
citierten Worte am Schlusse der Periode beweist,
bei der Erwähnung der Seehegemonie nicht auf diese
selbst, sondern allein auf den Nachweis der Stärke
des damaligen Athens an. Diese Stärke ist ein Lob
für die in Rede stehende Periode, ihr Lob ist nicht
die Herrschaft zur See, welche nur der Erfolg dieser
Kraft, aber nach Aristoteles' Urteil ein wenig er-
wünschter ist. Nicht der Areopag hat zur See hin-
getrieben, der Demokrat Aristeides that es. Was Peisistratos, der selbst als Tyrann sich unter die Gerichtsbarkeit des Areopags stellte, weislich zu verhindern
gesucht hatte, dazu wurde von den Demokraten
gegen die konservativen Tendenzen des Areopags jetzt
aufgefordert: καταβάντας ἐκ τῶν ἀγρῶν οἰκεῖν ἐν τῷ
ἄστει (p. 26, 21.) Die ἀρχή, welche sich nur zu bald aus
der ἡγεμονία entwickelte, erforderte die Arbeitskraft
auch der grofsen Menge; der Staat bedurfte der πολλοί,
des δῆμος (p. 27, 1. 15); jetzt müssen sich also demokratische Tendenzen geltend machen. Eigentlich wäre
dem Aristoteles damit ein Grund gegeben gewesen,
diese Periode zu tadeln; allein der Anspruch auf die
ἀρχή wurde nicht in ihrem Beginne, sondern in den
späteren Jahren derselben, als der Bürgerschaft der

---

[1]) Ich halte also sowohl καί (p. 25, 27) vor κατὰ τούτους
τοὺς καιρούς als auch κατὰ τὸν χρόνον τοῦτον (p. 26, 1) für
echt.

Schluls Kamm schon geschwollen war (ϑαρροίσης ἤδι τῆς πόλεως), erhoben. So besteht das im Anfang gegebene
günstige Gesamturteil über die letzte areopagitische
Ära zu recht, und nur der Schlufs dieser Periode verdient die Einschränkung, in welcher es von dieser πολιτεία heifst: ὑποφερομένη κατὰ μικρόν (p. 27, 17). —
Unter den folgenden Verfassungen wird der an die
Oligarchie der Vierhundert sich anschliefsende Zustand
gelobt. Die πολιτεία hatten die ὅπλα παρεχόμενοι,
und das war in einer Kriegszeit vernünftig (p. 37,
8—10). Aristoteles äufsert in der Politik: δεῖ δὲ τὴν
πολιτείαν εἶναι μὲν ἐκ τῶν τὰ ὅπλα ἐχόντων μόνων
(1297 b 1); sein lobendes Urteil steht unter dem Einflusse dieses allgemeinen Grundsatzes und im Einklange
mit ihm. Eine solche Verfassung ist ein Schritt ab von
der alles ausgleichenden Demokratie, sie kann also gelobt werden. Über die Oligarchie der Vierhundert selbst
enthält sich Aristoteles jeglichen Urteils; er giebt nur
die Aktenstücke und teilt die Thatsachen trocken mit,
welche den Antritt der Bule der Vierhundert begleiteten,
und welche ihren Sturz herbeiführten. Er kann die
Männer nicht tadeln, denn im Grunde mufs er ihre
antidemokratische Tendenz billigen; er kann sie aber
auch nicht loben, weil sie verfassungswidrig die ὅπλα
ἔχοντες von der Regierung ausschlossen. — Noch eine
Periode hat des Aristoteles Anerkennung gefunden,
die unmittelbar auf die Restauration von 403 folgenden
Jahre (Kap. 40): δοκοῦσιν κάλλιστα δὴ καὶ πολιτικώτατα
ἁπάντων καὶ ἰδίᾳ καὶ κοινῇ χρήσασϑαι ταῖς προγεγενη-
μέναις συμφοραῖς, denn es wurde nicht nur eine allgemeine
Amnestie durchgeführt, sondern der Demos zahlte auch
die Kriegsschulden der Besiegten, obwohl er durch
die Verträge ausdrücklich davon entbunden war: ἐν ..
ταῖς ἄλλαις πόλεσιν οἰχ οἷον ἐπιπροστιϑέασιν τῶν οἰ-

κείων οἱ δῆμοι κρατήσαντες, ἀλλὰ καὶ τὴν χώραν ἀνά- Schluſs
δαστον ποιοῦσιν (Kap. 40 a. E.). Die weise politische
Mäſsigung, die μεσότης, welche sich in diesen Maſsregeln ausspricht, hat auch hier das Lob veranlaſst.

Dasselbe philosophische Axiom, welches diese Die μεσότης
lobenden Urteile dem Schriftsteller eingab, hat auch vermiſst
seinen Tadel bestimmt. Sein Urteil über Kleisthenes bei Klei-
ist eisig. Er ging zur Volkspartei über, weil er im sthenes
Kampfe mit Isagoras unterlegen war. Das Volk ver-
traute ihm später, weil er selbst wie sein ganzes Geschlecht — daher hier Kedon (p. 22, 21), der zum
Beleg für die Parteistellung des Geschlechtes in früherer
Zeit genannt wird — gegen die Tyrannis gekämpft
hatte: κατασχόντος δὲ τοῦ δήμου τὰ πράγματα Κλεισθένης ἡγεμὼν ἦν καὶ τοῦ δήμου προστάτης (p. 22, 17);
als ein προεστηκὼς τοῦ πλήθους (p. 22, 26) muſste er
eine Verfassung geben, von welcher es heiſst: δημοτι-
κωτέρα πολὺ τῆς Σόλωνος ἐγένετο ἡ πολιτεία [1]). Das
ἀναμίσγεσθαι τὸ πλῆθος (p. 23, 8) wird hervorgehoben
und das gesetzgeberische Verfahren des Kleisthenes als
eines στοχαζόμενος τοῦ πλήθους (p. 24, 2) gebrand-
markt. Diesem harten Urteil verfällt auch die Institution des Ostrakismos, da ihre Erwähnung unmittelbar an die zuletzt ausgehobenen Worte geknüpft ist [2]);
ebenso hat Aristoteles in der Politik den Ostrakismos
verworfen: βέλτιον .. τὸν νομοθέτην ἐξ ἀρχῆς οὕτω
συστῆσαι τὴν πολιτείαν, ὥστε μὴ δεῖσθαι τοιαύτης
ἰατρείας [3]). — Die Verfassung von 508—480, welche

---

[1]) Anfang von Kap. 22; vgl. p. 44, 27 ἡ Κλεισθένους, δη-
μοτικωτέρα Σόλωνος.

[2]) .. καινοὺς δ᾽ ἄλλους (sc. νόμους) θεῖναι τὸν Κλεισθένη
στοχαζόμενον τοῦ πλήθους, ἐν οἷς ἐτέθη καὶ ὁ περὶ τοῦ ὀστρακισμοῦ νόμος.

[3]) Polit. 1284 b 17; vgl. 1302 b 18 . . . ἐνιαχοῦ εἰώθασιν

Keil, Aristoteles. 14

Schluss sich ganz in Kleisthenes' Formen hält, kann natürlich des Aristoteles Wohlgefallen nicht erregt haben. Dies ist nicht ohne Folgen für ein weiteres Urteil über sie geblieben. Aristoteles erklärte die areopagitische Ära, welche auf Salamis folgte, für gut, und dementsprechend liefs er auch die äufseren Erfolge dieser Zeit bedeutende sein. Der Glanz, den Aristoteles ihr verleiht, ist dazu bestimmt, die vorhergehende kleisthenische, demokratische Periode und, um das hier gleich zu sagen, auch die folgende, ebenfalls demokratische Periode des Perikles in den Schatten zu stellen. Die kleisthenische Verfassungsepoche war im ganzen nicht gut, also sind die äufseren Erfolge dieser Demokratie auch nur geringe, wie es im Gegensatze zu denen der areopagitischen Ära heifst: *τότε μὲν οὖν μέχρι τούτου προῆλθεν ἡ πόλις ἅμα τῇ δημοκρατίᾳ κατὰ μικρὸν αὐξανομένη* (p. 25, 18). Die Schlaffheit der demokratischen Heerführer zeigte sich vor Salamis, wo sie den Kopf verloren; der alte Areopag ward der Hort des Staates [1]).

Perikles Die Beurteilung des Perikles ist merkwürdig gewunden ausgefallen. Perikles gehört zu den *ἐπιεικεῖς*; deshalb kann er nicht ganz verurteilt werden. Aber absolutes Lob verdient er nicht; es kehrt bei ihm das

ὀστρακίζειν, οἷον ἐν Ἄργει καὶ Ἀθήνησιν· καίτοι βέλτιον ἐξ ἀρχῆς ὁρᾶν ὅπως μὴ ἐνέσονται τοσοῦτον ὑπερέχοντες, ἢ ἐάσαντες γενέσθαι ἰᾶσθαι ὕστερον.

[1]) Vgl. Lyk. Leokr. 52 von der Zeit nach Chaironeia: *ἡ μὲν γὰρ ἐν Ἀρείῳ πάγῳ βουλὴ (καὶ μηδείς μοι θορυβήσῃ· ταύτην γὰρ ὑπολαμβάνω μεγίστην τότε γενέσθαι τῇ πόλει σωτηρίαν) τοὺς φεύγοντας τὴν πατρίδα καὶ ἐγκαταλείποντας τότε τοῖς πολεμίοις λαβοῦσα ἀπέκτεινε.* Die Worte *καὶ μηδεὶς κτέ.* zeigen deutlich, dafs der Areopag damals seine Befugnisse überschritten hatte; in der Zeit der Not liefs der Demos es sich gefallen, später mifsbilligte er es.

Scheltwort gegen Kleisthenes wörtlich und mit fühlbarer Verschärfung wieder: δημοτικωτέραν ἔτι συνέβη,
γενέσθαι τὴν πολιτείαν (p. 29, 14), und absichtliche
Härte liegt augenscheinlich in dem Ausdrucke πρὸς τὸ
δημαγωγεῖν ἐλθόντος Περικλέους ... δημοτικωτέραν
ἔτι κτέ., nicht so sehr durch das Wort δημαγωγεῖν,
wie durch den Gegensatz, in welchen Perikles hier
zu den früheren maſsvollen προστάται τοῖ δήμου
gesetzt wird. So muſs denn das Urteil über die perikleische Periode beim Vergleich mit der vorhergehenden ein Tadel sein; nur relativ erhält sie ein Lob,
nämlich im Vergleich mit den folgenden extrem demokratischen Zeiten (c. 28): ἕως μὲν οὖν Περικλῆς προ-
ειστήκει τοῦ δήμου βελτίω τὰ κατὰ τὴν πολιτείαν ἦν,
τελευτήσαντος δὲ Περικλέους πολὺ χείρω. Die Begründung des δημοτικωτέραν besteht aus drei Punkten:
Perikles nahm dem Areopag einige Vorrechte, drängte
besonders zur Seepolitik und gewährte zuerst den
Richtersold. Wie Aristoteles über die letztere Maſsregel denkt, hat er in der Politik 1320 a 17 ff. ausgesprochen. Er meint, der Sold sei in volkreichen
Staaten für die unbemittelten Klassen notwendig; nur
verurteilt er die übliche unterschiedslose Zahlung und
bringt sie in Kausalnexus mit den bestehenden Finanz-
schwierigkeiten der Staaten, in welchen der Richtersold unterschiedslos gezahlt wird. Seine Worte gehen,
wie er selbst sagt, auf die τελευταῖαι δημοκρατίαι:
Perikles' Maſsregel wird daher in der πολ. Ἀθην. als
ein Faktor für die Steigerung des demokratischen Charakters der athenischen Verfassung aufgeführt. Auch
werden die Nebenumstände bei ihrer Einführung und
die Folgen in schlechtes Licht gerückt. Perikles hat
den Sold aus rein politischer Rancüne eingeführt, nicht
etwa aus der Erkenntnis der Notwendigkeit einer sol-

chen Maſsregel für einen volkreichen Staat, und hat
ihn eingeführt auf den Rat eines Menschen, der später
durch Ostrakismos verbannt wurde. Die Folge davon,
daſs der Richter um Geld Recht sprach, war des weiteren eine Zugänglichkeit der Richter für Bestechungs-
versuche. Aristoteles giebt diesen Zusammenhang in der
ihm eigenen Weise durch die einfache Anfügung des Auf-
tretens der Richterbestechungen an den Bericht über die
Einführung des Richtersoldes deutlich zu verstehen. Dazwischen (p. 30, 7 ff.) steht nur ein kurzer Satz: *ἀφ' ὧν
αἰτιῶνταί τινες χείρους γενέσϑαι, κληρουμένων ἐπιμελῶς
ἀεὶ μᾶλλον τῶν τυχόντων ἢ τῶν ἐπιεικῶν ἀνϑρώπων.*
Aristoteles referiert hier; er scheint selbst dem Berichteten nicht ganz zu glauben [1]), aber doch kann

---

[1]) Warum er sich so reserviert verhält, vermag ich nicht
abzusehen; ich entsinne mich keiner Stelle der Politik, die hier
erklärend einträte. Vielleicht fand er durch das *κληροῦσϑαι*
selbst die Möglichkeit einer absichtlichen Steigerung des niederen Elementes in den Gerichten ausgeschlossen. Kaibel-
Kiefsling werden m. E. an dieser Stelle dem Wortsinne nicht
ganz gerecht, wenn sie übersetzen: 'da die übrigen sich eifriger zur
Losurne drängten als der behäbige Bürgersmann'. Das *ἐπιμελῶς κληροῦσϑαι* bezeichnet eine absichtliche Beugung des
Rechtes beim Losen selbst; aber in einem stärkeren Zuströmen
von Krethi und Plethi statt der besseren Elemente (*ἐπιεικεῖς*)
kann doch nichts Beabsichtigtes liegen. Von der Absicht des
Gesetzgebers ist hier nicht die Rede, sondern allein von der
thatsächlichen Folge. Aristoteles führt hier die Ansicht älterer an;
vielleicht war ihre Auffassung aus der Art der Richtererlosung
seiner Zeit nicht mehr erklärlich, wohl aber aus der einer früheren.
Ich glaube, diese Stelle hat Bedeutung für die Zahl 6000 im
5. Jahrh. und die Richterqualifikation im 4. Jahrh. Es läſst
sich eine Möglichkeit denken, unter welcher bei einer Beschränkung der jährlichen Richterzahl im 5. Jahrh. ein *ἐπιμελῶς κληροῦσϑαι* stattfinden konnte. Andererseits ist es nicht ausgemacht, daſs jene Beschränkung auch im 4. Jahrh. fortbestand,
und damit fiel dann das Verständnis für das *ἐπιμελῶς κληροῦ-*

er es, um sein Urteil über die perikleische Mafsregel
zu begründen, nicht unterlassen anzuführen, dafs von
anderen ähnlich wie von ihm selbst geurteilt sei. Es
erinnert das etwas an das *calumniare audacter.*

Generellere Bedeutung für das Anwachsen der
Demokratie als das eben besprochene Moment haben *The-*
die beiden an erster Stelle genannten, die Einschrän- *mistokles und*
kung der Kompetenzen des Areopags und die Seemacht- *Ephialtes*
politik. Jene ist von Ephialtes unter Beihilfe des
Themistokles begonnen worden. Wie die Einführung
des Richtersoldes schon durch das Motiv, welches den
Urheber dieser Mafsregel leitete, diskreditiert wurde,
so wird auch der Beginn des Sturzes des Areopags
mit unlauteren Motiven eines der demokratischen
Führer in Verbindung gesetzt: Themistokles will der
Anklage auf Landesverrat entgehen. Eine Neuerung,
die auf solchem Wege herbeigeführt ist, kann nur
schlechte Folgen haben: συνέβαινεν ἀνίεσθαι μᾶλλον τὴν
πολιτείαν διὰ τοὺς προθύμως δημαγωγοῦντας (p. 28, 17);
denn diese können jetzt, wo der Areopag nicht mehr
die ἐπιμέλεια für den Staat hat, aufkommen. Vielleicht ist auch nicht ohne Grund in unmittelbarem
Anschlufs daran die Einführung des passiven Wahl-
rechtes für die Zeugiten (p. 28, 29) erzählt. Auch
hier also wird, wie bei dem Richtersold, in den Folgen
der Neuerung die Kritik der Neuerung angedeutet.
Schärfer noch kommt die Kritik zum Ausdruck in
der an den Sturz des Areopags angeschlossenen Nachricht über die bald darauf erfolgte Ermordung des
Ephialtes. Sie hat in dieser knappen Verfassungs-

σθαι am Ende des 4. Jahrh. fort. Die Zahl von 6000 Richtern
ist aus der früheren Zeit für gewisse Fälle beibehalten, obgleich sie nicht mehr sämtliche Richter repräsentierte. Doch
führt das hier zu weit ab.

Schlufs geschichte eigentlich keinen Raum; wenn der Schriftsteller ihr ihn doch gewährt, so hat er eine Absicht
dabei; es ist die, zu zeigen, wie die üble That ihren
rechten Lohn findet. Es scheint mir von diesem Gesichtspunkte aus so gut wie sicher, dafs auch der kläg-
liche Ausgang des Themistokles hier berichtet gewesen sein mufs, und die Texteskritik tritt bestätigend
hinzu. Kaibel-Wilamowitz haben m. E. p. 28, 12 mit
Recht in den Worten καὶ ⟨ὁ μὲν Θεμιστοκλῆς .....⟩
ἀνῃρέθη δὲ καὶ ὁ Ἐφιάλτης eine Lücke konstatiert.
Um die Kritik, welche Aristoteles hiermit an den demokratischen Helden übt, recht zu würdigen, beachte
man, dafs er vom Ephialtes sagt: δοκῶν ἀδωροδόκητος
εἶναι καὶ δίκαιος πρὸς τὴν πολιτείαν (p. 27, 20). Das Urteil
der Athener, welches er durch δοκῶν als solches kenn-
zeichnet, wird durch die Geschehnisse und ihre Folgen
widerlegt. Das Volk wufste eben nicht, was ihm
Aristeides frommte. Genau so heifst es vom Aristeides und The-
und The-
mistokles mistokles: ὁ μὲν τὰ πολεμικὰ δοκῶν, ὁ δὲ τὰ πολιτικὰ
δεινὸς εἶναι καὶ δικαιοσύνῃ τῶν καθ᾽ ἑαυτὸν διαφέρειν
(p. 26, 6). Dafs diese Volksmeinung über Aristeides falsch
war, wird gezeigt. Denn die Folgen der Seemachtpolitik des Aristeides werden sofort als verderblich geschildert: der grofse Staat gebraucht viele Menschen,
sie werden dem Lande entzogen und suchen nun beim
Staate ihr Brot. Das ist nicht πολιτικῶς nach Aristoteles (s. o. S. 83, 1). War es auch δικαιοσύνη, dafs
Aristeides die Athener dazu trieb, die Hegemonie zu er-
streben? Das 'τοῖς συμμάχοις δεσποτικωτέρως χρῆσθαι'
(p. 26, 25) giebt die Antwort darauf. Das war die Folge des
Rates des Aristeides, der selbst die Eide nicht Unterthanen,
sondern Bundesgenossen Athens, so feierlich, wie es nur
möglich war (τοὺς μύδρους ἐν τῷ πελάγει καθεῖσαν p. 26,
18; die Φωκαέων ἀρά), beschworen hatte. Es liegt Methode

in der Art, wie Aristoteles seine Kritik der demokra- Schluſs
tischen Führer begründet. Die Kritik selbst aber ist
wieder bestimmt von dem Grundsatze, dafs zu verurteilen ist, wer von der Herrschaft des Areopags und
dadurch von der solonischen Verfassung abführte;
denn diese Herrschaft des Areopags war ein teilweises
Zurückgehen auf die solonische Verfassung gewesen.
Aristeides führt zur Seehegemonie, Themistokles und
Ephialtes arbeiten an der Entthronung des Areopags,
Perikles steigert jene, arbeitet an dieser weiter und
fügt noch den Richtersold hinzu. Kein Wort des Ta-
dels über den letzten dieser demokratischen Helden,
ja an einer Stelle ein relatives Lob, und doch absolute
Verurteilung durch Verurteilung des Gesamtzieles seiner
Politik und der Mittel, mit welchen er es erstrebte.

Doch Aristoteles steht nicht allein in dieser Be- Philo-
sophische
Kritik der
Seemacht-
politik
urteilung der Politiker und der Politik des 5. Jahr-
hunderts. Für den Areopag und gegen die Seehegemonie: Isokrates' Areopagitikos und Friedensrede.
So geht der sophistische Redner und der philosophische
Historiker zusammen; sie einigen sich in einer gröfseren
litterarischen Bewegung. Ihre Bücher sind nur einzelne Erscheinungen in dem Kampfe, welchen die
Theorie in der politisch-philosophischen Litteratur über
das Wesen der Staatsgemeinschaften allzeit gegen die
Praxis des Staates geführt hat, unter dessen Schutze
sie gedieh, und an dessen Institutionen vor allem sie
zu denken gelernt hat. Mit dem 'οὐκ ἐπαινῶ' der alten
Schrift vom Staate der Athener, deren Interpretation
Rudolf Schöll[1]) verdankt wird, und vorher schon in

---

[1]) *Die Anfänge einer politischen Litteratur bei den Griechen*
(München 1890). Allerdings für eine so rein akademische —
modern gesprochen — Abhandlung, wie Schöll es thut, kann
ich sie nicht halten. Den Boden, auf dem diese πολ. Ἀθην.

den Erörterungen und Schriften, deren Niederschlag
in der Tragödie Ferdinand Dümmler jüngst mit Erfolg nachgegangen ist [1]), beginnt die Opposition. Sie
richtet sich von Anfang an auch gegen die destruierend
wirkende Seemachtpolitik, welche gleichfalls Thukydides' abwägendes Denken beschäftigte. Platons Kritik
im Gorgias (519 a) 'ἄνευ γὰρ σωφροσύνης καὶ δικαιοσύνης λιμένων καὶ νεωρίων καὶ τειχῶν καὶ φόρων καὶ
τ ο ι ο ύ τ ω ν φ λ υ α ρ ι ῶ ν ἐμπεπλήκασι τὴν πόλιν'
schliefst sich zeitlich unmittelbar an [2]); mit der gleichen
Kritik im Anfang des 4. Buches der Gesetze kommen
wir in die Zeit der genannten isokrateischen Schriften
herab. Aristoteles bezeugt in der Politik (1327 a 10),
wie lebhaft die Frage erörtert worden ist: περὶ δὲ
τῆς πρὸς τὴν θάλατταν κοινωνίας, πότερον ὠφέλιμος
ταῖς εὐνομουμέναις πόλεσιν ἢ βλαβερά, πολλοὶ τυγχάνουσιν ἀμφισβητοῦντες; sein eigenes Urteil fafst er in
die Worte (Pol. 1327 a 40 — b 9) zusammen: περὶ δὲ
τῆς ναυτικῆς δυνάμεως, ὅτι μὲν βέλτιστον ὑπάρχειν
μέχρι τινὸς πλήθους, οὐκ ἄδηλον ... περὶ δὲ πλήθους
ἤδη καὶ μεγέθους τῆς δυνάμεως ταύτης πρὸς τὸν βίον
ἀποσκεπτέον τῆς πόλεως. εἰ μὲν γὰρ ἡγεμονικὸν
καὶ π ο λ ι τ ι κ ὸ ν ζήσεται βίον, ἀναγκαῖον καὶ ταύτην

erwachsen ist, hat Schöll gewifs richtig bezeichnet. Aber
wenn ihr Verfasser auch zu den Kreisen gehörte, in welchen
die theoretischen Erörterungen über Politik gepflogen wurden,
so schliefst das doch namentlich im 5. Jahrh. nicht aus, dafs
er zugleich mit der Praxis persönliche Fühlung hatte. Sein
Nachweis, dafs von den ἄτιμοι nichts für eine Revolutions-
partei zu hoffen sei, und sein Zorn gegen die Kryptooligarchen
in der Demokratie sind für mich im Rahmen einer akademischen Abhandlung unverständlich.

[1]) *Prolegomena zu Platons Staat etc.* (Basel 1891). Ich habe
absichtlich 'Erörterungen' vor 'Schriften' gesetzt.

[2]) Dümmler, *Chronolog. Beiträge* (s. o. S. 78 Anm. 1) p. 44 ff.

τὴν δύναμιν ὑπάρχειν πρὸς τὰς πράξεις σύμμετρον.
τὴν δὲ πολυανθρωπίαν τὴν γινομένην περὶ τὸν
ναυτικὸν ὄχλον οὐκ ἀναγκαῖον ὑπάρχειν ταῖς πόλεσιν.
οὐδὲν γὰρ αὐτοὺς μέρος εἶναι δεῖ τῆς πόλεως. Und wie die Anwendung auf den athenischen
Staat? Die Stellen (1274 a 12) τῆς ναυαρχίας γὰρ ἐν
τοῖς Μηδικοῖς ὁ δῆμος αἴτιος γενόμενος ἐφρονηματίσθη
καὶ δημαγωγοὺς ἔλαβε φαύλους ἀντιπολιτευομένων τῶν
ἐπιεικῶν und (1304 a 20) ἡ ἐν Ἀρείῳ πάγῳ βουλὴ
εὐδοκιμήσασα ἐν τοῖς Μηδικοῖς ἔδοξε συντονωτέραν
ποιῆσαι τὴν πολιτείαν, καὶ πάλιν ὁ ναυτικὸς ὄχλος
γενόμενος αἴτιος τῆς περὶ Σαλαμῖνα νίκης καὶ διὰ ταύτης τῆς ἡγεμονίας διὰ τὴν κατὰ θάλατταν δύναμιν τὴν
δημοκρατίαν ἰσχυροτέραν ἐποίησεν sind schon mehrfach
für unser Buch herangezogen worden. Die Worte der
πολ. Ἀθην. (p. 29, 15) über Perikles: μάλιστα πρού-
τρεψεν τὴν πόλιν ἐπὶ τὴν ναυτικὴν δύναμιν, ἐξ ἧς
συνέβη θαρρήσαντας τοὺς πολλοὺς απασαν τὴν πολιτείαν μᾶλλον ἄγειν εἰς αὐτοὺς sprechen deutlich dieselbe Sprache.

Neben der Seemachtpolitik ist der Sturz des der demo-
Areopags ein Verderben des Staates geworden, und
zwar deshalb, weil — wie schon hervorgehoben —
ohne die Aufsicht des Areopags das Demagogentum
überhaupt sich erst breit machen und zur Leitung
des Staates gelangen konnte. Seemachtpolitik und Demagogentum arbeiten am Ruine des Staates; darum
heiſst es in dem zusammenfassenden 41. Kapitel von der
durch den Sturz des Areopags inaugurierten Epoche:
πλεῖστα συνέβη τὴν πόλιν διὰ τοὺς δημαγωγοὺς ἁμαρ-
τάνειν ⟨καὶ⟩ διὰ τὴν τῆς θαλάττης ἀρχήν (p. 45, 4 f.) [1]).
Mit dieser Kritik befinden wir uns in dem Gedankenkreise

---

[1]) Das καὶ auch von H-L. eingeschoben.

Schluſs von Platons 'Gorgias', von Antisthenes' 'Archelaos'[1])
und des zweiten Teiles der isokrateischen Friedensrede.
Was Meister und Schüler und beider Gegner eint, ist
wieder die hauptsächlich durch die Akademie vertretene
politisch-philosophische Theorie des 4. Jahrhunderts,
welche nicht in der 'Jetztzeit', sondern im 5. Jahrhundert
den Grund der politischen Misere suchte[2]).

Es finden
sich aber Differenzen bei der grundsätzlich gleichen
Anschauungsweise der drei Schriftsteller, und diese
Differenzen sind sehr charakteristisch. Platon verurteilt
als κόλακες in erster Linie Perikles, dann Kimon,
Miltiades, Themistokles. Isokrates nennt (§ 75) Aristeides, Themistokles und Miltiades mit Lob; Hyper-

---

[1]) Dümmler. *Antisthenica* (Bonn, diss. 1882) p. 7—11.

[2]) Eine Ausnahme machen zwei Sokratiker, weil sie mit dem
praktischen Leben mehr als die übrigen Fühlung hatten, Xenophon
(sympos. 8, 39; memor. II 6, 13 für Themistokles und Perikles)
und Aischines, des Lysanias Sohn, wie die Fragmente seiner
Dialoge 'Miltiades' und 'Alkibiades' beweisen: C. F. Hermann,
disput. de Aesch. Socr. rell. 10 ff. 21 ff. Hermann hat für den
letzteren Dialog Ael. Aristides nicht genügend ausgenützt.
Dieser lehrt uns eine Scene in ihm kennen, welche der ὑπό-
κρισις eines Platon würdig ist: ἀναγκάζει (Sokrates) κλάειν
θέντα (den Alkibiades) τὴν κεφαλὴν ἐπὶ τὰ γόνατα ἀθυ-
μήσαντα, ὡς οὐδ' ἐγγὺς ὄντα τῷ Θεμιστοκλεῖ τὴν παρασκευήν
(II 369 Dd.). Man kann nur die Scenerie im 'Protagoras' und
'Symposion' oder die reizende Sceneim 'Lysis' vergleichen. Auch
ein wörtliches für den Sokratiker charakteristisches Fragment
hat Hermann übersehen, weil in den Ausgaben die Worte als
aristideisch gedruckt sind, II 20 Ddf. Denn den Satz Ἐγὼ δ' εἰ
μέν τινι ... θαυμάσαι nahmen bei Aischines die Worte (Z. 9)
πολλοὶ γὰρ καὶ τῶν καμόντων ὑγιεῖς γίγνονται .... ὁπότε συν-
οίσειν ἔμελλε πονῆσαι auf. Dafs sie aus Aischines stammen,
beweist nicht blofs der Zusammenhang bei Aristides, sondern
auch die beiden Hiate ἐπιθυμία αὐτοὺς ἄγει ἐπὶ τὸ ὀνῆσον.
Aischines vermeidet den Hiat nicht, wohl aber Aristides in
dieser Schrift.

bolos und Kleophon sind ihm die Repräsentanten der schlimmen Demagogie. Aristoteles hat Miltiades (p. 31, 1) und Kimon ausdrücklich aus der Reihe der *Πολ. Ἀθην.* Demokraten ausgenommen; dafür treten bei ihm Ephialtes und, was bedeutungsvoll ist, Aristeides ein, um die Zahl der Viermänner zu vervollständigen. Aristoteles' abfälliges Urteil über den letzten, welches deutlich durch die Verurteilung der von ihm inaugurierten Seehegemonie zu erkennen gegeben ist, steht in striktem Gegensatz zu Platons Urteil im 'Gorgias', wo Aristeides der einzige athenische Staatsmann ist, der gelobt wird (526 b). Ich kann nicht umhin, in diesem Gegensatze beabsichtigte Polemik gegen die im 'Gorgias' vorgetragene Ansicht zu sehen. Aristoteles führt wie Platon vier Männer des 5. Jahrhunderts auf, welche die Demokratie förderten; zwei der bei Platon genannten streicht er, den dort allein gelobten setzt er auf die schwarze Liste, und den am schlimmsten verklagten, Perikles, behandelt er immerhin glimpflich. Noch deutlicher tritt die Polemik in einem zweiten Punkte zu Tage. Es heifst von den vier Männern bei Platon (Gorg. 517 b): ἀλλά μοι δοκοῦσι τῶν γε νῦν διακονικώτεροι γεγονέναι καὶ μᾶλλον οἷοί τε ἐκπορίζειν τῇ πόλει ὧν ἐπεθύμει; die Staatsmänner 'von heut' (οἱ νῦν) sind die unmittelbaren oder mittelbaren Nachfolger des Perikles, wie die scenische Zeit des 'Gorgias' beweist. Und Aristoteles? Er sagt gerade, dafs die Männer der Demokratie bis Perikles besser waren; erst nach ihm kamen die alles verderbenden Demagogen. Man wird zugeben, dafs die in den aristotelischen Worten: οἱ μάλιστα βουλόμενοι θρασύνεσθαι καὶ χαρίζεσθαι τοῖς πολλοῖς, πρὸς τὰ παραυτίκα βλέποντες (p. 31, 20) enthaltene Charakteristik vom Platon für Perikles, Miltiades, Kimon und Themistokles ge-

Schluſs schrieben sein könnte, bei Aristoteles geht sie auf
Kleophon, Kallikrates und ihres gleichen. In diesem
Punkte stimmt Aristoteles also mit Isokrates überein,
dessen 'lästerliches Gerede' wir nicht zu verzeihen
brauchen, sondern in der Gesellschaft eines Platon und
Aristoteles verstehen [1]).

Isokrates   [1]) Hier die weitere Übereinstimmung in der Kritik der
und   demokratischen *ἰσότης*: Isocr. Areop. 21 δυοῖν ἰσοτήτοιν νομιζο-
Aristot.   μέναιν εἶναι κτἑ., ebenso Plat. Legg. VI 757 b (vergl. Resp.
VIII 558 c) δυοῖν γὰρ ἰσοτήτοιν οὔσαιν κτἑ. und Aristoteles oft,
Hauptstelle Polit. 1318 a 3 ff. Übrigens hat die Philosophie
recht: im 5. Jahrh. wird das demokratische *ἴσον* häufiger betont als das oligarchische: Dümmler, *Prolegom.* S. 41. Die
Lendemainstimmung, welche das ganze 4. Jahrh. beherrscht,
machte weitere Kreise für die Moralpredigt der Philosophie
empfänglich. Nur urteilt die Philosophie einseitig, indem sie
den Politikern allein den Niedergang zur Last legt. Die
Philosophie des 5. Jahrh. ist selbst ein wesentlicher zersetzen-
der Faktor gewesen. Hinzu kommt die internationale Stellung
Athens seit der zweiten Hälfte des 5. Jahrh.; ihre Folge war
das Eindringen von Elementen, welche diejenigen nationalen
Kräfte auflösten, auf denen die Machtentwicklung des alten
Staates beruht hatte. Diese politische Stellung und die Philosophie haben die sittlichen Grundanschauungen des athenischen
Staatslebens, den wahren Grund der Gröſse Athens, zerfressen.
Begünstigt wurde der Auflösungsprozeſs durch die natürliche
Ersetzung der alten leitenden Familien durch neue Familien
im Laufe der Zeit. Damit wurde die Tradition, welche in den
Familien forterbte, durchbrochen. Es kam frisches, aber un-
gesundes Blut in das Staatsleben; die athenische Gesellschaft
wurde eine andere. Die Philosophie schiebt der Kriegspolitik
diesen natürlichen Prozeſs zu, bei dem vielleicht auch schon
der Beginn der physischen Sterilität des Griechenvolkes in
Betracht kommt, welche aus den epidaurischen Heilurkunden
und der Inschrift von Larissa grell hervortritt. Isokr. VIII 88
τὰ γὰρ γένη τῶν ἀνδρῶν τῶν ὀνομαστοτάτων καὶ τοὺς οἴκους
τοὺς μεγίστους, οἳ καὶ τὰς τυραννικὰς στάσεις καὶ τὸν Περσικὸν
πόλεμον διέφυγον, εὑρήσομεν ἐπὶ τῆς ἀρχῆς, ἧς ἐπιθυμοῦμεν

Und was bestimmte Aristoteles zu seiner von
Plato abweichenden Auffassung, wo er doch grund-

(Seehegemonie), *ἀναστάτους γεγενημένους*. = *Πολ. Ἀϑην.* p. 28, 22 *τῆς γὰρ στρατείας γινομένης ἐν τοῖς τότε χρόνοις ἐκ καταλόγου . . . . . αἰεὶ συνέβαινεν τῶν ἐξιόντων ἀνὰ δισχιλίους ἢ τρισχιλίους ἀπόλλυσϑαι, ὥστε ἀναλίσκεσϑαι τοὺς ἐπιεικεῖς καὶ τοῦ δήμου καὶ τῶν εὐπόρων*; vgl. auch Thuk. I 23, 2. Um noch ein paar Übereinstimmungen zwischen Aristoteles und Isokrates anzuführen, vgl. Isocr. VIII 54 f. *ἐκεῖνοι μὲν τοὺς αὑτοὺς προστάτας τε τῆς πόλεως ἐποιοῦντο καὶ στρατηγοὺς ᾑροῦντο, νομίζοντες τὸν ἐπὶ τοῦ βήματος τὰ βέλτιστα συμβουλεῦσαι δυνάμενον. τὸν αὐτὸν τοῦτον ἄριστ᾽ ἂν βουλεύσασϑαι καὶ καϑ᾽ αὑτὸν γενόμενον, ἡμεῖς δὲ τοὐναντίον τούτων ποιοῦμεν κτέ.*, und mit persönlicher Spitze (gegen Demosthenes und seinen Kreis, Brand, *de Isocr. Panathenaico* p. 46) Panath. 143 *τοὺς αὐτοὺς τούτους στρατηγοὺς ᾑροῦντο καὶ πρέσβεις κτέ.*: Polit. 1305 a 10 (in etwas anderem Zusammenhange) *τότε μὲν οἱ δημαγωγοὶ ἦσαν ἐκ τῶν στρατηγούντων* (*οὐ γάρ πω δεινοὶ ἦσαν λέγειν*), *νῦν δὲ τῆς ῥητορικῆς ηὐξημένης οἱ δυνάμενοι λέγειν δημαγωγοῦσι μέν, δι᾽ ἀπειρίαν δὲ τῶν πολεμικῶν οὐκ ἐπιτίϑενται, πλὴν εἴ τί που βραχὺ γέγονε τοιοῦτον.* Die Panathenaikosstelle, zu welcher die angeführten Worte gehören, ist schon oben S. 86 ff. im Verhältnis zur *πολ. Ἀϑην.* besprochen. Ich bemerke hier, dafs sie in irgend einem Verhältnis auch zur Politik stehen mufs. Den Ausführungen des Isokrates § 131 ff. liegt der Gedanke Polit. 1317 a 40 ff. *ὑπόϑεσις . . τῆς δημοκρατικῆς πολιτείας ἐλευϑερία* zu Grunde: der war ja allerdings gäng und gäbe in Athen, allein die Ausführung des Isokrates richtet sich weiterhin gegen eben die beiden Punkte, in welchen nach Aristoteles diese *ἐλευϑερία* begriffen ist: *ἐλευϑερίας δὲ ἓν μὲν τὸ ἐν μέρει ἄρχεσϑαι καὶ ἄρχειν* (dagegen Panath. § 132 f. 139 ff.) und *ἓν δὲ τὸ ζῆν ὡς βούλεται τις* ⌢ § 131 *τὴν μὲν ἀκολασίαν ἐλευϑερίαν εἶναι, τὴν δ᾽ ἐξουσίαν ὅ τι βούλεταί τις ποιεῖν εὐδαιμονίαν*: ich kenne die Beziehung, welche diesen Worten von Henkel, *Stud. z. Gesch. d. griech. Lehre v. Staate* S. 46, auf die Ethik gegeben worden ist; dagegen mit Recht Oncken, *Staatslehre d. Arist.* II 160 mit Anm. 2 und Brand a. a. O. p. 31, obwohl ich ihnen sonst nicht folgen kann; vgl. übrigens Dümmler, *Chron. Beitr.* S. 15 f. Wegen dieser Beziehungen zu Aristoteles bin ich oben a. a. O. nicht auf die von Teichmüller, *Litt. Fehden* I

^{Schluls} sätzlich mit ihm übereinstimmte? Die Worte πρῶτον γὰρ τότε (d. h. Περικλέους τελευτήσαντος) προστάτην

278 gegebene Parallele Panath. 145 ᴖ Plat. Legg. 715 a eingegangen. — Es ist mir schon hin und wieder der Gedanke aufgestiegen, ob nicht eine Fassung der 'Politik' schon vor 339 herausgegeben wurde, so dafs sie Isokrates bei der Niederschrift seines letzten Werkes benutzen konnte. Unmöglich macht das die Erwähnung der Ermordung Philipps nicht: sie könnte in einer späteren Fassung hinzugesetzt sein, und sonst sprechen die Daten in der 'Politik' (s. o. S. 122 ff.) doch eher für eine solche, frühere Herausgabe. Nicht beeinflufst aber ist Isokrates in seiner abfälligen Kritik der spartanischen Verfassung durch Polit. 1333 b 5 ff. Der Schlufs des Panathenaikos ist sein eigenstes Gut; er ist die Palinodie des Archidamos, wie von anderer Seite schon bemerkt, und gleichsam eine Fortsetzung der Antidosis, welche Areopagitikos und Symmachikos zurücknehmen sollte. Neben diesem Zwecke geht in beiden der Kampf gegen die Akademie einher: in jener weist Isokrates die antidemokratischen Tendenzen der Platoniker von sich, in dieser ihre Lakonomanie durch Lob von Athens Thaten und seiner guten alten Verfassung einerseits und andererseits durch Verkleinerung von Spartas Thaten und seiner Verfassungseinrichtungen. Der fast hundertjährige Greis, welcher das Lebensende nahen sieht, will in dem Ruhme des einzigen wahren Lobredners Athens sterben, dem Ruhme, den ihm sein bestes Werk, der Panegyrikos, gegeben hatte. Er weist alles von sich, was einem φιλαθήναιος nicht ansteht. Andererseits will er sich auch wieder vor böser Nachrede in Sparta sichern; in dieser Absicht ist der Spartanerfreund eingeführt, welcher in dem Tadel des Isokrates die Lakedaimonier durch die Erwähnung ihrer Thaten gelobt findet und ihre mifsgünstige Beurteilung auf des Verfassers (patriotische) Gesinnung zurückführt (§ 251). Der Panathenaikos ist des Isokrates Testament an die hellenische Welt, für welche er zeitlebens geschrieben hatte; er will mit der öffentlichen Meinung der beiden Hauptstaaten versöhnt scheiden. Von dem Spartanerfreunde, dem Freunde der Feinde, läfst er sich versichern, dafs er dies erreichen werde, und ihm legt er sein *non omnis moriar* in den Mund (§ 260): δοκεῖς γάρ μοι ζῶν μὲν λήψεσθαι δόξαν οὐ μείζω μὲν ἧς

ἔλαβεν ὁ δῆμος οὐκ εὐδοκιμοῦντα παρὰ τοῖς ἐπιεικέ- schluſs
σιν· ἐν δὲ τοῖς πρότερον χρόνοις ἀεὶ διετέλουν οἱ ἐπι-
ειχεῖς δημαγωγοῦντες, diese Worte sowie das ganze
Kapitel (28), aus dem sie stammen, geben die Antwort.
Der Staatsmann ist vom Menschen nicht zu trennen;
denn die ethischen Tugenden bedingen nach Aristoteles'
wie Platons Lehre die staatsbürgerlichen Tugenden
nicht blofs, sie sind dieselben. Der ἐπιειχής wird,
auch wo er verwerfliche demokratische Tendenzen
verfolgt, nie so schädlich wirken wie ein οὐκ εὐδοκιμῶν
παρὰ τοῖς ἐπιεικέσι. Gemein ist der Politiker, weil
der Mensch gemein ist. Die Demagogen dieses Schlages
wissen nicht einmal äufsere Würde und äufseren An-
stand zu wahren: Kleon brüllt und schimpft auf der
Tribüne und tritt mit dem Abzeichen seines Gewerbes
vor das Volk. Natürlich, diese Sorte von Menschen
spekuliert auf die niedrigsten Gelüste: ein anderer
halber Banause, Kleophon, verschafft den Richtern
zwei Obolen [1]), und Kallikrates wollte noch mehr geben.

ἄξιος εἰ — χαλεπὸν γάρ —, παρὰ πλείοσι δὲ καὶ μᾶλλον ὁμο-
λογουμένην τῆς νῦν ὑπαρχούσης, τελευτήσας δὲ τὶν βίον μετ έ-
ξειν ἀθανασίας, οὐ τῆς τοῖς θεοῖς παρούσης ἀλλὰ τῆς τοῖς
ἐπιγιγνομένοις περὶ τῶν διενεγκόντων ἐπί τινι τῶν καλῶν ἔργων
μνήμην ἐμποιούσης. καὶ δικαίως τεύξει τούτων· ἐπήνεκας γάρ
τὰς πόλεις ἀμφοτέρας καλῶς καὶ προσηκόντως κτέ. Diese Worte
widern fast an in einer Schrift, in welcher sich die innere
Haltlosigkeit des Mannes von Abschnitt zu Abschnitt in Halb-
wahrheiten und unaufrichtigem Lavieren verrät.

·[1]) Die διωβελία bietet der Interpretation Schwierigkeiten;
vgl. Kenyon[3] z. d. St. S. 98. Ich bin der alten Erklärung gefolgt, welche uns vorliegt. Aristot. Frg. 461 R[3] ist von Kenyon
auf Kap. 62 (p. 69, 26) bezogen worden; die Holländer thun
es zweifelnd. Bei K-W. finde ich das Frg. nicht unter den
'Testimonia'. Schol. Aristoph. Vesp. 684 τοὺς τρεῖς ὀβολούς·
τὸν φόρον λέγει, ἀφ' ὧν (?) ἐδίδοτο τὸ τριώβολον. τοῦτο δὲ
ἄλλοτε ἄλλως ἐδίδοτο, τῶν δημαγωγῶν τὰ πλήθη κολακευ-

Schluſs Man sieht ja, wie sie wirken: als nach der Arginusenschlacht Athen einen günstigen Frieden hätte schlieſsen
können, da tritt Kleophon betrunken und gepanzert
auf und bramarbasiert. Die Athener folgten ihm, aber
μετ᾽ οὐ πολὺν χρόνον ἔγνωσαν τὴν ἁμαρτίαν (p. 37, 25).
Das Schreckensjahr 404 hatten sie ihm zu verdanken.
Doch der Mensch hat seinen Lohn dahin, wie ihn alle
seines Schlages verdienen. Kleophon und Kallikrates
sind zum Tode verurteilt worden: εἴωϑεν γὰρ κἂν
ἐξαπατηϑῇ τὸ πλῆϑος ὕστερον μισεῖν τούς τι προαγα-
γόντας ποιεῖν αὐτοὺς τῶν μὴ καλῶς ἐχόντων (p. 31, 17) [1].
Der Mensch bedingt den Politiker: das Individuum
also oder eine Anzahl gleicher Individuen haben, soweit sie durch ihre Individualität dem Staatsleben
förderliche oder schädliche Impulse geben, ihren Platz
in einer Verfassungsgeschichte. Die Männer, welche
die Auflösung des athenischen Staates verursachten,
erhalten ihre Charakteristik, damit man versteht, weshalb sie als Politiker so wirken muſsten, wie sie ge-

 όντων, ὥς φησιν Ἀριστοτέλης ἐν Πολιτείαις; die Parallelstellen
bei Rose[3] a. a. O. Die Notiz geht auf Kap. 28, wie die hervorgehobenen Worte beweisen; sie sind die Pharaphrase der
Worte p. 31, 21 χαρίζεσϑαι τοῖς πολλοῖς; ebenso faſst ἐδίδοτο
ἄλλοτε ἄλλως den Inhalt von p. 31, 12—16 zusammen. Der
Alexandriner hat also die διωβελία vom Richtersolde verstanden;
auch bei Zenob. VI 29 liegt dieselbe Interpretation vor. Daſs
sie mit Aristophanes im Widerspruch steht, hindert nicht, daſs
auch Aristoteles mit der διωβελία den Richtersold gemeint hat.
Wenn die Angabe um des Aristophanes willen falsch sein
müſste, so ist sie eben charakteristisch für Aristoteles' Quelle
und seine Darstellungsweise.

[1] Vgl. dasselbe Urteil bei Platon in Bezug auf die von
ihm verurteilten Männer, Gorg. 519 c: προστάτης γὰρ πόλεως
οὐδ᾽ ἂν εἷς ποτε ἀδίκως ἀπόλοιτο ὑπ᾽ αὐτῆς τῆς πόλεως ἧς
προστατεῖ. Allerdings verträgt sich dies Urteil nicht ganz mit
dem Apolog. 31 c Gesagten.

wirkt haben. Und nun kehre ich zu Solon zurück.

Solon wird auch als M e n s c h charakterisiert und gewürdigt, damit man erkenne, dafs das Werk des Men-
schen, in dem sich die bürgerliche Tugend der $\mu\varepsilon\sigma\acute{o}$-
$\tau\eta\varsigma$ gleichsam verkörperte, ein gutes sein mufste.
Aristoteles stellt den Menschen Solon, wie er ihn erfafst hatte, vor Augen, um sein Endurteil über das
Werk dieses Menschen als innerlich begründet zu erweisen. Die Stelle der Politik, in welcher Solon als
$\mu\acute{\varepsilon}\sigma o\varsigma$ zu den besten Gesetzgebern gerechnet wird, ist
schon (S. 204) angeführt; gleich darauf, wo von der
reinen $\pi o\lambda\iota\tau\varepsilon\acute{\iota}a$ die Rede ist, steht der in seiner Art
einzige Lobspruch, der, wie längst vermutet[1]), auf
Solon geht: $\varepsilon\tilde{\iota}\varsigma\ \gamma\grave{a}\varrho\ \grave{a}\nu\grave{\eta}\varrho\ \sigma\upsilon\nu\varepsilon\pi\varepsilon\acute{\iota}\sigma\vartheta\eta\ \mu\acute{o}\nu o\varsigma\ \tau\tilde{\omega}\nu\ \pi\varrho\acute{o}$-
$\tau\varepsilon\varrho o\nu\ \grave{\varepsilon}\varphi'\ \grave{\eta}\gamma\varepsilon\mu o\nu\acute{\iota}\alpha\ \gamma\varepsilon\nu o\mu\acute{\varepsilon}\nu\omega\nu\ \tau\alpha\acute{\upsilon}\tau\eta\nu\ \grave{a}\pi o\delta o\tilde{\upsilon}\nu\alpha\iota\ \tau\grave{\eta}\nu$
$\tau\acute{a}\xi\iota\nu$ (1296 a 38). Dafs die Stelle richtig auf Solon
bezogen ist, bezeugt das Endurteil über diesen Gesetz-
geber in unserem Buche: keiner von beiden Parteien
ergab er sich, zwischen ihnen stand er, 'und dadurch
ist er der Retter seines Vaterlandes geworden und hat
die beste Verfassung gegeben'.

Die Antwort auf die Frage, was das Individuum
in einer Geschichte von Institutionen solle, ist gegeben.
Wir hätten auf kürzerem Wege dazu kommen können.
Aber ich führte nicht die ebene Landstrafse, welche
den Blick unbefriedigt läfst; der Weg über die Höhe
sollte weiter schauen und mehr sehen lassen. Wir
wissen jetzt, dafs des P h i l o s o p h e n Aristoteles Axiom
von der $\mu\varepsilon\sigma\acute{o}\tau\eta\varsigma$ als höchster staatsbürgerlicher Tugend
das Urteil des Historikers über Verfassungsperioden
wie Staatsmänner geleitet hat; es ist klar geworden,

---

1) Von Schlosser; vgl. Susemihl, Aristot. Polit. gr.-d. II
286 Anm. 1303.

Keil, Aristoteles.   15

Schluſs daſs Aristoteles mit seiner Beurteilung der das athenische Staatsleben zersetzenden Faktoren, der Seemachtpolitik und dem Demagogentum, in der Theorie der
über Politik spekulierenden Philosophie seiner Zeit
steht; es ist aufgezeigt, wie Aristoteles seinen philosophischen Grundsatz von der Identität der ethischen und politischen Tugenden auf die Darstellung
und Charakterisierung der Staatsmänner hat wirken
lassen; mit einem Worte, wir haben gesehen, daſs
Aristoteles als Philosoph den historischen Stoff er-
faſst, durchdrungen und geformt hat.

Aristoteles   Das soll auch von der Quellenkritik und Quellen-
als
Historiker benutzung seitens des Aristoteles gesagt sein; denn es
ist nur natürlich, daſs die Durchführung der philosophischen Ideen an dem historischen Stoff Einfluſs
auf die Heranziehung und Verarbeitung desselben
haben muſste. Wenn Aristoteles sich aus den Gedichten des Solon ein Bild von dem Wesen und Wirken
des Mannes, das Idealbild eines μέσος, gemacht hatte,
und wenn er dieses Bild, weil es ihm auf sicherster
Grundlage, dem Zeugnis des Solon selbst, zu beruhen
schien, notwendig für das allein richtige halten muſste,
so war er berechtigt, die übrige Überlieferung danach
zu beurteilen, ob und wie weit sie sich mit dem Idealbild des μέσος vertrug. Wenn sie irgendwo oder wann
den Solon anders charakterisierte, so konnte sie in
den betreffenden Fällen nicht richtig sein: die den Demokraten Solon zeichnende Atthidenüberlieferung muſste
oft bestritten werden. Wenn Aristoteles in der solonischen Verfassung die beste Verfassung für Athen erkannt
hatte, so war es natürlich, daſs er sie an alle folgenden
Verfassungsphasen als Maſsstab legte; zeigte sich nun,
daſs es von Solon bergab zur extremen Demokratie ging,
so war der philosophische Gedanke gegeben, der die

aristotelische Darstellung der Entwicklung der athenischen Verfassung von Solon ab beherrscht. Nachrichten,
welche dem zu widersprechen scheinen, können nicht
richtig sein: in der Glanzzeit des Perikles konnte Athen
nicht viel mehr als ein fauler Körper in glänzendem Ge-
wande sein; die Griechen haben für diesen Zustand den
Ausdruck ὕπουλος, und Platon gebraucht ihn gerade von
Athen (Gorg. 518 e): ὅτι δὲ οἰδεῖ (ἡ πόλις) καὶ ὕπουλός
ἐστι δι᾽ ἐκείνους τοὺς παλαιούς, οὐκ αἰσθάνονται. Aristoteles wird geradezu ungerecht in der Darstellung dieser
Zeit. Er hat kein Wort für die äufsere Machtentfaltung
des Staates, für die Blüte von Handel, Kunst und Wissenschaft; das schweigt er tot, um nur d i e Züge zu bringen,
welche zu seiner Theorie sich fügen. Es ist dies eine
Quellenbenutzung, welche man verurteilen mufs, auch
wenn man sie aus dem Sinne des Aristoteles verständlich finden mag. Ich bin überzeugt, dafs Aristoteles
die Überlieferung kannte, nach welcher Perikles und
Ephialtes gemeinsame Sache gegen den Areopag mach-
ten; er wählt aber eine andere Überlieferung, in welcher
statt des Perikles, der sonst schon genug diskreditiert war,
Themistokles als Genosse des Ephialtes genannt wurde.
Aristoteles hatte diesem Demokraten eigentlich noch
nichts angehängt, was zu einer Verurteilung berechtigt
hätte; die Nachricht, nach welcher Themistokles am
Sturz des Areopags und zwar aus selbstsüchtigen Ab-
sichten mitwirkte, konnte er gerade gut zur Begründung seines allgemeinen Urteils über die Demokraten auch am Themistokles gebrauchen, und so
folgt er dieser Nachricht. Es ist hier nicht mehr der
Raum, auszuführen, in wie berechneter Weise Aristoteles, was er an Atthidennachrichten aus der Zeit von
508 bis 450 giebt, für den Beweis seiner Auffassung
von der inneren Entwicklung des athenischen Staates

Schluſs ausgewählt hat, ausgewählt aus einer im allgemeinen treuen Überlieferung. Was soll man nun bei diesem Thatbestande über den Historiker Aristoteles urteilen? Um gerecht zu sein, muſs man sich gegenwärtig halten, daſs der antike Historiker seine Quellen anders benutzt als der moderne, und Aristoteles ist ein antiker Historiker. Der moderne würdigt eine Quelle als ganzes und reguliert danach ihre Benutzung auch im einzelnen. Jener pflegte, wenn er verständig wie Aristoteles arbeitete, die einzelne Nachricht auf ihre Gewähr hin zu prüfen. Die innere Wahrscheinlichkeit der Nachricht, ihr Verhältnis zu äuſseren Indizien oder anderweitiger Überlieferung gaben die Kriterien ab, besonders aber die Vorstellung, welche der Schriftsteller von dem Gegenstande seiner Darstellung hatte, und der Grundgedanke, welchen er bei seiner Schrift durchführen wollte. Diese Durchführung eines Grundgedankens bedarf einer Entschuldigung vom historischen Standpunkte nicht; ihn muſs jeder wirkliche Historiker haben, denn er ist die Seele seiner Darstellung; anderenfalls ist der Schriftsteller nur ein Annalist. Rechten muſs man aber über das Maſs des Einflusses, den der Historiker seiner Tendenz auf die Darstellung und Mitteilung von Thatsachen einräumen darf; und hierin scheint mir Aristoteles entschieden zu weit gegangen zu sein. Die Objektivität, die der Historiker vor den subjektiven Elementen seiner Grundanschauung immer wahren muſs, um gerecht in seinen Urteilen zu bleiben, vermiſst man bei ihm an mehr als einer Stelle. Man hat aber kein Recht über den Historiker Aristoteles nach der einen uns zufällig vorliegenden Schrift den Stab zu brechen. Im übrigen ist es nur zu erklärlich, daſs der Historiker mit dem Philosophen Aristoteles den Vergleich nicht aushält.

Gerade was dieses Stärke ist, war dazu angethan, die Schlufs Schwäche jenes hervorzurufen. Dieser Umstand stellt sich zu den früher (S. 168 ff.) angedeuteten Gründen, aus welchen die Autorität der Angaben des Aristoteles da in Zweifel gezogen werden kann, wo er selbst historisch überliefertes Material verarbeitet. Des Aristoteles Urteil bindet uns nicht, besonders nicht seine Beurteilung der solonischen Verfassung und ihrer Stellung in der Verfassungsgeschichte Athens. Er steht unter dem Eindrucke der von Selbstschätzung getränkten solonischen Poesie; er folgt im ganzen der solonfreundlichen Atthidenüberlieferung, wenn er sie auch oft mäfsigend korrigiert, und beiden glaubte er gern, weil ihm den Glauben die Theorie erleichterte, nach welcher er selbst ethische und politische Dinge zu betrachten und zu beurteilen pflegte. Man kann die aristotelische Auffassung der solonischen Verfassung für falsch halten — und ich bekenne, es auch jetzt noch zu thun —, aber das hindert nicht, diese Auffassung und die Art und Weise, in welcher sie vorgetragen und begründet wird, zu würdigen.

Wenn der Philosoph Aristoteles in so bedeutender Ökonomie
der
πολ. Ἀθην. Weise für und mit dem Historiker Aristoteles an der inneren Gestaltung des Stoffes arbeitete, so kann es nicht Wunder nehmen, wenn er in gewisser Beziehung auch an der äufseren Gestaltung Anteil hat. Ganz Der syste-
matische
Teil deutlich liegt das in der Disposition des systematischen Teiles der πολ. Ἀθην. vor Augen. Aristoteles erkennt bekanntlich drei jede Verfassung charakterisierende Faktoren an: die beratenden Körperschaften, die ausführenden Beamten und die Zuteilung wie Ausübung der Rechtspflege[1]). So umfafst Kap. 43—49 die Bule

---

[1]) Polit. 1297 b 36 ἔστι δὴ τρία μόρια τῶν πολιτειῶν πα-

Schluſs mit der Ekklesie, Kap. 50—62 die Beamten; mit Kap. 63 begann das δικάζον, welches für uns z. t. verloren gegangen ist. Besonders scharf ist der Abschluſs des zweiten Abschnittes markiert durch das die allgemeinen Bestimmungen für die Beamten zusammenfassende 62. Kapitel. Auch der erste Abschnitt wird durch die Eingangsworte von Kap. 50 deutlich abgeschlossen [1]), allein der Verfasser hat aus Rücksicht auf ein leichteres Verständnis des Zusammenwirkens der staatlichen Organe schon einige Ämter im ersten Abschnitte behandelt, welche doch dem zweiten angehörten. Ob diese Inconsequenz stehen geblieben wäre, wenn Aristoteles das Buch vollendet hätte, ist mir zweifelhaft. In der Überlieferung [2]) erkennt man

σῶν . . . ἔστι δὲ τῶν τριῶν τούτων ἕν μὲν τί τὸ βουλευόμενον περὶ τῶν κοινῶν, δεύτερον δὲ τὸ περὶ τὰς ἀρχάς . . . τρίτον δὲ τὶ δικάζον.

[1]) τὰ μὲν οὖν ὑπὸ τῆς βουλῆς διοικούμενα ταῦτ' ἐστίν.

[2]) Die naturgemäfse Reihenfolge wäre Kap. 45. 49 (bis p. 54, 28), dann 46. 47. 48. 49 p. 55, 2—3. 50. So schlösse sich δοκιμάζει p. 53, 22, ἔκρινεν p. 54, 19, δοκιμάζει p. 54, 24 an κρίνει p. 50, 11, δοκιμάζει p. 50, 17 und ἐξετάζει p. 51. 2 an. Mit Kap. 46 erfolgt der Übergang von der Thätigkeit der Bule, in welcher sie ohne Hilfe der Beamten wirkt, zu der, in welcher sie mit diesen zusammenarbeitet; daher Kap. 47 συνδιοικεῖ δὲ καὶ ταῖς ἄλλαις ἀρχαῖς τὰ πλεῖστα. Der Teil schlofs mit den in der vorhergehenden Anmerkung ausgeschriebenen Worten. Die gleichen Worte im Eingang von Kap. 47 (p. 51, 5) und am Schlusse von Kap. 49 (p. 55, 2) verraten noch deutlich die Stelle, an welcher abgeschnitten und eingeschoben wurde. Der Übergang συνδιοικεῖ ist an der ersten, der ursprünglichen Stelle noch stehen geblieben. Die Schedenarbeit verrät auch die Notiz καὶ ταμίας ἐστὶν αὐτοῖς κληρωτός sowohl durch ihre Zusammenhangslosigkeit wie durch den Plural αὐτοῖς; von der βουλή ist in den durchgearbeiteten Particen immer nur im Singular die Rede; sonst steht ausdrücklich βουλευταί (p. 54, 16).

noch das Schwanken des Verfassers, ob er die syste- Schluſs
matische Disposition zu Gunsten des leichteren Verständnisses seitens des Lesers durchbrechen sollte.
Aber der Anteil des Philosophen an der äuſseren
Gestaltung des Buches reicht noch weiter.

Philosophische Betrachtung sucht den Ursprung der Der histo-
Erscheinungen, die philosophische Betrachtung der De- rische
struktion des athenischen Staates also die Veranlassung, der
die αἴτια der Decadenz. Hat sie diese gefunden, so Schluſs
bietet ihr die davon ausgehende Entwicklung keine
wesentlich neuen Punkte; denn diese ist nur die Konsequenz des erkannten, weiter wirkenden Urübels. Dieses
Urübel hat Aristoteles im Einklange mit anderen in
der Seemachtpolitik und dem Demagogentum der
zweiten Hälfte des 5. Jahrhunderts gefunden. Die
Entwicklung der Dinge des 4. Jahrhunderts ist ihm
also bedingt durch die Richtung, in die das athenische
Staatsleben am Ende des vorhergehenden Jahrhunderts
gelenkt worden ist; es geht nur je länger desto mehr
bergab [1]). Thatsachen brachte der Zeitraum von 400

---

[1]) Kap. 41 p. 45, 9 διαγεγένηται μέχρι τῆς νῦν ἀεὶ προσ-
επιλαμβάνουσα τῷ πλήθει τὴν ἐξουσίαν. Den Beweis dafür,
wenigstens für den Satz καὶ αἱ τῆς βουλῆς κρίσεις εἰς τὸν δῆμον
ἐληλύθασιν, erbringt der zweite Teil, Kap. 45 p. 49, 23 ff.; 50,
18 ff. Kap. 49 p. 54, 20. Im übrigen ist die Angabe in dieser
Allgemeinheit falsch. Falsch ist auch die allgemeine Angabe,
p. 50, 6, daſs der Bule das δεῖν genommen sei: sie steht im
Widerspruch sogar mit den Worten der πολ. Ἀθην. selbst:
p. 52, 24 καὶ δῆσαι κυρία κατὰ τοὺς νόμους ἐστίν. Man sieht,
hier hat Aristoteles zunächst seine historische Quelle ausgeschrieben und dann durch die — aus eigenem Wissen oder nach
einer anderen Quelle gegebene — systematische Darstellung einen
Widerspruch mit dem aus der ersteren Quelle Geschöpften in
seinen Bericht über die Kompetenzen der Bule hineingebracht.
Der zweite Teil zeigt nämlich m. E. Benutzung schriftlicher
Quellen so gut wie der erste. Ich kann mir wenigstens folgendes

Schluſs bis 330 genug, welche die einzelnen Entwicklungs-
phasen in dieser Epoche abgrenzten und dasselbe Recht,
wenn nicht besseres, auf Erwähnung gehabt hätten
wie die z. B. im 22. und 26. Kapitel erwähnten Ver-

nur unter dieser Bedingung erklären. Die ἔμμηνοι δίκαι zählt
Aristoteles auf und weist sie ausdrücklich den Eisagogeis zu
(p. 56, 24 ff.); nur die Apodekten leiten noch sehr begreiflicherweise gegen die Zollpächter den beschleunigten Rechtsgang.
Unter den ἔμμηνοι sind die ἐμπορικαί nicht mit aufgezählt;
diese stehen bei den Thesmotheten (p. 67, 5), welche nach Aristoteles keine ἔμμηνοι führen. Also behauptet Aristoteles an
zwei Stellen, daſs die ἐμπορικαί zu seiner Zeit nicht zu den
ἔμμηνοι gehören. Das ist aber falsch, denn Hegesipp. π. Ἁλον.
12 nennt sie im Jahre 342 ausdrücklich als solche (κατὰ μῆνα).
Nun könnte man sagen, daſs Aristoteles' Worte nicht in der
Weise zu pressen seien, daſs die δίκαι, welche er bei den
ἔμμηνοι fortläſst, auch nicht als solche anzusehen seien. Allein
dann hätten wir — ganz abgesehen davon, daſs die beiden
Aristotelesstellen sich gegenseitig stützen — ein so sonder-
bares Zusammentreffen mit Aristoteles' Angabe und einem
früheren Rechtszustande zu konstatieren, wie ich es dem Zufall nicht zuschreiben kann. Die ἐμπορικαί waren nämlich
im Anfang des 4. Jahrh., wie aus Lys. XVII 5. 8 (aus dem
J. 397: Blaſs, Att. Bereds. I² 616) folgt, nicht ἔμμηνοι, und
sie gehörten vor die damals noch existierenden Nautodikeu.
Als diese Behörde aufgehoben wurde, überwies man diese Prozesse den Thesmotheten. Daſs damit ihre Verwandlung in
ἔμμηνοι zusammenhängt (Meier-Schömann-Lipsius A. P. S. 97),
ist durch nichts zu beweisen, ja nach dem Charakter und dem
Umfang der Thätigkeit der Thesmotheten unwahrscheinlich.
Des Aristoteles Angabe stellt einen Zustand der Behandlung
der ἐμπορικαί vor dem Jahre 342 dar, wie er sich naturgemäſs
aus dem Anfange des 4. Jahrhunderts, wo die ἐμπορικαί noch
nicht ἔμμηνοι waren, entwickelte. Also war die von ihm an
dieser Stelle benutzte Quelle vor 342 geschrieben. Daſs Aristoteles sich auch für den 2. Teil aus Büchern Rat holte, wird
im Princip ja wohl zugeben, wer das angeführte Beispiel auch
nicht anerkennen sollte. Auch die o. S. 52 besprochenen Stellen
des systematischen Teiles führen z. T. auf die vorstehende
Annahme.

fassungsänderungen. Aber das wissenschaftliche und
pathologische Interesse, welches dem Philosophen die
Ursachen der Entstehung und Ausbildung der Krankheit des athenischen Staatslebens erregen mufsten, er-
lischt, wo, wie es mit dem Beginn des 4. Jahrhunderts
geschah, die notwendigen Konsequenzen der Krankheit
eintreten. Aristoteles schliefst daher den historischen
Teil seines Buches mit dem Schlusse des 5. Jahrhunderts. So hat ihm die philosophische Betrachtung
des Verlaufes der Dinge den Abschlufs des historischen
Teiles der πολ. Ἀθην. an die Hand gegeben.

Die Entwicklung des athenischen Staatslebens von
Solon ab hat nach Aristoteles' Darstellung zunächst
eine gewisse Stabilität. Die Tyrannis kann noch gelobt werden; Kleisthenes rüttelt zwar etwas an dem
Stande der Dinge, doch die Reaktion nach den Perserkriegen führt wieder nach oben; Athen ist auch zu
dieser Zeit gut geleitet. Allein schon hat eine Krankheit den Staatskörper erfafst, die Seemachtpolitik; sie
zerstört ihn zwar noch nicht, disponiert ihn aber für
eine schlimmere, das Demagogentum. Diese kann sich
nicht entwickeln, so lange die 'Gemeinen' noch von
der Leitung des Staates fern bleiben. Mit Perikles'
Tode erfafst die schlimmere Krankheit den schon in-
ficierten Staatskörper; jetzt geht es mit ihm bergab.
An diesen Schnittpunkt ist das Kapitel gesetzt, in
welchem die leitenden athenischen Staatsmänner von
Solon bis auf Theramenes einer Kritik unterzogen
werden (Kap. 28). Wie Aristoteles da, wo die Krankheit den Körper so erfafst hat, dafs der Collapsus ein-
tritt, mit der historischen Darstellung abbricht, so
unterbricht er sie da, wo die Krankheit, welche zum
Ende führt, beginnt, um hier die Diagnose zu stellen: die
erhaltende μεσότης der ἐπιεικεῖς herrscht nicht mehr im

Schluſs Staatskörper, ein zerstörendes Extrem gewann in ihm die Oberhand, das Demagogentum. Und nun charakterisiert er die Krankheitserreger selbst, die Demagogen, als Feinde der μεσότης. Der Philosoph hat an der Fixierung der Krise seinen Anteil.

der Anfang Wie groſs der Verlust am Anfang der πολ. Ἀθην. ist, kann nicht ausgemacht werden; denn wenn man auch wissen und vermuten kann, was darin gestanden hat oder gestanden haben mag, so bleibt doch der uns unbekannte Grad der Ausführlichkeit der Darstellung der incommensurable Faktor bei der Berechnung. Jedenfalls wenig ist im Anfange nicht verloren; aber trotz seines mutmafslich bedeutenderen Umfanges scheint der Eingang nichts über die Staatsverfassung zur Königszeit enthalten zu haben aufser den Angaben über die Einteilung nach Phylen, Phratrieen, Geschlecht rn und den theseischen Synoikismos. Das waren Angaben, welche bei der von Aristoteles gewählten Periodisierung der athenischen Verfassungsgeschichte nicht zu vermeiden waren. Aber sonst enthält der auf uns gekommene Teil des Buches das, was Aristoteles über die Verfassung, d. h. die Beamten und ihre Kompetenzen in der Königszeit als Thatsachen berichten wollte. Warum bringt er die Schilderung der socialen Zustände der älteren Zeit erst nach der Erzählung des kylonischen Attentates, wo sie doch in frühere Tage hineinreichen? Warum hatte er von der Einsetzung des Polemarchen nicht in der Königsgeschichte gesprochen? Weshalb erzählt er die Einsetzung des Archonten nicht in dem Bericht über die Kodriden (p. 2, 7), von denen in der verlorenen Geschichte nach Ausweis des Herakleidesexcerptes (§ 3) sicher die Rede war? Was bewog ihn endlich, die Schilderung der socialen Lage sowie die des älteren Verfassungs-

zustandes und der drakontischen Konstitution auf ein
paar Columnen vor der Darstellung der solonischen ·
Verfassung zusammenzudrängen? Die grofse Masse der
Athener hat wohl zur Zeit des Aristoteles geglaubt,
dafs der Verfassungszustand, unter welchem sie lebten,
im wesentlichen der von Solon gegebene sei. Aristoteles war als Philosoph gewöhnt, die Dinge als im
Flusse befindlich zu betrachten. Er konnte die Verfassung Athens seiner Zeit nicht für etwas seit Solon
annähernd Stabiles halten; sie war ihm, wie jedes
andere, ein historisch Gewordenes. Der historische
Teil seines Buches zeigt, wie aus der solonischen Ordnung die Verfassung vom Ende des 4. Jahrhunderts
sich entwickelte; er giebt nach des Aristoteles Absicht
die genetische Erklärung für den systematischen [1]). Wer
in diesem Sinne eine πολιτεία Ἀθηναίων schrieb,
konnte nur die Entwicklung der Verfassung darstellen,
welche als die eigentlich athenische galt, der Demokratie. Diese knüpfte die Auffassung der Antike an
Solon; die πάτριος πολιτεία Ἀθηναίων war die solonische. Von ihr beginnt also in Wahrheit erst die
Geschichte der eigentlichen πολιτεία Ἀθηναίων. Hiermit war der Anfang der historischen Darstellung gegeben.

Aber auch die solonische Verfassung konnte
für den Philosophen und philosophisch denkenden
Historiker keine Offenbarung sein, auch sie war
etwas historisch Gewordenes. · Die gröfstenteils my-
thische Königsgeschichte liefs eine genetische Darstellung nicht zu. Wenn es galt, die Entstehung

---

[1]) Dafs aufser dieser inneren Zusammengehörigkeit der
beiden Teile auch eine mehr äufsere Ineinanderfügung besteht,
zeigt das im Anfang der vorhergehenden Anm. Beobachtete.

Schluſs der πάτριος πολιτεία der Athener zu erklären, so
konnte es fast nur so geschehen, wie Aristoteles es
gethan hat. Ich habe im Eingang gesagt, die Kapitel
2—4 bildeten zunächst die Folie, auf der sich die
Darstellung der solonischen Verfassung abhübe; jetzt
muſs es heiſsen, sie sollen die Zustände socialer und
politischer Art vor Solon zusammenfassen, um zu erkennen zu geben, aus welchen inneren Ursachen die
Verfassung, deren Geschichte der eigentliche Gegen-
stand des Buches ist, entsprang. Sie bezeichnen die
Aufgaben, welche Solon gestellt waren, und die er gelöst hat. Der Eingang des ersten Kapitels über Solon
rekapituliert die vorhergehende Einzeldarstellung scharf;
der Schriftsteller spannt förmlich: wer ist der Heiland
aus diesem Elend? 'So war das Staatswesen geordnet,
und dazu frohndete die groſse Menge den wenigen
Reichen: das trieb das Volk zur Empörung gegen die
Vornehmen. Der Kampf war hartnäckig, und lange
kam es zu keiner Einigung; endlich fand man sich,
und beide Parteien wählten zum Schiedsrichter und
Archonten Solon und legten das Staatswesen in seine
Hände.' Wird Solon nun den Staat vor dem Unter-
gange im Bürgerzwist retten? und wie wird er eine
Ordnung der Dinge finden, welche die Wiederkehr
der früheren Zustände verhindert? Diese Fragen, die
der Eingangssatz des Abschnittes über Solon stellt,
beantwortet der Schluſssatz. 'Er ergab sich keiner
von beiden Parteien, sondern widersetzte sich beiden.
So verfeindete sich der Mann, der doch, gestützt auf
welche Partei er wollte, Alleinherrscher hätte werden
können, lieber mit beiden Parteien: dadurch ist er der
Retter seines Vaterlandes geworden und hat die beste
Verfassung gegeben.'
So hat Aristoteles die solonische Verfassung in

den Anfang der eigentlichen Geschichte der athenischen Schluſs
Verfassung gerückt, und was vorherging, erscheint wie
eine vorbereitende Einleitung. Indem er ihr diese
Stellung giebt, stellt sich ihm das ganze athenische
Staatsleben in einer einzigen grofsen Entwicklung dar.
Der Philosoph und Historiker ist befriedigt: mit
einem Blicke, von einem Standpunkte aus über-
schaut er die Geschichte von fast drei Jahrhunderten.
War aber das Buch, welches der Gelehrte — in Praktischer
Zweck der
πολ.
᾽Αϑην.?
ihm einigen sich der Philosoph und Historiker —
schrieb, auch wieder nur für Gelehrte und für die
Wissenschaft geschrieben, oder hat der Gelehrte Aristoteles einem anderen Aristoteles, der auf weitere
Kreise wirken wollte, den Stoff für einen praktischen
Zweck bereitet? Das Buch war zur Veröffentlichung
bestimmt. Die Frage nach seiner Tendenz war natürlicherweise eine der ersten, die man aufwarf. Sie ist
bekanntlich sehr verschieden beantwortet worden; Makedonien und des Aristoteles' Verhältnis zu Alexander
spielen fast durchgängig in den Lösungen eine Rolle.
Ich kann nicht die geringste Spur davon in dem Buche
finden, dafs Aristoteles, der Makedone und Lehrer Alexanders, sein Verfasser ist. Der Verfasser der πολ. ᾽Αϑην.
steht ganz auf dem Standpunkte der aristotelischen
Staatsphilosophie, und alle seine Urteile sind von ihr
aus verständlich; sie aber ist selbst wieder ein dem Ganzen wesensgleicher Teil der seit dem Ende des 5. Jahrhunderts in Athen gewordenen und das folgende Jahrhundert
durchlebenden theoretischen Betrachtung des griechischen Staatslebens. Die Beurteilung, welche Aristoteles
den Ursachen des Niederganges des athenischen Staates
zuteil werden läfst, deckt sich mit der Kritik, welche Platon
im 'Gorgias' und in den 'Gesetzen' geübt hat, und mit
dem, was Isokrates im 'Areopagitikos' und 'Symmachikos'

Schluſs geschrieben hat, um das verseuchte, hinsiechende politische Leben seines Vaterlandes zu retten. Wenn denn Aristoteles einen praktischen Zweck bei der Abfassung der πολ. Ἀθήν. verfolgt haben soll, so kann ich keinen anderen sehen als den, der Isokrates vorschwebte; denn mit der inneren Gleichartigkeit, mit der Gleichartigkeit des Urteils im ganzen wie im einzelnen ist die Gleichartigkeit der Tendenz gegeben. Wenn denn Aristoteles einen praktischen Zweck hatte, dann wollte er den Athenern seiner Zeit zeigen, daſs der Entwicklungsgang ihres Staatslebens der Weg zum Ende war, daſs ihr Staat schon über dem Abgrund schwebe, und wollte ihnen weisen, wo die Rettung lag: in der Rückkehr zu der Verfassung, welche sie selbst die πάτριος πολιτεία hieſsen. Dann hat er ihnen zeigen wollen, wo der Ursprung des Übels lag, hat sie durch sein Urteil über die Seemachtpolitik und das Demagogentum zum Vergleich mahnen wollen mit der eigenen Zeit, welche Theorikengesetz, Flottenreform, Arsenalbauten und die Männer alle der Tribüne von Demosthenes herab bis auf Demades sah, auf daſs sie einsähen und lernten, daſs` eine Rettung nimmer möglich sei, wenn sie nicht auf anderem Grunde die Macht des Staates bauen und anderen Leitern folgen wollten. Dann hat er ihnen zeigen wollen, daſs das socialistische Ideal dieser extremen Demokratie das falsche sei, weil es den Begriff der bürgerlichen Gleichheit gefälscht habe: es ist nicht wahr, daſs der Staat der beste ist, in welchem absolute Gleichheit herrscht. Die wahre Gleichheit ist eine andere, und sie liegt nicht bei den Extremen: 'wenn denn der Staat aus gleichen und möglichst ähnlichen Elementen bestehen will, so findet er solche vor allem bei den μέσοι' (Polit. 1295 b 25). Und Solon, der Schöpfer ihrer Verfassung, hatte es gesagt,

dafs es falsch sei κακοῖσιν ἐσϑλοὺς ἰσομοιρίαν ἔχειν.
Kurz, dann riefe er ihnen zu: 'ihr glaubt es und thut
so, als ob ihr noch in der von Solon geschaffenen Verfassung lebt. Seht selbst, was eures Solon Verfassung
war, was daraus bis zu dieser Zeit geworden und wodurch es so geworden ist. Das einzige Heil, welches
es noch giebt, liegt in der Verfassung, deren Zer-
störung zu dem Elend von heute geführt hat'. Dann
würde er eben sprechen wie Isokrates im 'Areopagitikos'.
Dafs er sich nicht ganz mit diesem deckt, sondern
auch da, wo er mit schwarzen Farben malt, ein Wort
der Anerkennung findet, wenn er von einer Institution
zu sprechen hat, welche zu seinen philosophischen An-
schauungen stimmt[1]), kann nicht verwundern. Er ist
kein Rhetor, dem die Farbe nie grell genug ist, wenn
sie darum auch unwahr wird; er ist auch kein Athener.
Man mag wohl annehmen, dafs dem Schüler des Platon
und dem Menschen, der die schönen Jahre des Lernens
im Angesichte der Akropolis verbrachte, etwas mehr
für Athen im Herzen schlug als anderen Fremdlingen auf
attischem Boden: wie ein Athener den Schmerz um das
unrettbare Vaterland fühlen, das konnte ein Fremdling
doch nicht. Solche Töne des Unmutes, wie sie Isokrates
entströmen, ein Zorn, wie der des jungen Platon, eine
schmerzliche Resignation, wie die des gealterten, stehen
ihm nicht zu. Das Herz dieses Menschen ist nie so

---

[1]) Ich denke an die von Cauer so mifsbrauchte Stelle
p. 45, 14 καὶ τοῦτο δοκοῦσιν ποιεῖν ὀρϑῶς κτέ.: Polit. 1281 a
39 ff.; 1286 a 31 f. Es möchte in diesem Zusammenhange auch
zu bemerken sein, dafs Aristoteles von der Haltlosigkeit der
übrigen, namentlich der akademischen Philosophie frei ist,
welche aus der abfälligen Kritik der athenischen Verfassung
sofort in das entgegengesetzte Extrem, die Lakonomanie, getrieben ward.

Schlufs sehr beteiligt, dafs der Verstand des Philosophen nicht
klar bliebe. Das würde dem Aristoteles gut anstehen,
denn es ist wirklich sein eigenes Wesen. Wenn denn
also Aristoteles einen praktischen Zweck bei der Abfassung der Schrift vom Staatswesen der Athener gehabt hätte, so könnte er nur als φιλαϑήναιος und nicht
als φιλαλέξανδρος geschrieben haben, und der leiden-
schaftslose Ton des Buches würde nicht gegen diesen
Zweck sprechen.

Aber was die Athener Platon und Isokrates wagen
durften, durfte das der Fremdling, dem sich die sonst
so gastfreien Thore Athens nur wieder öffneten, als
sein Beschützer sie erbrochen hatte, und wieder schlossen,
als man den Mächtigen nicht mehr fürchtete? Und
gesetzt, er hätte es gedurft: darf man es dem Fremd-
linge zutrauen, dafs er zur Rettung des Gemeinwesens
hat mithelfen wollen, dessen Verfassungsgeschichte
ihm als Philosophen und Gelehrten wohl Interesse,
Achtung, ja Bewunderung abgezwungen hatte, in dessen
Mitte er aber das Drückende einer erzwungenen Gast-
freundschaft empfinden mufste? Doch lassen wir diese
äufseren Überlegungen: wie soll man sich denken, dafs
dieses Buch mit seiner fortlaufenden Polemik gegen
Thukydides, Herodot, Androtion und andere Atthidographen, gegen Platon und Isokrates zu einem politischen Zwecke gleich dem 'Areopagitikos' bestimmt
gewesen wäre? Und wenn Aristoteles trotz alledem
die Verfassungsgeschichte Athens zu solchem Zwecke
geschrieben haben soll, wie steht dann die Darstellung
der athenischen Verfassung in der Reihe der Darstellungen der übrigen griechischen Staatsverfassungen,
als deren Glied, wenn auch gewifs als das vornehmste,
wir sie doch zunächst betrachten müssen? Hat die πολιτεία Ἀϑηναίων nicht doch nur der Gelehrte im

Dienste der Wissenschaft geschrieben? Und wie kennen wir Aristoteles, welcher ist der echte: Aristoteles der athenische Publicist oder Aristoteles der Mann der Wissenschaft? Es ist schade, daſs ich mit einer Frage schliefsen mufste, welche eigentlich keine ist. Mir wär's lieber gewesen, es wäre eine wirkliche Frage, eine solche gewesen, an deren Beantwortung man auf je verzweifeln zu sollen glaubt; denn so käme, mag ich auch hier und da eine Lösung sehen zu können meinen, mein Standpunkt dem neuen Buche gegenüber zu richtigerem Ausdrucke. Ich glaube und hoffe, daſs es bei anderen ebenso bestellt ist: je genauer man das Buch kennen lernt, je mehr man Verständnis und Erkennen ihm abzuringen sich müht, desto mehr Zweifel und Fragen steigen von allen Seiten auf. Das ist der Segen, den es gebracht hat.

Register.

— 243 —

Inhaltsverzeichnis.

— -

S. 22 Z. 22 *lies* (-*ϑῆναι διὰ*). 24 Z. 15 *l.* herbeigeführt.
28 Z. 23 *l. ϑάνατον.* 33 Z. 22 f. gegliedert *l.* durchsetzt. 39
Z. 2 v. u. *l.* (Plut. Sol. 10). 68 Z. 11 v o r Solon *l.* v o n Solon.
75 Anm. Z. 5 Harpokration *l.* Hesych. 82 Z. 20 *l.* paraphrastisch.
96 Z. 26 *l.* (I 126). 102 Anm. Z. 7 *l.* Pollux VIII 21. 116 Anm.
Z. 3 *l.* kontrollierbar. 127 Z. 10 *l. αὐτούς.* 133 Z. 5 *voluptatibus
libidinibusque l. voluptatibus temporalibus.* Jenes ist der
Text bei Lippert, dieses der bei Nissen S. 179, welchem ich
zunächst nicht folgte, weil die Abweichung von Lippert nicht
ausdrücklich begründet ist. Herr Prof. Nöldeke belehrt mich
freundlichst, dafs der Nissensche Text der richtige ist: an
meinen Ausführungen ändert das nichts. 136 Z. 14 f. *l. οὐ
μὴν ἀλλ᾽ ἐλάχιστοί γε.* 158 Anm. Z. 1 *l.* Politikos 294 a. 230
Z 12 *l.* Inkonsequenz. Während des Druckes abgesprungene
Accente und Interpunktionszeichen sind nicht aufgeführt.

Pierer'sche Hofbuchdruckerei. Stephan Geibel & Co. in Altenburg.